吴静和 编著

浙江农林大学经济管理学院

邮票上的 林业史

History of the Forestry on Stamps

图书在版编目（ＣＩＰ）数据

邮票上的林业史/吴静和编著.——北京:中国林业出版社,2011.4

ISBN 978−7−5038−6125−3

Ⅰ.①邮…Ⅱ.①吴…Ⅲ.①邮票−中国−图集②林业史−中国−图集

Ⅳ.①G894.1−64②F326.29−64

中国版本图书馆CIP数据核字(2011)第054390号

出版 中国林业出版社 （100009 北京西城区刘海胡同7号）

网址 http://lycb.forestry.gov.cn

E−mail forestbook@163.com 电话 010−83228427

发行 中国林业出版社

印刷 北京捷艺轩彩印制版技术有限公司

版次 2011年4月第1版

印次 2011年4月第1次

开本 787mm×1092mm 1/16

印张 18

字数 500千字

定价 160.00元

序

　　吴静和同志是我国林业经济学科的创始人之一，也是一位有着渊博知识面的集邮爱好者。她生动而恰如其分地把林业的发展和集邮联系到了一起，写出新作《邮票上的林业史》，不仅给人以美感，又可同时回味林业发展的历史进程，实属难得。使我深受感动，并经受了一次集邮活动的洗礼。

　　她对集邮经历过一段辛勤的搜集过程。早在年轻时代，她就开始搜集用过的邮票，也到邮局去购买邮票。改革开放后，又有意识地购买补缺和新发行的邮票；订阅集邮杂志，关注集邮学的书籍（如《邮票上的数学》、《邮票上的美术》、《邮票上的物理学》、《邮票上的汽车》等），提高了对集邮的认识，明白了集邮是一项世界性的文化活动，以邮品为主要内容，丰富多彩，涉及多学科、多门类的知识，有着广泛的社会功能。此时，她已摆脱了繁重教学科研任务，从而萌发了全面搜集世界各国有关森林、林业方面的邮品，并尝试编写《邮票上的林业史》。她先后筛选了1400多枚涉及110多个国家和地区的邮品，以6个专题众揽林业史，而且每枚邮品的背后都有特定的故事，涉及人文、自然、地理、生态、经济领域。在她整理和编写的过程中，不仅学到了不少新知识，而且勾起了她从事林业领域的学习和工作回忆。就像她自己说的那样，这其中有不少都是她曾经经历过和见证过的场景。这加深了她对专业的热爱和崇敬。集邮已成了她生活中不可缺少的一部分，深深感受到集邮之文化魅力。

我和吴静和同志是同时进入林业经济学科学习和教学工作的，她热忱与严谨的治学态度历为大家所公认。这次看了她的新作《邮票上的林业史》更是喜出望外，她已是一位年逾八十的老人了，还能细微地从6个方面阐述，从邮票上发现林业发展脉络是多么难能可贵。

林业问题既是一个古老备受众人"追究和责难"的问题，又是一个崭新的好事多磨的问题。从林业专题邮品发行来看，就足以说明这一问题。她的这一新作的问世，对林业知识的普及和引起人们对森林的关注，毫无疑问是具有重要意义的。

当然，林业的历史变化是多元的，也是多层次的。尽管如此，它从一个侧面指引着人们对森林和林业的关心和爱护。

2010年10月1日于福州

引 言

本书是以邮品为媒介传播林业发展知识。书中的邮品以邮票为主，兼有连票、小型张、小版张及封片等类。邮票素有"方寸之地，大千世界"、"人类文明的缩影"、"形象的百科全书"之称。同样小型张、封片等邮品也具有邮票的类似功能，加之其印刷发行单位多、幅面较广，对某些景物具有更广的寓意。本书中提供给读者观察、欣赏的邮品涉及林业发展的方方面面，涵盖生物、生态、历史、经济、社会、人文等。

本书欲通过几亿年、几万年、千百年的树木、森林的演变，追寻和认识人类与森林的关系。森林是人类的摇篮，森林为人类社会经济发展提供了不可或缺的基本条件，特别是薪材和木材的利用。千百年来由于人类的贪婪使森林面积及蓄积前所未有地减少、退化，甚至引起生态灾难。20世纪人类受到自然的惩罚而觉醒，提出了"只有一个地球"的响亮口号，一些发达国家首先转变了林业发展方式，提出可持续发展，保护森林成为人类维护地球生态环境的共识，林业由木材利用转向森林生态利用。

本书共分六篇：第一、二篇，邮票上的树木、森林，展示远古留下的硅化木、活化石、古树及当今地球上的树木和森林。第三篇，邮票上的古代林业，展示先民依赖森林过着渔猎、农耕生活，古代林业为诸多古代手工业和发明提供薪材和木材等物质条件，在中国五千年文明史中占据重要地位。进入近代社会，本书用第四至第六共三个篇幅展示近代林业。第四篇，邮票上的森林经营和利用，展示人们更新造林、保护管理森林、开发森林及木材加工利用，森林成为近代社会发展的基础材料之一，它支持着近代工业的兴起和发展。第五篇，邮票上的森林生态体系，为实现林业发展战略的转变，首当其冲的是森林生态体系的建设，书中展示森林生态系统的保护、建设和利用，森林旅游、居住地环境的绿化、美化。第六篇，邮票上的森林文化，树木、森林历来是人们心目中的崇拜物，近代社会以特定的树木为国家的象征，人们以树为祝福和怀念的象征，木竹制品与人们生活息息相关，木雕、盆景、以树为对象的绘画作品，遍及世界各国，以此抒发人们对树木、森林的尊崇和怀念。

本书共展示1400余枚邮品，其中83%为邮票，小型张等占8%，封片占9%。它们是由世界上118个国家和地区（含联合国）发行的，其中中国大陆发行的邮品占1/3，加上中国台湾以及泰国、德国、越南、日本、美国、瑞典、俄罗斯（含前苏联）等共占55%。关于邮票，除了票面图案外，还印有发行国家或地区名称，以及一些特定的徽志，如"只有一个地球"是联合国环境规划署的徽志；关于封片，封片中的中国片，由于种类多，文中统分为邮资片、极限片和明信片。关于邮戳，有地方邮戳、图案邮戳等。书中对相关邮品侧重展示并介绍其图案知识内涵，而对具有明显的民族性、艺术性及时代性方面未加解释，由读者各自体察、认识和欣赏。

本书并不是一本传统意义上的林业史书籍，有些重要林业事件、森林生态系统，仅因缺乏相应的合适的邮品，而未能在书中展示。有的则是借用相近似邮品充实，以弥补不足。从某种意义上讲，自由地让邮票来"讲述"林业史也是非常恰当的。本书是为对森林和林业发展感兴趣的读者撰写的，希望书中大部分内容能引起林业工作者的兴趣，也特别希望能得到集邮爱好者的青睐。

这是作者初次编写的集邮图书，虽收集了许多邮品、翻阅了不少参考文献，从网上查阅了相关资料，但错误和不妥之处仍在所难免，希望读者、专家帮助指正，提出宝贵意见。

目 录

第五篇　邮票上的森林生态体系 / 163

第六篇　邮票上的森林文化 / 221

第一篇

邮票上的树木

树木是一种自然资源，它几乎存在于任何地方，与人类亲密接触。树木是植物界中的木本植物，是最古老、长寿的一种，它的存在为人们提供相关的历史、地理信息；树木的种类繁多，有蕨类植物、裸子植物、被子植物（含双子叶植物和单子叶植物）；树木不仅可提供木材、木纤维、树汁等生活资料、工业原材料，还具有观赏、景观价值；树木有其自身特有的构造，以适应环境而生长发育；以树木为主体的森林是构成自然环境的重要部分，随着森林的逐年减少而备受全球关注。

下面我们从树木的远古到现在、树木分类中的裸子植物和被子植物、以树木为主体的森林等方面，分别借助邮品上提供的信息来认识树木、森林，并欣赏邮票。

1 邮票上的树木化石

首先让我们先来简要认识地质时代的变迁与植物物种的变化①。简略地说，2.5亿年前，生物史称为古生代，蕨类在植物中称霸；2.5亿～6500万年前为中生代，裸子植物发展繁茂，统占植物家族，蕨类植物显著衰退，缩小其分布范围；6500万年前至今为新生代，被子植物发展繁茂，树木由裸子植物一统天下到被子植物壮大。树木存在已有几亿年的历史，它不仅是植物家族中最长寿的物种，而且在地质层中还以树木化石存在于地球，因此它为人类认识、了解近代和古代历史（特别是气候和生态环境历史）提供实物资料。

1.1 木化石

木化石是树木的木材部分被埋在地下经过漫长的地质年代，被矿物质不断渗透、交换而形成的。矿物质的成分大多为二氧化硅，这种木化石就被称为硅化木。木化石在形成之后，木材内部构造保存了下来，如年轮，大多清晰可见。克姆尼茨化石森林（图1-1），系德国自然纪念碑。因其古老、植物区系多样而著称，并因此被科学界称之为化石世界。由于它拥有大量的、稀有的色彩和多种多样形状的化石，不仅被称为自然奇迹，也是独一无二的地球植物进化和人类文化继承的见证。

图1-1（德国，2003）

其形成于2.9亿年前的一次火山喷发，是当时动植物区系在原地的瞬间记录，大约在250年前被发现、记录和公开，也是克姆尼茨唯一仍保留在原地的化石，是古生物学产生的基础，特别是古生物分布学研究的基础。森林古生物化石邮票（图1-2），左边的地质剖面上隐约可见地面上露出的木化石，右边是纵断的木化石。硅化木邮票（图1-3），展示的树木横断面年轮纹理清晰，犹如活立木的年轮。木化玉（图1-4），也称树化玉、硅化玉，是在距今2.5亿年的古生代二叠纪，由于地壳运动，森林被深埋地下，树干中的有机物逐渐被二氧化硅所取代，在高压、低温、缺氧的条件下，形成光滑如玉、通灵如宝的树化石，其形似木非木，似玉非玉，色彩斑斓，气象万千。

图1-2（秘鲁，2000）

图1-3（美国，1974）

图1-4（印度尼西亚，2000）

中国早先是在内蒙古、新疆等地发现硅化木，后来在其他许多地方又发现很有价值的硅化木，如海南发现形成于第三、四纪冰川时期的硅化木[②]，浙江省新昌县发现第四纪冰川遗迹硅化木为南洋杉型木，云南发现稀有的4亿～3亿年前的古生物化石——树化玉（硅化石中的极品），北京市延庆县发现生长在距今1.6亿年前茂密森林的遗体——硅化木群。在北京延庆已成立了硅化木国家地质公园，是我国第一个此类地质公园。

　　通过对硅化木的研究，可以分析出古地质、古气候的一些变化，判断当地的气候环境，为人们探索远古信息，追溯生命渊源，提供了一条特殊的时光隧道。

1.2 树木叶化石

　　古生代是蕨类植物时代，在3.55亿年前（石炭纪）裸蕨植物绝种，代之而起的是石松类、楔叶类、真蕨类和种子蕨类，形成沼泽森林。古生代盛产的主要植物，于2.50亿年（三叠纪）几乎全部绝灭，而裸子植物开始兴起，进化出花粉管，并完全摆脱对水的依赖，形成茂密的森林。到1.35亿年（白垩纪）被子植物（有花植物）开始出现，于晚期迅速发展，代替了裸子植物，形成延续至今的被子植物时代。现代生长的松柏，甚至像水杉、红杉等，都是在这一时期产生的。以下我们从树木叶化石记录和演变的邮票，来粗略地重温树木进化史。

　　参考http://www.ggwinter.de网站对邮票上的植物化石系统排列，对我收集到的树木化石邮票加以归类介绍如下：

　　（1）Noeggerathians。*Tingia carbonica*化石（图1-5），其中文名为华夏齿叶，是二叠纪晚期植物，其枝条羽状，叶具不等叶性，有大小二种。这种植物在我国准格尔煤田本溪期有发现，为华夏植物群的起源和发展提供了新的资料。

　　（2）Ferns蕨类植物。*Botryopteris*（图1-6），它是*Permian fern*，即二叠纪时期形成的三百公尺蕨类，是该时期的处女森林。

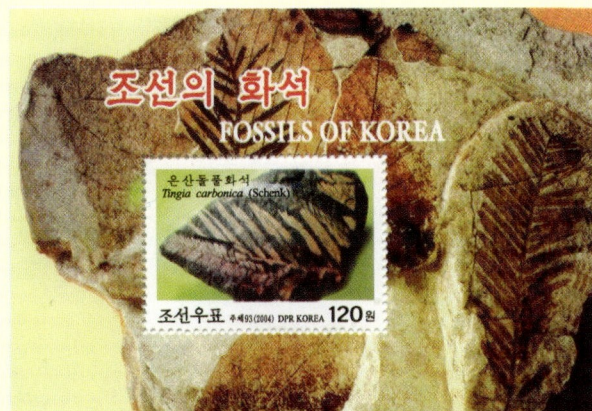

图1-5（朝鲜，2004）

图1-6（民主德国，1973）

（3）Pteriodosperms种子蕨。晚石炭纪和早二叠纪以种子蕨纲、科达目和厚囊蕨目的真蕨为主，真囊蕨目的真蕨、松柏目植物次之，苏铁目和银杏目植物刚刚出现。*Sphenopteris*（图1-7），它是种子蕨，有学者称*Sphenopteris Hollandica*为碳三百公尺蕨类。

（4）Cycadales苏铁目。苏铁最早出现在古生代晚期，在中生代侏罗纪（2.05亿～1.35亿年前）达到苏铁家族兴旺的巅峰。*Pseudoctenis*假蓖羽叶属。*Pseudoctenis spatulata*（图1-8）是属此类树木。*Taeniopteris*带羊齿属，单叶，中脉粗，侧脉和中脉夹角大，具有中生代色彩的裸子植物。*Taeniopteris anovoluns*（图1-9）是属此类树木。

（5）Bennettitales本内苏铁目（拟苏铁科）。*Podozamites lanceolatus*披针苏铁杉（图1-10），枝细，叶披针形，螺旋状排列在枝上。

（6）Conifers针叶树类（也称球果类、松柏类）。据查证*Rissikia*化石是早期白垩纪（约1亿年前）化石，分布在南半球，针叶木质树，灌木，叶为披针形，螺旋状排列。*Rissikia media*（图1-11）应该与上述化石同类。最古老的*Rissikia*适于非洲和澳大利亚。*Lebachia speciosa*勒巴杉（黎巴赫杉）（图1-12），是最古老的针叶树，有人认为石炭纪的勒巴杉具有与南洋杉相似的形态。

（7）Ginkgophytes银杏类植物。银杏在地球上出现可追溯到古生代晚期（约2.9亿年前），在中生代（2.5亿～6500万年前）由发展最繁盛、种类多，到逐渐减少，直到近代只有银杏一种逃过消失的命运存留在中国。*Ginkgo koningensis*银杏化石邮票（图1-13）展示的是银杏树叶化石，叶脉的二叉分枝，无横脉相连，与现代银杏相似。也证实古生物学家的观点"繁盛时的银杏属植物，形态上已经与现存的银杏非常相似"。

图1-7（民主德国，1973）

图1-8（南非，1990）

图1-9（南非，1990）

图1-10（朝鲜，2004）

图1-11（南非，1990）

图1-12（民主德国，1973）

（8）Angiosperms被子植物。据报道，首次证明被子植物化石记录出现在约140万年前，在侏罗纪（203万～135万年前），种类繁多的化石记录发生在中白垩纪（100万年前），其后期成为主导被子植物家族（含榉树、榆树、枫树、马格洛利亚）出现。*Zelkova ungeri*古生物叶化石邮票（图1-14），此植物属于Ulmaceae榆科，即被子植物的枝叶化石，可见其叶与现代榆树十分相似。*Comptonia Ncumannii*生物化石邮票（图1-15），*Comptonia*为Myriaceae家族，通用名称叫三百公尺蕨类甜密，它是落叶灌木、叶瘦长、线性形，有深刻凹口，叶子芳香。

此外，在我国云南省元谋盆地挖掘的植物叶化石，有18科24属35种，除一种裸子植物外，其他均为被子植物，最多的为榆科、桦木科、豆科等。推算元谋盆地在2百万～3百万年前已发育成为金沙江流域的干热河谷盆地之一。

图1-13（南非特兰斯凯，1990）　图1-14（匈牙利，1969）　图1-15（朝鲜，2004）

注：①地质年代表（摘选）

代	纪	距今大约年代（百万年）	植物演化
新生代	第四纪	2.4	现代植物
	第三纪	65	被子植物
中生代	白垩纪	135	裸子植物
	侏罗纪	205	
	三叠纪	250	
古生代	二叠纪	290	蕨 类
	石炭纪		
	………		

② 2.3亿～3.2亿年地球经历第三纪冰川期；250万年前至今地球经历第四纪冰川期。

2 邮票上的树木活化石

植物学上的子遗植物，是指地球上某种植物其近缘类群都已灭绝，而它们躲过地质的剧变并幸存下来，保留了与在化石中发现已灭绝的同属植物共同远古祖先的原始特征，人们称它们是植物中的"活化石植物"，它是穿越时空透迤而来的关于远古的鲜活记忆。如上所述，裸子植物繁盛在中生代，延续了大约1亿多年，许多优秀植物种类甚至延续至今，如苏铁、银杏、松柏中的子遗种类，人们称他们为树木活化石。还有些被子植物，幸运躲过冰川期而幸存下来，如珙桐、鹅掌楸等。

2.1 树 蕨

作为木本植物家族成员的蕨类植物，中生代时期地球上曾广泛分布，后来分布区缩小。如今树蕨已没有它的祖先那样高大、结实、普遍。现有的桫椤科称树蕨，是子遗植物。桫椤科Cyatheaceae，是现存树蕨类中最高大、种类最多的一科，其成员的外形差异较大，有些是高大的树型蕨类，而有的则与普通蕨类那样横卧。该科成员在热带、亚热带地区广泛分布，我国是分布的边缘，约有14种左右。它的茎为明显树干形；叶为有叶隙的大型叶，单叶多回羽状分裂，簇生于茎顶。*Cyathea brownii*树蕨邮票（图2-1），清晰可见上述特征。

图2-1（诺福克岛，2005）

2.2 苏 铁

苏铁俗称铁树，亦称"凤凰松"、"凤尾蕉"。属苏铁科，英文通称Cycas，它源于希腊文的椰子树名，因此苏铁类植物常被误认为棕榈树或蕨类植物。其实他们与后二者是没有亲戚关系的。苏铁起源于2.8亿年前的古生代，到中生代的侏罗纪达到鼎盛，成为地球植被的主要成分。经过地球2亿万年沧海桑田的巨变，绝大多数苏铁类植物都绝迹了，子遗者成了十分珍贵的"活化石"植物。现存的苏铁是地球上最原始的一类种子植物，为棕榈状常绿木本，此类植物具有许多鞭毛，在现代种子植物中相当独特。苏铁现零星分布于热带和亚热带地区，中国的苏铁植物分布于云南、广西、广东、海南、福建、台湾等地。这里展示攀枝花苏铁*Cycas panzhihuaensis*邮票（图2-2），攀枝花苏铁分布于川滇交界的金沙江干热河谷地带，是苏铁类分布最北缘的物种；以及苏铁*Cycas revoluta*邮票（图2-3）。

苏铁类植物和树型蕨类植物，它们的高度大致在恐龙的高度范围之内，可能是恐龙的主要食物。这两类植物现在主要分布于热带、亚热带地

图2-2（中国，1996）　　图2-3（中国，1996）

区以及南半球各地。苏铁是现存最原始的种子植物，可能是种子蕨的直接后裔，外形与蕨类植物颇有些相似。我国的苏铁中最著名的是攀枝花苏铁，在四川的攀枝花，苏铁形成了有一定规模的"森林"群落，让我们联想起恐龙时代的场景，而这里也是苏铁分布的北界。树型蕨桫椤在南半球，特别是大洋洲，是湿润森林中的重要组成部分，"恐龙时代"的景观亦不难见到。我国贵州省赤水市生长有成片的桫椤，形成和攀枝花苏铁一样的中生代景观。现已建立了桫椤自然保护区。

2.3 银 杏

　　银杏树又名白果树，还称鸭脚树或公孙树，银杏属 *Ginkgo*。如前所述它在地球上存在超过2.5亿年，和当时遍布世界的蕨类植物相比，它还是高等植物。到1.7亿多年前，银杏已和当时称霸世界的恐龙一样遍布各地，在那时，银杏树的近缘植物有50余种。在第4纪冰川时期，绝大部分银杏像恐龙一样灭绝了，只在我国部分地区保存下来一点点，流传到现在，成为稀世之宝。作为史前植物的银杏，是现存种子植物中最古老的孑遗植物，仅存于中国的银杏为1科1属1种，成为宝贵的孑遗树种，并且基本保持了2亿年前的生态特性，它是国家二级保护植物。植物学家常把银杏与恐龙相提并论，有"植物界的大熊猫"之称。现仅在浙江天目山有野生状态的银杏树林，分布在海拔600～1000m的向阳林中。它还是生命力特强的"长寿树"，具有极顽强的防御能力，可以抵抗细菌和不同形式的污染，甚至是核爆（据报道，日本广岛原子弹爆炸中心一棵银杏树奇迹般活下来）。中国于2006年发行孑遗植物邮票一套共4枚，它们是银杏、水松、珙桐、鹅掌楸，这里展示银杏 *Ginkgo biloba* 极限片（图2-4），片上盖有产地浙江临安邮戳。画面可见银杏是裸子植物中少有的阔叶树。

图2-4（中国，2006）

2.4 银 杉

　　银杉 *Cathaya argyrophylla* 邮票（图2-5），它是新生代第三纪残遗种，属松科。银杉是我国特有的珍贵树种，早在2亿多年前，银杉曾广布于北半球的欧亚大陆，在德国、波兰、法国以及前苏联曾发现过它的化石。但由于第四纪冰川的浩劫，银杉濒于绝迹。而在中国南部的低纬度地区，地形复杂，阻挡着冰川的袭击，中国的冰川比较零星，大多是山麓冰川，加之河谷地区受到温暖湿润的夏季风影响，冰川活动被限制在局部地区，这种得天独厚的自然环境，成了一些古老植物的避难所，银杉得以幸存。1955年，我国科学家首先在广西发现银杉，后又在四川、贵州、湖南等省多处发现。银杉只生长在冬无严寒、夏无酷暑、降水丰富、空气十分潮湿的深山中，对环境要求十分苛刻，因此很难引种栽培，至今仍为世界植物学界和园林界可望而不可求的树木珍品。*Wollemia*邮票（图2-6），为Wollemi Pine（*Wollemia nobilis*）瓦勒迈杉，属松科。它是世界上最古老的树种之一，估计已有近2亿年的历史，与恐龙同时出现在侏罗纪时代。1994年，在澳大利亚新南威尔士州瓦勒迈国家公园内被发现，它是大洋洲原生树种。

图2-5（中国，1992）　　图2-6（澳大利亚，2005）

2.5 水　杉

水杉*Metasequoia glyptostroboides*邮票（图2-7），水杉是我国特产的孑遗珍贵树种，属杉科，现主要分布于川、鄂、湘三省交界处。在白垩纪及新生代曾分布于北半球，第四纪冰川期后，其同属的其他种类已全部灭绝，所以"活化石"水杉的发现被认为是当代植物界的重大发现之一。水杉不仅是珍贵的"活化石"，而且它有很强的生命力和广泛的适应性，生长迅速，是优良的绿化树种。邮票的画面，以表现球果为主，展现成熟后期的球果枝，刻画球果的形状和种鳞的数量及排列方式。在色彩上，成熟果多呈赭褐色，与绿色叶片形成比较醒目的对比，使画面避免过于单调。以树形作为远景，采用青灰色来画树，不仅使画面层次分明，而且使这枚邮票在色调上比较统一。具有一种素雅宁静的气氛。

图2-7（中国，1992）

2.6 水　松

水松*Glyptostrobus pensilis*极限片（图2-8），水松属杉科水松属，该属的部分物种在第四纪冰川期灭绝。水松主要分布在广东珠江三角洲与福建闽江下游海拔1000m以下。据报道，20世纪50年代起，珠江三角洲的居民在挖鱼塘、造屋地基时，发现地下埋藏大量的古木，这些古木质地松软可用于制作水瓶塞，到80年代经广州地理研究所专家调查发现广东四会"地下森林"，历史上四会曾是水松王国，地下森林分两层，上层距今约500年，下层距今2000年左右。可惜原曾有数百平方公里的"地下森林"未经保护，至今仅剩下10多平方公里。水松属落叶乔木，中国特产，生于池塘泥沼地，树干基部膨大，具膝状呼吸根，为国家二级保护植物。邮票取材于福建宁德一天然水松林，模式标本采自广州，极限片上盖有广州流花邮戳。

图2-8（中国，2006）

2.7 鹅掌楸

　　鹅掌楸*Liriodendron chinense*极限片（图2-9），鹅掌楸为木兰科鹅掌楸属，在第四纪冰川期后该属植物只残存下2种，一种在北美，称北美鹅掌楸，另一种在中国及越南北部。它们是东亚北美间断分布的典型实例。鹅掌楸生长在海拔900～1800m处的湿润山地阔叶林中，中国分布于陕西、安徽、浙江、江西、福建、湖南、湖北、广西、四川、贵州、云南等省（自治区）。它是落叶大乔木，有称它为中国百叶木的，具奇特的叶形，是国家二级保护植物。模式标本采自江西庐山，极限片上盖有江西庐山邮戳。

2.8 珙　桐

　　珙桐*Davidia involucrata*极限片（图2-10），珙桐属兰果树科珙桐属。早在第三纪时期，珙桐科植物广泛分布于世界各地，到第四纪冰川时期，该科所有物种除珙桐外皆已灭绝。珙桐在植物区系研究上有重要

图2-9（中国，2006）

图2-10（中国，2006）

价值。它是落叶乔木，其花形似鸽子展翅，故有"中国鸽子树"之称，为国家一级保护植物。模式标本是1869年采自四川穆坪（今宝兴县），分布于陕西、湖北、湖南、四川、贵州和云南等地。极限片上盖有四川宝兴邮戳。

中国是树木种类繁多、子遗植物众多的国家，还有一些子遗树种，如红豆杉、红杉树等，它们都是在不同地质时期幸存下来的物种，国家在这些子遗植物生长地设立了自然保护区，以保护古老的植物种族资源，保护世界自然遗产。

3 邮票上的古树

树木中有许多树种可以存活上百年甚至上千年，它是植物家族中的长寿种，人们通称这样的树为古树，是自然界和前人留下的珍贵遗产，是森林资源中的瑰宝。古树折射出环境变迁、世事兴衰和人间悲欢，铭刻着丰富的历史文化内涵，是探索自然奥秘和了解历史进程的钥匙，被誉为"活化石"、"活档案"、"活文物"。美国加利福尼亚生长着驰名世界的杉树，树体红色，又称红杉，树龄长达3千年以上，故人称"长叶世界爷"。中国是古老文明、地域广阔的国家，古树分布全国各地，多姿多彩、丰富多样。中国古树主要分布在古村落、古驿道遗址，及寺庙、祠堂等处，主要树种为银杏、松、柏、樟树、枫香等。这里选取有千年树龄的树木邮票，供读者欣赏。

3.1 陵园古树

黄帝陵和轩辕柏邮票2枚（图3-1）。黄帝陵即中华民族始祖轩辕黄帝的陵寝，位于陕西省黄陵县城北一公里处桥山之巅，据《史记》记载，"黄帝崩，葬桥山"，桥山上有古柏8万株，千年以上古柏3万余株，是我国最古老和保存最完好、数量大的古柏群。其中有高18m的被誉为"世界柏树之父"的黄帝亲手植的柏树，人称"轩辕柏"。轩辕柏邮票，可见陵前古老的柏树，至今仍挺拔苍劲，树旁有一石

图3-1（中国，1983）

碑，上书："此柏高58市尺，下围31市尺，上围6市尺，为群柏之冠，相传距今已5千余年。"炎帝陵的行礼亭和午门邮票2枚（图3-2），前一枚票面左侧有一古杉；另一枚邮票可见坡上古树。炎帝是中华民族的始祖之一，人称其为神农氏，陵寝位于湖南省炎陵县唐田乡鹿原

图3-2（中国，1998）

坡。陵区古称"皇山"，区内山峦叠翠，碧水环流，古树参天。孔林邮资片（图3-3），它是一处墓地，两千多年来葬埋从未间断，有墓碑3600余块。它也是一处古老而宏大的人造园林，经植树、移植奇异树种，现已有古树万余株。郭沫若曾说："这是一个很好的自然博物馆，也是孔氏家族的一部编年史。"从明信片可见一排排古老的柏树，苍老挺拔，犹如石碑上的碑文所示"万古长春"。

3.2 寺庙古树

中国许多的寺庙与古树相存相依，古树靠寺庙得以保存，而寺庙由于有古树而得以成为名刹古寺。民间有这样的故事，当地老百姓见古树古老而新奇，就在旁边修一座庙，那棵树因庙而保存至今，而庙则以此古树而得名。

岱庙晴雪邮票（图3-4）。泰山是我国五岳名山之一，山上有岱庙，院内有多棵古树，其中最古老的当推汉柏。据记载此树为汉武帝登封泰山时所植，已经2100多年过去了，古柏依然生机盎然，苍劲挺拔。

凤凰古松邮票（图3-5）。九华山位于安徽省境内，为佛教圣地，有一棵古树，树高7.8m，胸径1m，主干扁平，翘首如凤凰冠，两股支干一高一低似凤凰尾，称凤凰古松。古松已1400余年历史，为南北朝的神僧杯渡所植，如今干挺、枝繁、叶茂。

图3-4（中国，1988）

图3-3（中国，1998）

古木耸立洪椿坪邮票（图3-6）。峨眉山是我国著名的旅游胜地和佛教名山，山上保存树龄在千年以上的名木古树70余种，万余株。山上的洪椿坪建于明代万历年间，寺外有三棵洪椿古树而得名，现三棵古树，死了两株，还剩下一株，已逾千岁。

图3-5（中国，1955）

图3-6（中国，1984）

3.3 柳杉银杏古树

庐山三宝树明信片（图3-7），画面展现两棵柳杉和一棵银杏的古老姿态。传说是晋僧人昙诜所栽，距今1600多年。柳杉亭亭如塔，原叫娑罗，据说是从西域引种的，旁岩上镌"晋僧昙诜手植娑罗宝树"十字；银杏参天似伞，有活化石之称。三树凌空耸立，高达三四十米，粗大挺拔，气势雄伟；三树盘根错节，枝繁叶茂，纵横交攀，密密层层，遮蔽天日。

3.4 中国台湾神木

中国台湾的桧木为全球特有，以往沦为伐木摧残的首选对象，其中少数因交通极不便利，或树木有空洞等缺陷，伐下的木材无经济价值，而被幸运保存下来，至今成为孤立千年老树，人称神木[①]。当地规定以树龄和树胸围而定神木。巨无霸神木邮票（图3-8），是台湾十大神木之首，位于苗栗县泰安乡，属红桧树，树龄2000年，树高55m，树围25m。眠月神木邮票（图3-9），也属红桧树，排在

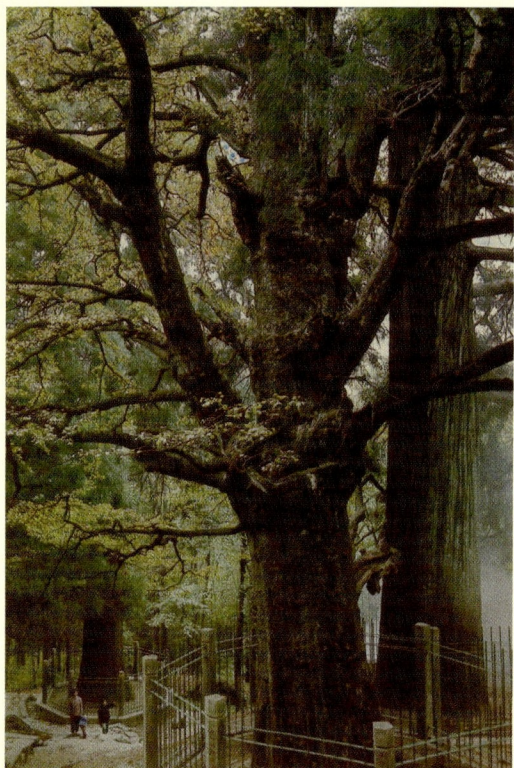

图3-7（中国）

十大神木的第二位，树龄2500年，树高48m，胸围17.8m，它树势高耸，犹如高墙，但已属准枯木。

注：①据报道，台湾对林内神木作三个类别：

(1) 巨木：指树木胸径13m，高6～10m，树龄500～1000年；

(2) 神木：指树木胸径13m，高10～12m，树龄1000～2000年；

(3) 超级神木：指树木胸径13m，高8～12m，树龄>2000年。

3.5 日本巨木

绳文杉邮票（图3-10左），是屋久岛的天然杉树，日本称树龄在千年以上的树为屋久杉，其中的绳文杉被认定有7200年树龄，它是屋久岛的象征，该树高25m，直径5m。屋久杉巨树已存活数千年，至今高耸蓝天，已被列入世界遗产名录。图3-10右为巨木与根本中堂邮票。

图3-8（中国台湾，2000） 图3-9（中国台湾，2000） 图3-10（日本，1996）

3.6 古茶树

中国是世界茶叶的原生地，云南是我国乃至世界古茶树保存面积最大、古茶树和野生大茶树保存数量最多的地方，众多古茶树树龄都在千年以上。茶树邮票（图3-11）。邮票上的茶树为云南澜沧帮崴古茶树，它生长在澜沧县惠民乡海拔1880m的山坡上，树高12m，树干地径1.8m，离地面1.7m处树干直径为80cm的大茶树。据专家们分析，该树树龄已有一千多年，属于野生向栽培型过渡的茶树。它历经沧桑，现仍树冠挺拔，树叶繁茂，生机盎然，一年能产30kg生叶。

图3-11（中国，1997）

3.7 千年古榕

千年古榕邮资片（图3-12）。古榕高20多m，胸围14.6m。相传这株榕树种植于北宋年间，树龄已1000年，它高大苍老，盘根错节，是迄今为止福建省境内发现的胸围最大的古榕。因为它属小叶榕，没有气根柱地，为了支持沉重的横向主干，避免主干折断，巧匠们塑造了仿气根混凝土柱支撑逐年向外伸长的榕树主干。

图3-12（中国，1999）

3.8 贝克杉

Giant Kauri邮票（图3-13），是以毛利"森林之王"（Tane Mahuta）命名的一棵贝壳杉（Kauri），树高51m，树围13m，估计有2000岁以上树龄，仍傲然屹立在新西兰北部地区的怀波瓦（Waipoua）森林之中。该树属南洋杉科贝壳杉属，是新西兰最著名的原生树种，属于世界巨树之列。它是大乔木，树叶比较宽大，叶厚革质、光滑，阔卵形或椭圆形，对生，好似被子植物的叶子；树皮富树脂；木材材质轻且经久耐用，不易磨损，保持美观，历史上毛利人用它建房、造船、修桥和作篱笆，巨大的树干可以只用一根就凿成一艘独木舟的船身。

图3-13（新西兰）

3.9 日本淡墨樱

淡墨樱花树（图3-14，取自日本1997广告邮资片），是日本第二高龄树，岐阜·根尾谷的淡墨樱，因为樱花在飘落时带有淡淡的墨色，故取此名，据说还是继体天皇亲手种植的樱花，已有1500多年的历史，被指定为国家自然保护植物。该树高16.3m，树干周围长9.2m，为了树茂叶盛，曾几次为淡墨樱动过"手术"，战胜枯死的威胁，现在每年都会开出美丽的樱花。

此外，橡树不干胶自贴票一枚（图3-15），票面显示古橡树的风貌。树木菱形邮票（图3-16），展示了古老的柏树，顽强地生长着。

各国重视对古树的保护。中国政府有保护古树的相关法规和条例，地方政府对当地古树进行逐个调查、建立档案、设立标志，明令保护。对有的古树，相应的设立自然保护区，将这份自然文化遗产保护下来。

图3-14（日本，1997）　　图3-15（拉脱维亚，2005）

图3-16（西班牙，2000）

4 邮票上的裸子植物

　　因种子裸露无果皮而得名，是地球上最早用种子进行有性繁殖的，在此之前的藻类和蕨类则都是孢子进行有性繁殖的。裸子植物在地球上年代久远，经历地质突变的次数多，有的被第三、四纪冰川绝灭的，有的因局部环境受冰川影响小甚至有的地方未受冰川影响，因而那里的森林保留下来了，其中有些孑遗植物，我们这里展示的树种中有一些就属此类树木，这些是一国乃至全球的珍稀树种。

　　裸子植物不仅古老，也是最具有经济价值的植物群体，是我国森林的主要树种，全球约有30属，我国占20属，其中8属为我国特有。据统计，目前全世界生存的裸子植物约有850种，其种数仅为被子植物种数的0.36%，但却分布于世界各地，特别是在北半球的寒温带和亚热带的中山至高山带组成大面积各类针叶林。裸子植物多数是针叶树，被认为比阔叶树更接近原始状态，该植物具有不包在子房内的裸露种子。它树干端直、材质优良、出材率高，由它组成的针叶林常作为优先采伐的对象，也是人们发展人工造林的主要树种。

　　由各国、地区及联合国发行的树木邮票，其内容和设计风格各不相同，但是一般都含树冠、树干、枝叶、果实，或突出某一、二部分，这里选用有整个树形的（或是在票面上作底衬的）及放大的枝叶果，以便多方位认识树木。以下将收集到的中外裸子植物邮票参照《汉拉英中国木本植物名录》，按科属归类，注明属的拉丁学名。由于树木的生长，受所在地自然条件的制约，同一科不同的属和种，都各有特性，因此，这里仅就属的通常认知作一简介，说明其生活习性（适应生存环境）、生态价值（防护作用、景观价值等）和经济价值（木材的利用、药用等），以增进人类与树木的亲近，和谐共处。对票面上可视的信息，只作个别解释。

4.1 树 蕨

　　如前所述它是孑遗植物，桫椤科Cyatheaceae。它主要生长在幽暗、潮湿的密林中，主干细直无枝，头上顶着一轮叶尖下垂的羽状绿叶，大多数独株立于林下；树蕨的木质树干并不粗大，树高3～5m或7～8m不等。这种孑遗树种无花无果，一般也不从根部发芽，而是靠叶子背面特有的孢子繁殖，成熟后孢子随风在林间飘飞，在适合生长的地方，孢子内的"精子"、"卵子"会自然结合，生根发育，长成一株独立的新树。因为其繁殖特殊，所有树蕨，不论大小都是孑然一身。Fern tree邮票（图4-1），就是树蕨。

图4-1（毛里求斯）

4.2 苏 铁

　　苏铁如前所述，它是孑遗植物，现为1科（苏铁科Cycadaceae）1属（苏铁属*Cycas*），通称苏铁。常绿木本，棕榈状乔木或灌木；茎干圆筒形，通常单一或2～3分枝，内部具有甚大髓心，生长缓慢；叶一回羽状复叶，丛生于茎干顶端；花单性，顶生，直立；种子核果状，成熟后呈橙黄色、红色及红紫色。它耐旱、耐高温，在我国南方原产地一般10年即可开花，为优良观赏树种。苏铁干中薄壁细胞有多量淀粉可供食用，俗称西米。篦齿苏铁*Cycas pectinata*邮票（图4-2），具有一般苏铁古老孑遗植物的形态特征。它是苏铁中最高大的种类之一，在西双版纳密林中有的高达10m，有铁树王的美称，具有很高园林观赏价值。多歧苏铁*Cycas multipinnata*邮票（图4-3）。宇根大苏铁邮票（图4-4）。

4.3 银 杏

　　银杏如前所述，它是孑遗植物，现为1科（银杏科Ginkgoaceae）1属（银杏属*Ginkgo*），又名白果、公孙树。落叶乔木，高可达40m；叶呈扇形，长约7.5cm，有各种不同凹缺和从基部分叉的叶脉，叶呈暗绿色，秋季叶色变鲜黄色，在长枝上单生，在较短侧枝上丛生。树皮灰褐色，有脊和裂缝，它是裸子植物中少有的阔叶树；花雌雄异株，种子成熟时外种皮黄色；它适应性强，寿命长，生长慢，一般30年以上才可结果。银杏历来多用作庭院树、行道树，其果实作食药两用，现开发以果叶为原料的多种银杏药物品种，人们更加重视它的经济价值。*Ginkgo biloba*银杏邮票（图4-5），画面为银杏树、果和叶。

图4-2（中国，1996）　　图4-3（中国，1996）　　图4-4（琉球，1970）　　图4-5（中国，2006）

4.4 南洋杉

　　南洋杉科Araucariaceae，其一属为南洋杉属*Araucaria*。常绿大乔木，喜温暖湿润气候，不耐寒冷和干旱。原产大洋洲东南沿海地区，中国的广州、厦门、云南等地有栽培，多数为重要的用材树。*Araucaria Columnaris*邮票（图4-6）展示的即为南洋杉。新喀里多尼亚位于南回归线附近，太平洋西南部，属热带海洋性气候，它是太平洋众岛屿中植物种类最多的一个，是世界上最丰富的热带森林之一。这里的南洋杉代表了最早的松柏类的一分子，松柏类由于耐干旱、风媒传粉，在三叠纪非常兴旺，但它们很快分异为柏类、红杉、南洋杉、罗汉松类和稍晚的松类。南洋杉科植物的树形最接近恐龙时代的植物而著称。另一*Kauri pine*贝壳杉邮票（图4-7），贝壳杉为南洋杉科贝壳杉属，它高大挺拔的树干，是良好的工业用材。

图4-6（新喀里多尼亚，1984）

4.5 冷 杉

松科Pinaceae冷杉属*Abies*。常绿乔木，树干端直，树冠塔形；小枝对生，叶线形或针形，叶在枝两侧向外伸展或螺旋状着生，辐射伸展；雌雄同株，球果直立，卵状圆柱形，长约10cm。该属种类多，分布于亚洲、欧洲、北美及非洲的高山地带，中国的东北、华北、西南及浙江、台湾、广西、广东等地高山地带都有分布，组成大面积纯林或混交林。其木质轻软，易于胶接，为建筑等用材；木材纤维长，适于造纸；树皮含单宁，针叶可提炼芳香油。*Abies sibirica*邮票（图4-8），展示了西伯利亚冷杉。*Abies alba* mill.银枞（欧洲冷杉）（图4-9），为冷杉属的一种。*Abies beshanzuensis*邮票（图4-10），展示了百山祖冷杉，它是20世纪70年代，在浙江省庆元县海拔1700m一处山坡上的针阔混交林中发现的，它填补了我国华东地区无冷杉属植物分布的空白，对研究古气候及第四纪冰川期具有重要意义，被列为世界亟待保护的濒危植物。它是常绿乔木，高11m；叶呈条形，球果呈圆柱形。

图4-7（瓦努阿图） 图4-8（蒙古，1982） 图4-9（罗马尼亚，1994） 图4-10（中国，1992）

4.6 银 杉

松科银杉属*Cathaya*。*Cathaya*译成中文"华夏"的意思，是古老的孑遗植物。它是常绿乔木，树干一般高20m，胸径有40cm以上，树枝分长枝和短枝两种；叶为条形，绿色的叶片背面有两条粉白色的气孔带，饱含露珠的叶片在阳光照耀下，银光闪闪，银杉以此而得名。球果呈卵圆形或长椭圆形。1955年，我国科学家在广西花坪发现了原认为早已绝迹的珍贵树种——银杉的活标本。银杉*Cathaya argyrophylla*邮票（图4-11）。

图4-11（中国，1992）

4.7 雪 松

松科雪松属*Cedrus*。常绿针叶树，树形宽柱形，高可达40m；针形叶长3cm，在长枝上单生，在侧枝上密集散生，由暗绿色至灰蓝；树皮暗灰色，裂成竖片；花为雌雄同株，果实为直立桶形球果，长达12cm，紫绿色，成熟时褐色。原产地在黎巴嫩、土耳其西南部。雪松树体高大，树形优美，为世界著名的观赏树，最适宜孤植于草坪中央、主要建筑物的两旁；在印度民间视为圣树。4枚雪松邮票（图4-12）。它树体高大，主干耸直，侧枝平展下垂，形成美丽的塔形，呈现树姿雄伟壮丽，挺拔苍翠，它木材的材质优良，抗腐性强，经久耐用，易于加工。是珍贵的用材树种和世界驰名的观赏树种。雪松是黎巴嫩的国树。图4-13为前苏联发行的黎巴嫩雪松邮票。

图4-12（黎巴嫩，1955）

图4-13（苏联，1962）

4.8 落叶松

松科落叶松属Larix。为落叶乔木，树干通直高大，可达35m。树冠尖塔形，呈卵状圆锥形；叶呈针形且软，在长枝上单生，在侧枝上轮生，秋季变黄色；球果卵圆形或圆柱状，直立。它分布于亚洲、欧洲、北美洲的温带高山和寒温带、寒带地区，中国的东北、华北地区有纯林。落叶松极耐寒，对土壤适应性强，为速生树种。其木材略重，硬度中等，纹理通

图4-14（蒙古，1982）

图4-15（罗马尼亚，1994）

直，是工业、建筑业优良用材，也是生产结构胶合板的好原料。树皮可提单宁，种子含油18%，可提炼工业用油。Larix sibirica邮票（图4-14），即西伯利亚落叶松，票面上三株落叶松树形。Larix decidua mill.邮票（图4-15）展示为欧洲落叶松。

4.9 云　杉

松科云杉属Picea。常绿乔木，树高达30～50m，树姿挺拔枝条轮生；叶呈针形，有四棱，细长坚硬，螺旋状着生；花雌雄同株；球果圆柱形，下垂，长约14cm。寿命可长达百年，耐干旱寒冷。木材通直切削容易，可作建筑用材、乐器、滑翔机材料；叶含芳香油；树皮含单宁，可提取栲胶。Picea obovata邮票（图4-16）为西伯利亚云杉。Picea abies邮票（图4-17）为欧洲云杉。Picea excelsa邮票（图4-18）为欧洲云杉。

图4-16（蒙古，1982）

图4-17（罗马尼亚，1994）

图4-18（芬兰，1967）

4.10 松　树

　　松树泛指松科松属的各种*Pinus*。它是裸子植物中最大的科，其中松属就有90多种。松树为常绿乔木，它是北半球最重要的森林树种，尤其在温带地区，松属植物不仅种类多而且往往形成浩瀚的林海，因此松树被誉为"北半球森林之母"。它对陆生环境适应性极强，能在裸露的石质土壤中生长，耐干旱、贫瘠、喜阳光，因此是著名的先锋树种。松树多为高大乔木，树姿雄伟，枝叶繁茂，不怕风吹雨打，在我国民间把它视为四季常青的吉祥物。它的叶呈针状，常2、3、5针一束，如我国的马尾松、黄山松的叶2针一束，白皮松3针一束，红松、华山松5针一束。松树的木材用途广，是重要的建筑材料、造纸原料，针叶可提炼芳香油，松针粉可作饲料。*Pinus silvestris*邮票3枚（图4-19）均为松树。*Pinus sylvestris*邮票（图4-20）为欧洲赤松。*Pinus sibirica*邮票（图4-21）为西伯利亚红松。*Pinus strobus*邮票（图4-22）为美国白松。

图4-19（保加利亚，1996；芬兰，1967；蒙古，1982）

图4-20（罗马尼亚，1994）　　图4-21（蒙古，1982）　　图4-22（美国，1978）

4.11 杉　木

　　杉科Taxodiaceae杉木属*Cunninghamia*。常绿乔木，树冠高大，尖塔形，树高可达35m，胸径2m以上。树皮褐色，长条状脱落，大枝平展，小枝对生或轮生；叶呈针形或鳞形，革质；雌雄同株，木质球果。它树干通直，木材纹理直，材质轻，结构为细致，不开裂，为优良用材。在我国秦岭以南，海拔2000m以下山坡和丘陵常见树种，是我国重要用材树种。峦大杉*Cunninghamia konishii*（图4-23），为杉木属的一种，是我国台湾特有种。

图4-23（中国台湾，1992）

4.12 水　松

杉科水松属*Glytostrobus*。半常绿乔木，高10～25m，生于湿润的环境，因常靠水边生，故名水松。它有线形的侧生小枝冬季脱落。它树干基部膨大成柱槽状，并常有伸出水面或土面的吸收根；树皮褐色或淡褐色，纵裂；枝条稀疏，大枝平展，上部枝条斜展，短枝冬季脱落。水松的木材轻软、细致、耐腐力强，供材用；根部木质松、浮力大，可代替木栓，广泛用于瓶塞和救生圈；根系发达，栽于河边、堤旁，作防风固堤用，树姿优美，可植于水榭、池塘，景观别具一格。邮票*Glyptostrobus pensilis*水松（图4-24）。

图4-24（中国，2006）

4.13 水　杉

杉科水杉属*Metasequoia*。是我国特产的孑遗树种。落叶乔木，高可达35m，胸径可达2.5m；叶呈线形，淡绿色，后变暗绿色，秋季变粉红或红色；叶交互对生成两列，羽状；圆形球果，下垂，成熟时为褐色，种鳞木质、交互对生。它是国内外常见的园林树种。水杉邮票*Metasequoia glyptostroboides*（如前图2-7）。

4.14 金　松

杉科金松属*Sciadopitys*。*Sciadopitys verticillata*（图4-25），为日本金松，原产地日本。它是常绿乔木，树形窄锥形，树高可达25m。叶呈针形，两侧背有深沟，上面深绿色，下面黄绿色；树皮红褐色，呈竖长条状剥落；花为雌雄同株，果实为卵形球果，绿色，两年成熟时变红褐色。

图4-25（日本，1993）

4.15 巨　杉

杉科巨杉属*Sequoiadendron*。*Sequoiadendron giganteum*巨杉（图4-26）。常绿乔木，树形窄锥形，高可达80m，叶子细长约长8cm，呈羽状交互排列，青翠常绿；树皮红褐色，树体红色，故又叫红杉。产于美国，在加利福尼亚州北部海岸存在着一些原生红杉的巨杉，树龄有的长达3000年，最高大的红杉高约100m，直径6m多，故称其为"长叶世界爷"。它在世界上有两处近亲：一是生长在太平洋海岸多雾地带的海岸红杉，另一是远在中国的水杉（如前图2-7），它和水杉同是第三纪的孑遗植物。为保护红杉这一美洲古树名木中的佼佼者，美国成立了美国红杉国家公园。

4.16 台湾杉

杉科台湾杉属*Taiwania*，以中国台湾命名，为常绿巨大乔木，是台湾最高的树，高可达90m，鹤立鸡群地散生于中海拔山区，是重要的造林树种。台湾杉*Taiwania cryptomerioides*

邮票（图4-27）叶细长，先端尖且带刺，蓝绿色；雌雄同株；球果绿色，成熟时变褐色。它是第三纪子遗植物，于1904年首次发现，1960年命名台湾杉属，分布于中国台湾、云南西北部以及缅甸北部。它只有一个孪生兄弟，即20世纪30年代末在云南发现的秃杉*Taiwania flousisana*（图4-28）。秃杉生长在台湾中央山脉1800～2600m，散生于台湾扁柏及红桧林中；在云南西北部和湖北利川、恩施两县交界处也有发现。台湾杉树成材快，材质优良，是营造用材林、风景林、水源涵养林、行道树的良好树种。

4.17 落羽杉

杉科落羽杉属*Taxodium*。*Arboles monumentales*落羽杉（图4-29）。原产北美，为湿地、沼泽地生长的木本植物。球果卵球形；线形叶在小枝上排成两排，形似羽状复叶，故名落羽杉。它长期生长在浅水中，老树干基部膨大，具膝状呼吸根，以适应水生环境，形成落羽杉树干立于水中的奇特景观。它是古老的子遗植物，在晚侏罗纪至早白垩纪就已繁盛，第四纪冰川后，它们在欧亚大陆全部灭绝，仅在美洲和拉丁美洲部分地区保留下来，繁衍至今。

图4-26（美国，1974）　图4-27（中国台湾，1992）图4-28（中国，1992）　图4-29（西班牙，2005）

4.18 台湾翠柏

柏科Cupressaceae翠柏属（肖楠属）*Calocedrus*。常绿乔木，长圆锥形树型，高15～30m，树皮灰褐色，不规则纵列，小枝扁平互生；叶鳞形，交互对生；球果圆锥状的长椭圆形；种子长椭圆形，有薄翅。台湾肖楠*Calocedrus formasana*（图4-30），是我国台湾优良用材树种。

4.19 扁柏、红桧

柏科扁柏属*Chamaecyparis*，有扁柏、红桧两种，二者并称为红桧。常绿乔木，树皮灰红色至红褐色，树皮较厚，呈长条形剥落，沟裂较深；枝条为水平状生长；细小的鳞片状叶在较圆的茎上呈十字对生；球果为短椭圆至正球形。它是台湾最优良的木材之一，木材的边材淡红或黄白色，心材淡黄褐色，有光泽香气及辛辣味，耐朽；枝叶及木材含精油，为强力杀菌剂。

红桧*Chamaecyparis formosensis*邮票（图4-31）。另一台湾扁柏*Chamaecyparis taiwanensis*（图4-32），是日本扁柏的变种。

4.20 刺 柏

柏科刺柏属*Juniperus*。常绿乔木或灌木，树皮红褐色，雌雄异株。叶线状披针形，三叶轮生；球果似浆果，近球形或宽卵圆形，成熟时淡红色或淡红褐色。中国分布在华东、华中、西南及陕西南部、甘肃南部。其根药用，木材可制工艺品。*Juniporus communis*（图4-33），为欧洲刺柏，常绿乔木，生长于欧洲、美洲及西南亚直到喜马拉雅山区。早在久远的古希腊时，就在民间药用，叫杜松子，鼠疫期间医师会叫人口含杜松子来防止被感染。它的浆果可使杜松子酒产生特有的味道，也可用它作为烹饪调味品。

4.21 红豆杉

红豆杉科Taxaceae红豆杉属（紫杉属）*Taxus*，也称赤柏松。常绿小乔木，高5～15m，树皮红褐色，长条裂，属浅根植物。它的提取物紫杉醇有抗癌药用价值，被世界公认为濒临灭绝的天然珍稀抗癌植物，是第四纪冰川遗留下来的古老树种，在地球上已有250万年的历史。现在除澳大利亚有一种外，其余红豆杉均产于北半球，亚洲的红豆杉储量最多，其中中国又占全球储量的一半以上。同为*Taxus baccata*欧洲红豆杉的邮票2枚（图4-34）。

图4-30（中国台湾，1992）　　图4-31（中国台湾，1992）　　图4-32（中国台湾，1992）

图4-33（芬兰，1967）　　图4-34（保加利亚，1996；爱尔兰，2006）

5　邮票上的被子植物（一）

　　被子植物是现代植物中最高级且最繁茂，分布最广的一个类群，它的营养器官与繁殖器官都比裸子植物高级且复杂。根、茎、叶的内部结构组织更适应于各种不同的生活环境与条件，所以自新生代以来它们在地球上占有极度的优势，现已知有1万多属、20多万种，种类占植物界的一半以上，而且仍然有许多的新种发现。

　　被子植物属于种子植物，又称有花植物，它构成了最壮丽的地球植被景观，表现在：体态极其多样性；组织分化最复杂；与传粉方式相联系，生殖器官高度特化；物种最丰富；分布和适应性最广。被子植物的发展，带动了动物界昆虫纲、鸟纲和哺乳纲的发展。

　　世界上被子植物物种最丰富的国家是地处热带的巴西和哥伦比亚，它们分别居第一、第二位。中国国土主要部分不在热带，但被子植物种数仍居世界第三位，约300余科，近3100属，3万多种。

　　在被子植物的系统发展过程中，早先的被子植物都是双子叶植物，直到晚白垩纪初期，单子叶植物由双子叶植物中分化出来，主要是由于适应不利气候条件而产生的形态上的某种变化所至。另外，原始的被子植物是常绿的，早白垩纪晚期以后，被子植物转向北温带发展，在接近热带的中纬度南部干凉地带，开始出现了落叶植物，可见落叶性被子植物的出现也是对环境变化的一种适应。

　　以下将收集到的中外被子植物邮票参照《汉拉英中国木本植物名录》按科归类，文中注明属的拉丁学名。由于树木的生长受所在地地位、气候等条件的影响，同一属的树种都有差异，这里仅就属的一般通常认知，简述其特性，而对票面上可视的信息，只作个别的解释。

5.1 木麻黄

　　木麻黄科木麻黄属 *Casuarina*，高大魁梧，枝繁叶茂，具有耐干旱、耐盐碱、成活率高、生长快、抗风沙的特点；适合生长在海滩沙地，它的根部还有生物固氮作用、针状落叶腐烂后，也会增加土壤中的有机质含量。它是非豆科的固氮植物；变异的阔叶树；雌雄异株。我国引种已有50年，成为东南沿海防护林的主要栽植树种。它还是速生用材树，材质坚硬，可作枕木、农具、渔业用具；树皮含单宁；青嫩的枝梢是牛羊的饲料。*Casuarina equisetifolia* 邮票（图5-1），展示的就是木麻黄树。它生长在海滩上，绿色的树枝又细又长像针叶，枝上多节，很容易拨开，加之全株都是细丝状的枝丫，能让风从空隙间滑过，不致造成树的压力，在强风的海边环境中生存。

图5-1（塞内加尔，1996）

5.2 杨　树

　　杨柳科杨树属 *Populus* 的总称，它是世界上分布最广、适应性最强的树种，主要分布在北半球温带、寒温带；杨树天然树种分布最广的除我国之外还有俄罗斯、加拿大、美国、意大利、法国等国家；我国有丰富的杨树资源，分布很广。因为杨树具有早期速生、无性繁殖两大特点，人们渴望利用杨树解决迅速恢复植被，解决生态问题；迅速种植形成人工林，解决木材问题，因此普遍被政府和民众重视。有人称杨属有五派：胡杨、白杨、大叶杨、黑杨、青杨。前三种无性繁殖，后两种种子繁殖。杨树为落叶乔木，树干高大通直，一般树高可达20～30m。杨树木材通直，无色无味，是食品包装、胶合板、造纸、刨花板等用材；树叶可作饲料、肥料，枝丫可供薪材。图5-2展示为胡杨*Populus diversifolia*。图5-3展示为银白杨*Populus alba*。图5-4展示为欧洲山杨*Populus tremula*。

图5-2（蒙古，1982）　　　　　图5-3（罗马尼亚，1994）　　　　图5-4（芬兰，1969）

5.3 桦　木

　　桦木科桦木属*Betula*的总称，落叶乔木，高达25m，树皮白色或灰白色，具白粉，分层剥落。小枝红褐色，叶片三角形或卵状三角形。桦木分布于北美、欧洲和亚洲，中国多产于东北、中部至西南部。它木材坚硬而富弹性，用途广泛；树皮纸质分层，能层层剥离，可制工艺品；树皮可提炼白桦油，是制造化妆品的香料；树汁可药用。*Betula platyphylla*邮票（图5-5）展示为白桦，树皮白色，叶卵形或三角形，先端渐尖。比利时为1970年欧洲自然保护年发行了白桦树邮票（图5-6），票面左上角有徽志。图5-7展示为白桦树*Betula verrucosa*。图5-8展示为红桦树*Betula populifolia*。

5.4 鹅耳枥

　　榛科鹅耳枥属*Carpinus*。落叶乔木，高25m，树冠达20m，树形开始为金字塔形，其顶部生

图5-5（蒙古，1982）　　　图5-6（比利时，1970）　　图5-7（芬兰，1967）　　图5-8（美国，1978）

长为不规则圆形；树皮光滑、灰色；叶卵形，边缘有锯齿，秋天变为黄色或橙红色；小坚果成穗状果序，绿色，成熟后变为黄褐色。它枝叶茂密，叶形秀丽，果穗奇特，秋季叶色变红，极具观赏性。邮资封（图5-9）所示为欧洲鹅耳枥 *Carpinus betulus*。

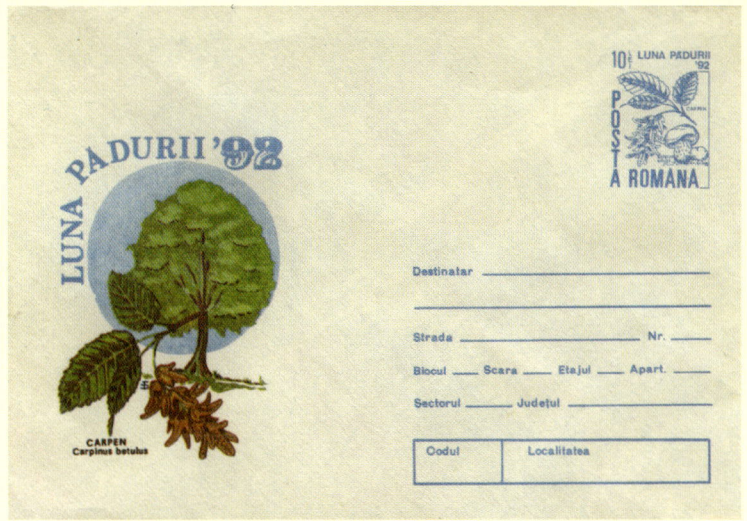

图5-9（罗马尼亚，1992）

5.5 水青冈、栎树

两类树均属壳斗科，从北温带传播到南半球。水青冈是水青冈属（山毛榉属）*Fagus* 的总称。落叶乔木，高达10m多，树皮灰色；叶为单叶，卵形或椭圆形，浅裂或有齿。木材白至浅黄褐色，强度中等，花纹美丽，适于家庭用地板、家具、纺织用纱管、体育器材等。它是一个古老的属，远古时起源于中国南部，并逐渐扩散，现分布在亚热带中山

图5-10（罗马尼亚，1994）　图5-11（西班牙，2001）

地带，全世界现存13种，中国有5种。欧洲水青冈俗称榉木、山毛榉，为大乔木，树高可达30m以上。图5-10和图5-11均展示了欧洲山毛榉 *Fagus sylvatica*，它树形舒展，高约25m，冠幅15m；叶椭圆至卵形。比利时为1970年欧洲自然保护年发行山毛榉邮票（图5-12），右上角有徽志。栎树是栎树属 *Quercus* 的总称，又名橡子、柞、槲、桅、青冈等。落叶或常绿乔木，稀有灌木。单叶互生，叶缘具锯齿；果实橡子（栎属又称橡树）为坚果。木材坚硬，可制家具，供建筑用材，树皮可鞣皮或做染料。*Quercus robur* 邮票2枚（图5-13）均展示为栎树。它的叶为椭圆形至倒卵圆形，上面为暗绿色；树皮灰色，有裂缝；原产地欧洲。图5-14为无梗花栎 *Quercus petraea*。橡树雕刻版邮票（图5-15）。图5-16展示了白橡树 *Quercus alba*。

图5-12（比利时，1970）　图5-13（罗马尼亚，1994；西班牙，2003）　图5-14（爱尔兰，2006）

图5-15（捷克，2000）　　图5-16（美国，1978）

5.6 榆　树

　　榆树是榆科榆属*Ulmus*的总称，落叶乔木。它分布于欧洲、亚洲、美洲，在我国南北方均有分布，除产木材外，还是很好的观赏树或行道树。欧美榆属树种分布普遍，一般都不抗病，民间、政府很重视。中国古生物学会孢粉分会在一份报告中提到："在2.5百万年以后，以……草本植物和灌木花粉居统治地位，*Ulmus*花粉常见，并有含量相当高的松科花粉……"榆树叶化古邮票（图1-14）。图5-17所示为榆树*Olmo*。

图5-17（西班牙，2003）

5.7 榕　树

　　桑科榕树属*Ficus*的总称。常绿大乔木，喜强光，树冠浓密伞形或圆形，绿荫蔽天。它的须髯气生根得天独厚；是一种无花果植物（一种特殊的花序，称"阴头花序"）；果实绿转淡红褐色。原产印度、马来西亚、澳大利亚、中国等地。它为园景树、防风树或可修剪造型。*Fig*即*Ficus macrophylla*（图5-18），为澳大利亚大叶榕树，它是新南威尔士和南昆士兰的巨大原生树木，现在国家公园、城市广场广泛栽培。*Ficus macrophylla*邮票（图5-19），展示了局部放大的叶。图5-20所示也是榕树*Ficus ingens*。

图5-18（澳大利亚，2005）　　图5-19（西班牙，2003）　　图5-20（南非，1982）

5.8 鹅掌楸

　　木兰科鹅掌楸属*Liriodendron*。*Liriodendron chinese*（图5-21）。如前所述，该树为孑遗植物，落叶大乔木，喜光及温暖湿润气候，可耐－15℃低温，喜酸性或微酸性土壤。小枝灰或灰褐色；叶形奇特似马褂状，花冠杯状、清秀，秋叶黄色。是较珍贵的庭园观赏树种，在我国苏南等地有栽培；它的树皮可入药祛风湿，木材为上等家具用材。

图5-21（中国，2006）

5.9 樟　树

　　樟科樟树属*Cinnamomum*植物的通称。常绿大乔木，树冠呈圆形，美观；叶互生，纸质或薄革质，表面光滑，边缘略呈波状；花较小，黄绿色；果实为卵形浆果。全树具有樟脑般的气味。它是较喜光的树种，喜温，是亚热带常绿阔叶树的典型树种。主要分布在欧洲、美洲、亚洲温带地区。它是中国珍贵用材树种之一，分布于长江以南地区，我国台湾是世界上樟树最著名的地区。樟树含桉叶素、黄樟素、芳樟醇、松油醇等重要成分，在原料工业、医药工业等领域应用广泛。*Cinnamomum iners*邮票（图5-22）画面展示为大叶樟。票面为整个树形和左上角放大的枝叶花，右上角有代表新加坡国家象征的狮子头像，右下角为保护自然的文字和徽志，该票为无面值邮票。

图5-22（新加坡，1996）

5.10 苹果、李、梨树

　　三种水果树均属蔷薇科。苹果属*Malus*和李属*Prunus*为落叶乔木或灌木，梨属*Pyrus*为落叶或半常绿乔木。它们都分布很广，人们较普遍栽植的果树。Apple（苹果）邮票、Plum（李）邮票、Pear（梨）邮票（图5-23）均以各自的果实衬底，画面前展示各树树形及放大的花。

图5-23（加拿大）

5.11 球花豆、雨树

　　二者均属含羞草科。球花豆属球花豆属*Parkia*。无刺乔木；羽状复叶；花极多，呈棒状或扁球形的头状花序；荚果长圆形，直或弯曲。原产热带地区，我国台湾、云南引入栽培。*Parkia speciose*邮票（图5-24）画面展示为球花豆，票面为整个树形，左上角为放大的枝叶，突出其荚果。雨树属雨树属*Samanea*。为大乔木；冬季时会大量落叶，二回羽状复叶互生，

图5-24（新加坡，1996）

表面滑泽；头状花序，淡黄色。它因夜间子叶的互合能含储雨露于其间，白天阳光下叶子伸展吐露，如同滴雨而得名。雨树枝如曲梅，型如巨伞，叶子细小如鳞，层层叠叠，远远看去，就像一朵朵绿色的云彩。新加坡于2003年发行的*Samanea saman*（Rain-tree）及马来西亚的*Samanea saman*邮票（图5-25）画面展示均为雨树。另有*Acacia-kada*（图5-26），属含羞草科金合欢属；图5-27展示为微白金合欢*Acacia albida*。

图5-25（新加坡，2003；马来西亚）　图5-26（塞内加尔，1996）　图5-27（佛得角）

6 邮票上的被子植物（二）

6.1 凤凰木、阿勃勒

　　此二类树均属云实科（苏木科）。凤凰木属凤凰木属*Delonix*。落叶乔木，高约10～20m，树冠广阔，枝条呈伞形展开；二回羽状复叶；头状花序，夏天开花，红色，具黄及白色斑纹。喜光速生，根系发达，常具有板根。原产非洲，中国南方各地有栽培。树姿秀丽，红花艳丽，别名金凤树、火树；绿叶荫浓，是著名的观赏树，可作行道树和庭园树。树皮是解热剂，花可提取抗生素，并有驱虫效果；花朵、种子有毒。*Delonix regia*邮票（图6-1）画面展示即凤凰木，票面凸现美丽的树冠，红色的花朵，及发达的根。阿勃勒属决明属*Cassia*。枫树与阿勃勒小全张（图6-2），右

图6-1（新加坡，2003）

边为阿勃勒树和一枚树叶邮票，*Cassia fistula*腊肠树。是泰国国树。常绿大乔木，高可达10m以上；羽状复叶，长卵形或长椭圆形；总状花序，夏季盛开，花冠鲜黄色，似一串串黄色葡萄，尤其叶子尚未生长前更是明亮动人。为热带树木，常见于热带地区的街道、公园。

6.2 皂 荚

豆科（有学者认为苏木科）皂荚属*Gleditsia*。落叶乔木，生长快。二回羽状复叶，长椭圆状披针形，春秋叶色金黄，夏季黄绿；耐干旱、耐瘠薄，忍受大气污染，适应性强。是水土保持、沿海防护林和园林绿化树种。原产地北美，中国黄河以北广大干旱、高寒地也可栽培。皂荚含三萜皂甙鞣质，叶含大量生物碱。*Gleditchia triacanthos*实寄邮政信封（图6-3）， 展示了美国皂荚树，可见褐色下垂很长的枝条上挂着许多花和荚果。

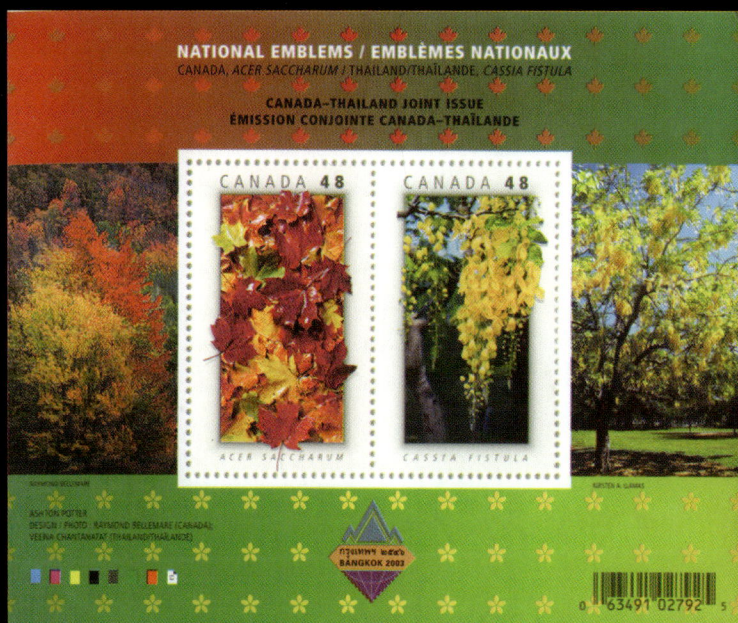

图6-2（加拿大，2003）

图6-3（罗马尼亚，1999）

6.3 紫　檀

豆科（蝶形花亚科）紫檀属*Pterocarpus*。落叶乔木。羽状复叶，叶序整齐；枝丫特长，呈放射状伸展，树冠伞形；春夏开花，色鲜黄，具芳香味；荚果扁圆，外围是一圈宽阔的薄翅，果实特殊。分布全球热带地区。木材纹理殷红高雅，是高级装饰及家具用材。图6-4所示为安哥拉紫檀*Pterocarpus angolensis*。

图6-4（南非，1982）

6.4 楝　树

楝科楝属*Khaya*，又名苦楝。乔木，高可达20m；叶互生，羽状复叶；圆锥花序顶生或生上部叶腋，结蒴果。它生长快，有香味，病虫害少，是城市绿化的首选树种之一。原产非洲马达加斯加，有非洲桃花心木之称，实际是非洲桃花心木的近属种。*Khaya senegalensis*邮票（图6-5），画面所示为非洲楝。它全身是宝，树干圆直，木材呈棕红色，坚硬耐腐，切面花纹美观，可作家具和建筑用材；叶子可作饲料，还可提取治疗高烧的药物。它生长快，树木高大，而且抗风能力强，是营造防护林带的树种；树冠浓密扩展，可选作行道树、庭院树。

6.5 大戟属、橡胶树

两类树均属大戟科。一为大戟属*Euphorbia*。*Euphorbia ingens*（图6-6）称大独台树，为大仙人掌树，挺直、多汁树，茎中间髓部大多木质化，可生长到10m高，分枝从一根树干长出，如一个个小仙人掌，形状如大独台；极容忍干旱，喜温暖，常在岩石露出；在冬天开小黄花。树美丽，但乳汁有毒。热带非洲有草本、灌木、树。可适于庭院种植。原产地南非。另一橡胶树属橡胶属*Hevea*，俗名胶树。原产于南美洲亚马孙河流域热带雨林，世界现有37个植胶国家，大多分布于南纬10°至北纬15°之间，主要生产国为马来西亚、印度尼西亚、泰国、印度、中国、斯里兰卡等，中国植胶区主要在海南和云南西双版纳。该树树高20~40m；叶互生，三出复叶，小叶椭圆形或倒卵形，革质，全缘，渐尖，基部楔形，网脉明显；树干通直，树皮是产胶组织。天然橡胶因其用途广，与钢铁、石油、煤炭并称四大重要工业原料。图6-7为橡胶树*Hevea brasiliensis*。

图6-5（塞内加尔，1996）

图6-6（南非，1982）

图6-7（马来西亚）

6.6 槭 树

槭树科槭树属*Acer*植物的通称。槭树和枫树很类似，常被人弄混，事实他们属不同的科。槭树大多数为落叶乔木，少有灌木。它树干挺直，树冠优美，冠幅较大；叶多而密，遮阴效果好；叶对生，掌状五裂，秋天时树叶会红如焰（而枫树的叶互生，掌状三裂）。它分布于欧洲、亚洲、美洲的北温带地区。枫树与阿勃勒小全张（如前图6-2），左边为*Acer saccharum*糖槭树和一枚树叶邮票，是加拿大的国树。落叶乔木，高达30～40m；叶卵形至圆形，长8～20cm，秋季槭树上挂满红艳艳的叶子，十分美丽。它还是世界三大糖料木本植物之一，含糖量很丰富。图6-8称洋桐槭*Acer pseudoplatanus*。

图6-8（罗马尼亚，1994）

6.7 七叶树

七叶树科七叶树属*Aesculus*。欧洲七叶树属落叶乔木被列为世界五大行道树之一，树形美观，树冠广阔犹如华盖，绿荫浓密，开花时硕大的白色花序又似一盏华丽的烛台，蔚为奇观，是著名观赏树，在风景区和小庭院中可作行道树或骨干景观树。*Horse Chestnut*（图6-9）为七叶树，该树适应性强，耐干旱瘠薄，较耐寒。

6.8 椴 树

椴树科椴树属*Tilia*植物的通称。落叶乔木或小乔木。它树皮纤维发达，植株体表面常有星状绒毛；单叶互生，卵形或宽卵形，顶端渐尖；它是深根性树，生长速度中等，萌芽力强。全世界有50种，主要分布在欧洲、美洲、亚洲的温带地区，中国有40种。木材的边材黄白色，心材黄褐色，纹理致密，不翘不裂，易加工，可作为家具、建筑、雕刻、胶合板等用材。它树形美观，花朵芳香，对有毒气体的抗性强，可作园林绿化树种。*Tilia platyphyllos*（图6-10）为大叶椴木。欧洲椴树雕刻版邮票（图6-11）。

6.9 木 槿

锦葵科木槿属*Hibiscus*植物的总称。叶互生，卵形或菱状卵形，常有不整齐三裂，边缘有锯齿；花有红、白、紫红、粉红等色，常重瓣；结圆形蒴果。原产东亚，中国各地都有栽培。

图6-9（英国）

图6-10（罗马尼亚，1994）

图6-11（捷克，2000）

其花色美观，通常作绿篱或观赏用。全株可入药，纤维供造纸和编织；它对二氧化硫、氯气的抗性较强，可在大气污染严重的地区栽培，是一种多功能的绿化树种，适应性强。*Hibiscus tiliaceus*（图6-12）为黄槿。

6.10 吉贝树、猴面包树

均属木棉科。前者属吉贝属*Ceiba*，*Ceiba pentandra*（图6-13），中文名为吉贝木棉、爪哇木棉、美洲木棉。落叶乔木，分布于亚洲、非洲、美洲热带地区。植株高约30m，根有很多分支，直径足有十多米，有大而轮生的侧枝，幼枝有刺；叶为掌状复叶，小叶5～8片；花黄白色，多簇生于上部叶腋间；蒴果革质，种子藏于棉花状的纤维内。纤维可纺布。玛雅人因吉贝树高大，相信它是支撑天堂和人界的树，是亡魂进入天堂的道路。后者属猴面包树属*Adansonia*。猴面包树又称猢狲树，产于非洲热带草原，为大型落叶乔木，是名副其实的大胖子树，因其果实巨大（如足球）、甜汁多，是猴子等动物喜欢吃的食物，因而得此名。它的枝条是光秃秃的，一旦雨季来临，它就利用自己粗大的身躯拼命贮水，一株树据说能贮几千kg，甚至更多的水，吸饱水分，便会长出叶子，开出很大的白色花。它全身是宝，鲜叶是当地人喜爱的蔬菜；树皮可制绳索、袋子、渔网等；叶和果的浆液，在民间常用作消炎药物。*Adansonia digitata*（图6-14）为猴面包树，它高达20m，干短粗，直径达9m，最粗基部周围50m，是世界上最粗的树。*Adansonia gregorii*（图6-15）为格雷戈里猴面包树，桶状树干，是西澳大利亚地区的象征。猴面包树还是塞内加尔的国树。

图6-12（新加坡，1996）

图6-13（新加坡，2003；哥伦比亚，1990）

图6-14（南非，1982）

图6-15（澳大利亚，2005）

6.11 木 荷

山茶科木荷属*Schima*的木荷树，为常绿乔木，树冠广卵形，高可达30m，树皮灰褐色；新叶初发和老叶入秋均呈红色，艳丽可爱；单叶互生，革质，椭圆形或矩圆形，表面深绿，有光泽，边缘有锯齿；花单生枝顶叶腋或成短总状花序，白色，具芳香；蒴果近球形，木质五裂。分布在热带、亚热带山谷或林地中，我国安徽、浙江、福建、江西、贵州、台湾等省份均有分布。它木质优良，是珍贵的用材树种。荷树小型张（图6-16）。

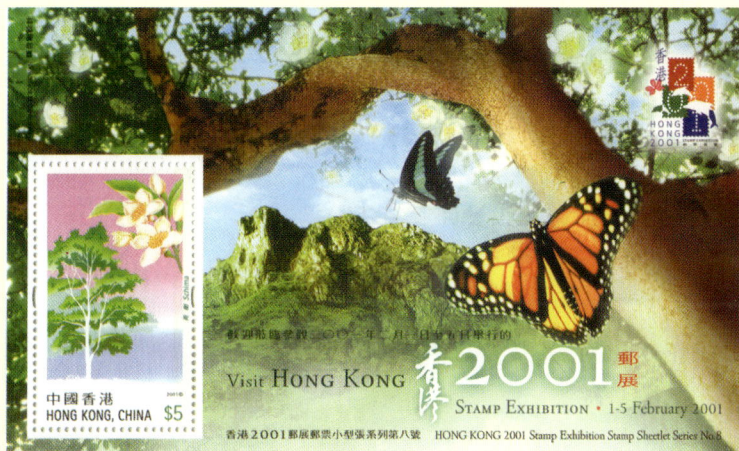

图6-16（中国香港，2001）

6.12 红柳桉

菲律宾发行的雕刻版树木邮票2枚（图6-17），Red Lauan中文名红柳桉，系龙脑香科婆罗双属*Shorea*。阔叶树，是可贵的菲律宾木材树，以其坚硬重红色木头著称，经常作为菲律宾桃花心木销售。新鲜材的边材黄白色，心材暴露在大气中则逐渐变成暗红色或砖红色，是高级门皮合板、装潢、建筑、吉他腔体等用材，可代替桃花心木。

图6-17（菲律宾）

6.13 红 树

红树是红树科植物的总称。红树植物是一类生长在热带海洋潮间带的木本植物，当退潮以后，红树植物在海边形成一片绿油油的"海上林地"，也有人称之为碧海绿洲。它们对调节热带气候和防止海岸侵蚀起了重要作用。由红树植物构成的树林，称为红树林。它分布于南美洲、非洲、澳大利亚、亚洲等热带、亚热带海岸。水笔仔*Kandelia obovata*（图6-18）。属于秋茄树属*Kandelia*，为常绿小乔木，高可达5m，树皮灰褐色；叶对生；它具有明显的胎生果实，气根多从侧枝下方发生，而老树干基附近所发生的地下根，有多向地隆升而似板根状。*Rhizophora Mucronata*（图6-19），属于红树属*Rhizophora*，中文名红茄苳。

图6-18（中国台湾，2005）

图6-19（毛里求斯）

6.14 珙 桐

蓝果树科珙桐属*Davidia*。如前所述它是珍贵的孑遗植物。落叶乔木，高15～20m；树皮深灰色，薄片状脱落；叶纸质，常密集于幼枝顶端，宽卵形或近圆形，基部心形，边缘有粗锯齿；头状花序顶生，花形奇特，在头状花序基部的两个白色苞片，形如飞鸽，故有鸽子树之名。它是闻名于世的观赏树种，是国家一级保护稀有种。珙桐*Davidia involucrate*邮票（图6-20）。

6.15 榄仁树

使君子科诃子属（榄仁树属）*Terminalia*。木质藤本至乔木；叶互生或对生，穗状花序；果革质或核果状，有翅。分布于热带和亚热带，中国主产在云南和广东。*Terminalia catapp*（图6-21）为榄仁树。

6.16 桉 树

桃金娘科桉树属*Eucalyptus*。乔木或灌木；常有含鞣质树脂。叶多型性，幼态叶多对生，成长叶常为革质，互生；伞形花序或圆锥花序或单生。有600多种，原产澳大利亚及邻近岛屿，世界热带和亚热带地区竞相引种。我国引种近80种，华南至西南多有栽培。该树喜光、速生，一般10年左右可成材；绿化效果快而优，普遍用作行道树；木材硬重，纹理交错，易开裂，易受虫蛀，经加工处理可提高其利用价值，一般作薪炭、枕木、粗家具；叶可提取芳香油；桉树林散发挥发油有杀菌灭虫作用。澳大利亚的桉树有500多个品种，高可长到100多米，笔直笔直，矮的只有一二米，呈灌木状。澳大利亚红色贫瘠的土壤就是靠桉树这样的"土地卫士"。如果没有桉树，那里生存着的众多昆虫、鸟类、爬行动物和有袋类动物将因为没有藏身之处和食物而灭绝。当地土著人也离不开浑身是宝的桉树。澳大利亚东部沿海茂密的森林有90%是桉树，它适应性强、生长迅速、经济价值较高。有人说桉树是澳大利亚献给世界的礼物。*Ghost Gum*（图6-22），是在澳大利亚中部地区发现的，明显的粉状白色树皮，长叶片。桉树还是澳大利亚的国树。*Eucalyptus*（图6-23）也是桉树。

图6-20（中国，2006）　　图6-21（新加坡，1996）　　图6-22（澳大利亚，1993）　　图6-23（塞内加尔，1996）

6.17 倒挂金钟

柳叶菜科倒挂金钟属 *Fuchsia*。常绿灌木，叶对生或轮生，卵形，边缘有细锯齿；花大而美丽，总状或圆锥花序，花下垂似吊钟，花萼红色，花瓣有红、紫红色。原产南美洲，常栽培于温室，是美丽的观赏植物。邮资纪念片 *Native Fuchsia/Kotukutuku*（图6-24），左图展示的是世界上最大的倒挂金钟植物，在

图6-24（新西兰，1991）

新西兰的森林和杂木林中发现的，它是矮树；邮资图为该树的花。

6.18 白蜡、油橄榄

两类树均属木犀科。白蜡属梣属（白蜡属）*Fraxinus*。落叶乔木，稀灌木。奇数羽状复叶，对生，长圆形、卵圆形至披针形。它主要分布于北半球温带，中国有20多种，遍及全国大部分地区。放养白蜡可生产中国传统出口商品虫白蜡，它的萌条可编筐篮，树皮为中药，有消炎、清热之效，木材材质优良，坚实致密是重要的用材树种。*Fraxinus excelsior*邮票2枚（图6-25）画面展示为欧洲白蜡树。欧洲白蜡树还是瑞典的国树。油橄榄属木犀榄属*Olea*，原产欧洲地中海，以西班牙、意大利、希腊和葡萄牙为集中产地，有几千年的栽培经营历史，是亚热带地区的重要木本油料植物，中国引种以陕西、川东、川北及鄂西南地区较适宜生长。油橄榄树（图6-26），常绿乔木，高达10m，喜光，适生于土层深厚肥沃的中性土，长寿性树种，栽种4～5年开始结果，盛产期可达50～100年，产量稳定。果实为核果，从绿色过渡到红色最后变黑，果实主要用于榨油。橄榄油在西班牙被誉为"液体黄金"、"植物油皇后"、"地中海甘露"。橄榄油几乎不含胆固醇，易被人体消化、吸收，是优质食用油。它还在食品工业、制造工业、轻工业方面均有特殊用途。用于医治烧伤、烫伤有特殊功效。木材细致，可制工艺品。油渣可作饲料或肥料。油橄榄树还是希腊、以色列等国的国树。

图6-25（罗马尼亚，1994；爱尔兰，2006）

图6-26（西班牙，2001）

6.19 灰 莉

马钱科灰莉属*Fagraea*。常绿灌木或小乔木，树型较大，主茎旁分枝较多，叶片密集，树冠显得丰满壮丽，富有葱郁茂盛；叶长圆形，对生；花冠白色，漏斗状，有芳香，花冠上部分裂，呈小喇叭状。原产中国南方，广东、广西、福建、海南、台湾等省份均有分布。它对环境有绿化、美化、净化和芳香的功能。*Fagraea fragrans*（图6-27）为灰莉树。

6.20 火焰树

紫葳科火焰树属*Spathodea*。落叶乔木，高12～20m，树干灰白色，近于光滑；叶对生，奇数羽状复叶；阳性树，喜高温日照充分，不耐风、不耐寒；花顶生，圆锥花序，花色橙红到红色，形如火焰。原产热带非洲。是庭院树、行道树、观花的树种。它还是加蓬、贝宁、尼日利亚、佛得角等国的国花。Flambeau-tree（图6-28），为澳大利亚火焰树。

6.21 金鸡纳树

茜草科金鸡纳属*Cinchona*。常绿乔木，高达15～20m。叶对生，椭圆状矩圆形；聚伞花序腋生或顶生，常为圆锥花序式排列，有强烈的气味，花冠白色；蒴果椭圆形，长约12mm，种子小，具翅。树皮含奎宁量最高，药用，能治疗疟疾。原产南美洲，是热带雨林中最著名的植物，最重要的发现。它还是秘鲁的国树。我国云南、台湾有引种。刚果（金）为纪念国际红十字100年而发行的*Cinchona ledgeriana*邮票（图6-29），画面展示即金鸡纳树。

图6-27（新加坡，2003）　　　图6-28（澳大利亚，1978）　　　图6-29〔刚果（金）〕

7 邮票上的单子叶木本植物及其他树木

以下展示单子叶木本植物中的竹子和棕榈树，以及特定地区特殊的被子植物树木邮票。

7.1 竹 子

竹子是一种俗称，它归属于单叶子植物禾本科，是禾本科植物中最原始的亚科之一，也是禾本科植物中最多样化的一种群，以其木质的竿、复合分枝、发达的根系和很少开花的特点区别于不同科的其他植物。在植物分类学上，竹子属禾本科竹亚属，世界上共有500多种竹子，广泛生长于亚洲、非洲、加勒比及拉美地区，并在这些地区享有盛誉。数以万计的人以竹子谋生，成为人类历史和社会文化的重要组成部分。中国是竹子数量最多的国家，素有"竹子之乡"的称号。竹类植物由地上和地下两部分组成，地上部分包括竹竿、竹枝、竹叶等，地下部分包括地下茎（俗称竹鞭）、竿柄（俗称螺丝钉）、竿基（竹竿入土生根部分）、竹根等。竹的着生可分为单轴散生型，如毛竹、紫竹；合轴丛生型，如佛肚竹、楠竹；复轴混生型，如茶竿竹、斑苦竹。按竹子的利用价值可分用材竹（经济竹）和观赏竹，竹子还有保持水土的作用。竹子生长快，一次栽植可多次利用。竹子是自古以来被人们广泛使用的生活资料和生产资料，近代已发展成新兴的竹产业。

毛竹小型张（图7-1），毛竹为刚竹属*Phyllostachys*，学名*P. pubescens*，是我国特产，是长江流域分布面积最广的竹种。毛竹粗大，高达20m，径粗可超过15cm。它的繁殖主要依赖毛竹根部竹鞭的芽，由芽生长发育成竹笋，再成长成新竹，4～8年成材。毛竹每年发的竹笋可食用或加工成罐头。竹材具有良好的物理和化学性能，其抗拉力和抗压力超过钢材一半，广泛用于建筑、

图7-1（中国，1993）

家具、造纸等工业，竹胶板成为新兴的竹加工产品。以竹代木成为有效保护传统用材林的最好途径。紫竹（图7-2），属刚竹属，学名*P. nigra*，为散生竹，当年新竿绿色，次年渐转为紫黑色，是优良园林观赏竹种。金镶玉竹（图7-3），也称黄槽竹，属刚竹属，学名*P. auresulcata*，其竿金黄色夹绿色条纹沟槽，如碧玉镶嵌于黄金之中，色泽华贵，是一种极为优美的观赏竹。佛肚竹（图7-4），属籬竹属*Bambusa*，学名*B. ventricasa*，为常绿灌木型丛生竹，其节间膨大，状如佛肚，形状奇特，故得此名，是盆栽和制作盆景的良好材料。茶竿竹（图7-5），属矢

竹属*Pseudosasa*，学名*P.amalibis*，竿形通直、竹壁厚实、节平光滑、节间较长、材质优良，燃烧后竹炭洁白不成灰，故此又被称为"钢竹"，是制造各种家具、花架、笔杆、高级钓鱼竿、雕刻工艺美术等的主要原材料。

图7-2（中国，1993）　　图7-3（中国，1993）　　图7-4（中国，1993）　　图7-5（中国，1993）

　　印度尼西亚于1995年为国际竹子会议发行2枚竹邮票（图7-6），其一为短枝沙勒竹，属篾箬竹属*Schizostachyum*，竹竿纤细，供观赏用；另一为马来甜龙竹，属牡竹属*Dendrocalamus*，高大壮观，竿高20m，径6～20cm，节间长30～50cm，是世界上最优良的大型丛生竹之一，其生长速度和生物量远高于毛竹，在东南亚有重要经济价值，竹材耐久性较强，竹笋可鲜食或制笋罐头。新加坡邮展竹子邮票5枚（图7-7），分别为：箣竹，为高大竹类，材质坚韧，可做扁担、家具等；罗汉竹，为散生竹，竹竿畸形多姿，为优良园林观赏竹种，竿可作伞柄、钓鱼竿等，笋味美；黄金间碧竹，为丛生竹，可作观赏和材用；四方竹，为混生竹，为世界著名观赏竹种，园林绿化用，竿可做工艺品；佛肚竹邮票。巨型竹（图7-8），属刚竹属。

7.2 棕　榈

　　棕榈科Palmae植物系单子叶植物，主要分布于热带地区，约217属2500种，英文通称Palm，中文名称：椰、榈、棕、葵。它是四季长青的木本植物，树形优美，乔木或灌木，茎通常不分枝，大型叶丛生于树干顶部，它虽粗大坚实，但均无后生木质部（不是真正的木材）。叶子很大，分为两种，一种为掌状分裂，如扇形棕榈叶（棕榈属）；另一种为羽状裂，如羽形棕榈叶（刺葵）。叶常簇生于茎顶部，穗状花序。常见植物有棕榈、蒲葵、椰子、鱼尾葵、槟榔。

　　椰子*Cocos*，常绿乔木，单干，叶为多对羽状全裂叶；终年开花结果，坚果极大，圆形或椭圆形。它是典型的热带喜光树种，根系发达，抗风力强。椰子树苍翠挺拔，冠大叶多。椰子全身是宝，也是热带佳果之一，是重要的木本油料，椰壳可制工艺品。*Cocos nucifera*（图7-9），中文称可可椰子，拉丁语的属名为葡萄牙语的"猴子"，种名则为"坚果"的意思。可可椰子起源于东南亚，其果汁可供饮料；果肉可食或制椰干、椰粉或炼制椰油；外种皮可制

图7-6（印度尼西亚，1995）　　图7-8（梅约特，2007）　　图7-9（马来西亚）

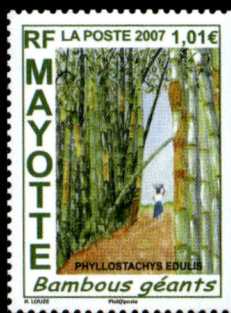

图7-7（越南，2004）

作绳索、席垫、毛刷；叶可编帽、茸屋；幼嫩花序中的液汁含糖分，可发酵酿酒；椰壳可制作器具；树干则可当柴烧。有人称许多热带地区的国家，其物质文化深受椰子的影响，马来西亚则是椰子的故乡。Coconut tree（图7-10），即椰子树。海南风光普票（图7-11），票面为椰子树。海南椰林湾邮票（图7-12），图案取自海南文昌市，文昌有"椰子之乡"的名称。画面突出了海南最具特色的热带经济林——椰子，椰子千百年来与海南人民生活息息相关，故人们称椰树为"生命树"、"宝树"。它分布广泛，海滨、沙滩或丘陵、平原，也不论是乡镇或城市，到处都有椰树的踪影。椰子树形态优美，抗风性强，是海南行道树、防护林、园林绿化的理想树种。椰子产量约占全国总量的99%。海南椰子的消费主要是嫩椰果当饮食，而国内椰子油则要靠大量进口。

图7-10（斯里兰卡）　　图7-11（中国，1981）　　图7-12（中国，2000）

世界植物油王——油棕，属油棕属*Elaeis*。原产热带西非，由于树形有点像椰子，故也被人们称为"油椰子"。印度尼西亚于1960年发行油棕邮票及中国于1997年发行邮资明信片西双版纳（图7-13）。油棕单株直立生长，主干粗壮，浑身布满叶柄残根。羽状复叶又长又大轮生在树梢周围，树形粗壮美观，绿叶四季长青。油棕果含油量高达50%以上，一株油棕每年可产油30~40kg，一亩产3000~5000kg，是花生油产量的7~8倍，故被誉为"世界油王"。我国于1926年开始引种到海南、广东、广西、云南等地。图7-13所示明信片即西双版纳油棕林，那里已成为风景亮点，村寨内的傣族少女喜欢三五成群相约前去游玩。

7-13（印度尼西亚，1960；中国，1997）

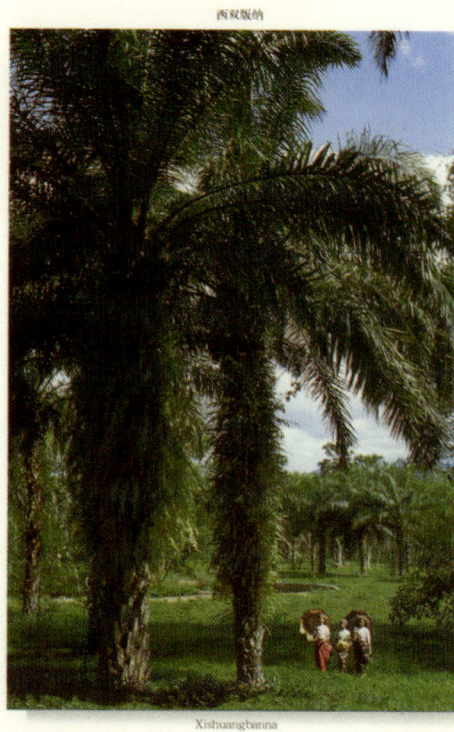

贝叶树。属贝叶棕属*Corypha*。常绿乔木。傣族古代就会用贝叶树的叶子来写口头文学作品和佛教经文，如同汉族的竹简、木牍，贝叶就是傣族文化的传承载体。叶还能防火、防虫。贝叶树邮票（图7-14），图案展示高耸挺拔的贝叶树，掩映着佛寺建筑。

刺葵。属刺葵属*Phoenix*。阿森松岛发行的邮票Date Palm即刺葵（图7-15），刺葵羽叶状全裂，长约1m，稍弯下垂；喜光也能耐阴，较耐旱，抗寒能力和适应性较强，是非常理想的室内盆栽观叶植物，颇受人们的喜爱。英国海军于1843年就在岛上种植，椰树散布岛上，风光极美。达尔文曾踏足过该岛。刺葵树（图7-16）。

棕榈家族中的其他邮票有：Norfolk Island Palm邮票（图7-17），为该岛上生长的棕榈树。*Pritchardiopsis jeanneneyi*邮票（图7-18），画面展示为世界罕见的棕榈树，其树子为该国主要出口产品。柔和棕邮票（图7-19）。棕榈树邮票（图7-20）。

图7-14（中国，1981）　图7-15（阿森松岛，1997）　图7-16（日本，1973）　图7-17（诺福克岛，2004）

图7-18（新喀里多尼亚，1984）　图7-19（苏联，1966）　图7-20（西班牙，1967）

7.3 其他树木

以下展示特定地区特殊的树木邮票。

Kokerboom/Quiver tree明信片（图7-21）。据查它属于Aloaceae芦荟家族，中文名颤抖树。这种树有光滑分枝，在南非和纳米比亚发现。它能在极端环境状况下，靠存贮在树干中的水生存，因为木头非常轻，吸大量水在里面，树干和分支可能容易挖空而引起颤抖，由此得名。明信片左图为生长在乱石旁边的颤抖树，右上角为肉质花卉。

南非西斯凯树木邮票（图7-22），相同的属种在那里树的形态与众不同。*Cussonia spictata*为五加科黑五加属，中文名穗花黑五加木；*Curtisia dentata*为山茱萸科短山茱萸属，中文名短山茱萸木；*Calodendrum capense*为芸香科美木芸香属，又称好望角美树，乔木，高9m，叶绿色，具油腺点，亮丽，花粉红色，极美丽；*Podocarpus falcatus*为罗汉松属的一种，是南非国树，常绿小乔木或灌木。抗旱树邮票（图7-23）一式3枚。当地树木邮票（图7-24）。

图7-21（南非，1973）

图7-22（南非，1983）

图7-24（梅约特，2005）

图7-23（佛得角，2000）

第二篇
邮票上的森林

　　森林一般指以乔木为主体的植被类型。据中国东汉许慎的《说文解字》载"平土有从木曰林"；森为"多木貌"，指生长着的大片树林。俄国林学家T·莫罗佐夫1905年认为森林是林木、伴生植物、动物及其与环境的综合体。随着生物学、生态学和林学的发展，对森林的认识已超过了上述范围。提出森林是以树木为主体的生物群落。以下仅展示的是以树木为主体的森林。

8 邮票上的寒温带针叶林和温带针阔叶混交林

现在世界森林占陆地总面积的约1/3，由于气候，特别是热量、水分及二者配合状况的影响，以及人类活动对森林的影响，森林在世界各地分布极为不均匀，森林类型也极为复杂多样，一般来说，森林植被的分布，主要包括纬度地带性和经度地带性共同决定着植被的水平分布，还有垂直地带性。我国幅员广阔，跨越多纬度和经度。我国又是一个山地丘陵面积占国土面积2/3的多山国家，森林又多分布在山地和丘陵，还有高原，海拔高低对森林植被分布有明显的影响。因此三个地带性相互交错，构成我国森林分布的宏观格局。

联合国于1988年发行的保护森林资源极限片（图8-1），片上贴有三枚邮票，分别是联合国（日内瓦）发行的寒温带针叶林，联合国（维也纳）发行的亚热带针阔叶混交林，联合国（纽约）发行的热带雨林。这里就参照世界森林地理分布，将邮品粗略地以树木为主体的森林分为三个专题展示如下。

需要补充说明，邮品发行主要考虑到广大公众对自然景观的观赏要求，森林只是邮品图案众多自然景观的一部分，或处于衬托自然景观的角色，因此从森林专题要求，需要我们从中仔细辨析和欣赏。

8.1 寒温带针叶林

针叶林是属于寒温带的地带性植被类型，是分布最靠北的森林，针叶林的北界就是森林的北界。联合国于1988年发行的保护森林资源极限片（图8-1），片右上角即展示北方针叶林，它分布在北半球高纬度地区，面积广阔，仅次于热带雨林，占据全球森林第二位。它是以针叶林为建群种所组成的各类森林的总称，主要由云杉、冷杉、落叶松和松树等一些耐寒树种组成。区域范围主要指北欧、前苏联北部，向东伸展入亚洲，直到太平洋两岸，越过白令海峡到达北美。中国森林类型中寒温带针叶林，包括大兴安岭北部山地，它是北方针叶林带向南延伸部分。西南高山林区，森林的主要树种与该区类似。此林带的针叶树树干高大通直，材质优良，纤维细长，是建筑材、车辆材等用材及造纸和化工原料，是世界上重要商品材来源地，至今还保存大面积的原始林。林内主要伴生的阔叶树种是桦树和杨树。

科米原始森林4方连邮票（图8-2），面值2.0卢布的，为曼·普普涅尔山上的石缘；面值3.0卢布的为科日姆河；面值5.0卢布的为泊朝柱河上游；附票为科米共和国原始森林轮廓图。票面是根据摄影照片设计的。科米原始森林于1994年被联合国教科文组织列入"生物圈保护计划"，1995年列入世界遗产名录。世界遗产委员会评价："科米原始森林位于乌拉尔地区和乌拉尔山脉的冻土带，占地328万hm^2。这一广博范围内的针叶树、白杨、白桦，泥灰沼，河流及天然湖泊，已被监控和研究了50年，对于针叶树林带的自然发展对生物动力学的影响提供了宝贵的资料。"科米原始森林属亚寒带森林，是目前欧洲现存面积最大的一片原始森林，它是全欧唯一生长西伯利亚松树的地方。冰岛的自然森林邮票（图8-3）。冰岛位于欧洲西北部的北大西洋中，靠近北极圈。北部属寒带苔原气候，南部属温带阔叶林气候。植被稀少，南因受墨西哥暖流调节，有桦树和松树生长。邮票展示1905～2005年在该国其他地方几乎没有树木，而Hallormsstadaskogur给人留下深刻印象的森林，画面边框外为1906年森林调查的记录，并展示森林分布图一角。（图8-4）为瑞典于1977年发行冬天的北方针叶林邮票，及芬兰于1982年发行针叶林雕刻版邮票。

图8-1（联合国，1988）

图8-2（俄罗斯，2003）

图8-3（冰岛，2005）

图8-4（瑞典，1977；芬兰，1982）

兴安林海邮票（图8-5）及大兴安岭邮资片（图8-6）。如上所述，大兴安岭针叶林是世界北方针叶林带向南延伸部分，具有较多的温带森林植物部分，向南逐渐过渡到针阔混交林，小兴安岭和长白山的森林就是典型的针阔叶林。大兴安岭是我国东北地区的重要山脉，森林覆盖率达86%以上，被誉为祖国的"森林宝库"。大兴安岭为兴安落叶松纯林，

图8-5（中国，2004）

间杂少量的其他树种，它是我国主要木材生产地之一。邮票和邮资片的画面分别为冬、春季的林况。卧龙湾和月亮湾邮票（图8-7），这里是喀纳斯自然保护区，它是西伯利亚泰加林（泛指寒温带针叶林）在中国的延伸带，生长着西伯利亚云杉、冷杉，特别是新疆五针松、新疆冷杉的唯一分布区，森林群落保持着完好状态。画面展示河边两侧坡上原始针叶林（间有少量阔叶树）密布，

图8-6（中国，1987）

并以春、秋两季摄影展示云冷杉和阔叶树的季节变化。中国人民邮政于1981年发行的天山普票及中国邮政于1996年发行的天山悬泉飞瀑和湖畔胜景邮票（图8-8），天山位于新疆自然保护区境内，由于高度变化，海拔1700～2700m为森林带，常绿云杉林，具体说是天山雪岭云杉，它覆盖了90%以上的天山林区。如邮票所示，雪岭云杉树形高大，树冠窄长，呈细圆柱或尖塔形，树高一般10～20m，最好的可达60～70m。普票（图8-8左）"天山"展示云杉林和草地牧场，当地牧民以森林带以上的草地为夏季牧场，森林带以下的草地为冬季牧场。悬泉飞瀑邮票（图8-8中），展示山谷两旁山坡上生长的云杉林。湖畔胜景邮票（图8-8右）画面展示草场间有野花开放，搭有蒙古包供牧民居住，草场周边有云杉林保护，草场远处可见高山冰峰，雪山融水滋润着新疆的山川平原。

图8-7（中国，2006）

白桦林邮票和白桦林首日封（图8-9），邮票画面为抽象白桦林及散落着的自由飞翔小鸟，象征芬兰人回归自然；片上邮戳图为抽象的树木和小房子。芬兰森林覆盖率近69%，是世界上高

图8-8（中国，1981；1996；1996）

森林覆盖率国家，居第二位。也是除冰岛外，地球上最北部的国家。苏格兰松、挪威云杉和桦木是其三种优势树种。在芬兰最能代表金色森林的树木是白桦树。

8.2 温带针阔叶混交林

它是针叶林和常绿阔叶林之间的过渡森林，是温带地区的森林类型，由常绿针叶林和落叶阔叶林混交组成。它们在欧亚大陆形成一条不连续的混交林带，在亚洲，我国主要分布在东北地区，还有俄罗斯远东沿海和朝鲜北部。在垂直分布上，它也广泛存在于温带，及南方各地气候区的山地。欧洲主要树种有：云杉、冷杉、落叶松、栎、山毛榉、鹅耳枥等，亚洲主要树种有红松、沙松、紫椴、水曲柳、榆等。在乔木层以下的灌木层和草本层也十分发达。因地处历史悠久的农业地带，原始林受到破坏，人工林比较普遍。

图8-9（芬兰，1992）

大雾山国家公园邮票（图8-10），那里由于未被人类破坏，为植物提供了一个相对有利的生长环境。公园内有16座海拔超1800m的山峰，拥有全球最大的温带原始林——红松林，森林蒸腾出的水蒸气形成的浓雾，终日滞留于

图8-10（美国，2003）

地表之上，弥漫于群山之间，故名大雾山。邮票画面展示的就是温带针叶林，该公园已被列入世界自然遗产名录。

长白山针阔混交林邮票（图8-11）。长白山位于吉林省，其主峰呈火山锥体，海拔2749m，以主峰为中心，向四周逐渐降低，构成长白山地势的总体特征。它具有完整的垂直自然景观和生态系统。长白山位于温带，自下而上依次为：落叶阔叶林→针阔叶混交林→寒温带常绿针叶林→矮曲林→高山冻原。长白山林区是我国重要的针阔叶混交林中心，邮票即取海拔500~1100m的针阔叶混交林带，它是长白山森林垂直分布的最下部。林内乔木层中针叶树以红松为主，还有落叶松、冷杉、云杉、紫杉；阔叶树有蒙古栎、水曲柳、紫椴、春榆等，灌木层较发达。

中国林业建设邮票（图8-12），图案描绘茫茫林海的壮观，绿树成林的山山岭岭，起伏绵延，一望无际。中国农业生产建设邮票之一（图8-13），图案上部为茫茫林海，一棵棵树木参天耸立；下部为一列满载木材的火车，奔向国家建设的各条战线。祖国风光邮票之一东北林海（图8-14），票面展示东北长白山林区林海风光。峨眉山云海邮资片（图8-15），峨眉山位于四川省，主峰海拔3099m，山脉峰峦起伏，重岩叠翠，气势磅礴，雄秀出奇，素有"峨眉山天下秀"的美誉。山势高低不一，气候差别甚大。低山属亚热带，中山属温带，高山则属亚寒带，明信片展示的为亚寒带针叶林。

图8-11（中国，1993）

图8-12（中国，1958）

图8-13（中国，1977）

图8-14（中国，1981）

图8-15（中国，1989）

9 邮票上的暖温带落叶阔叶林和亚热带常绿阔叶林

9.1 暖温带落叶阔叶林

　　在欧亚大陆的温带，西欧典型的落叶阔叶林可分布到原苏联欧洲部分。中国主要分布在东北地区以南和华北地区。这里四季分明，夏热多雨，生长着多种冬季落叶的阔叶树。以杨、榆、槭、槐、椿、泡桐、苦栎、栓皮栎等为代表树种。也有油松、白皮松、华山松等针叶树。该区域受数千年来历代农垦、帝王将相的战争摧残，统治阶级的大兴土木等影响，原始森林已被彻底破坏，仅留下小面积的次生森林，或人工栽植的经济林。

图9-1（中国，1997）

　　邮资片灵空山油松邮资片（图9-1），展现华北油松景象。油松常绿乔木，树干挺拔苍劲，产于我国北方，从辽宁到华北，南到山东、河南。油松是矿柱和枕木的主要用材，对山西这个最大的煤炭生产基地有巨大的市场需求。武当山明信片（图9-2），展现武当山

图9-2（中国，1997）

的植被繁茂景象。武当山主峰海拔1437m，四周陡壁悬崖，但仍能清晰可见满山是苍翠葱茏的古松。土层较厚的山坡、山谷则分布有栗、柿、核桃、橡槐等阔叶树，还有众多的中草药材植物。慕田峪长城极限片（图9-3），展示华北次生林景象，片上盖有当地邮戳。国家林业局第6次森林资源清查纪念邮品[1]，纪念封及泡桐个性化邮票（图9-4），封片左下方徽志代表针叶树、阔叶树；右下方盖的徽志戳为三棵树以示森字。泡桐为落叶乔木，树皮灰色、灰褐色或灰黑色。泡桐树生长快，耐旱瘠薄。原产我国，我国是世界上少有的泡桐优生区，分布于北方暖

注：①中国国家林业局于2005年发行的第六次全国森林资源清查纪念邮品含小版张（16枚邮票）和纪念封，为个性化邮票。

图9-3（中国）

图9-4（中国，2005）

温带落叶阔叶林区，它是我国华北、中南地区农田林网建设、平原绿化和速生丰产林建设的主要树种。泡桐广布于东南亚亚热带、热带区系。泡桐木材材质优良，易于加工，可供建筑、家具、人造板和乐器等用材，也是造纸原料。泡桐树姿优美，有较强的净化空气能力。

特朗赛的森林邮票首日封（图9-5），封面左边为该地森林摄影照，封面盖有地方橡树叶的邮戳。法国大部分地区属海洋性温带阔叶林气候，森林资源以阔叶林为主，而橡树林就占森林面积的31%。特朗赛森林系法国中部森林，那里的橡树树干部分，劈出来（不能锯开）的板，在露天存放几年方可作为贮藏用的酒桶。其纹理较密，而丹宁味挥发较快。自20世纪80年代中期，木桶制造已是那里一大赚钱行业，那里的橡木深受世界酿酒界欢迎。早在一二百年前法国就对橡树林进行管理，采伐树龄一般在80~100年，至今仍保有相当的供应能力。山毛榉原始林邮票（图9-6）。日本属温和湿润的海洋性季风气候，以前山毛榉原生林在日本东部山地到处可见，后由于开发造林，山毛榉急剧消失。邮票票面上是现保留在白神山北部（主峰1232m）山地的山毛榉林，是目前留存的最大的山毛榉原生林。

图9-5（法国，1976）

图9-6（日本）

9.2 亚热带常绿阔叶林

由常绿阔叶林组成的地带性森林类型，是热带到温带之间的过渡性质的林带，分布在南北纬度22°~34°（40°）之间，以中国长江流域南部的常绿阔叶林最为典型，面积也最大，西南云南、贵州和四川三省的大部分地区也属此林带。这一区域北部的落叶阔叶树种最多，常绿阔叶树主要有壳斗科、樟科、茶科等。同时有大面积的常绿针叶树：杉木、马尾松、柏木等。南部则有热带树种侵入。中国亚热带有很多特有的树种，如经济树种和散生竹类。

神农架原始森林邮票和神农架风光片（图9-7）。神农架位于湖北省，林区处于我国南部亚热带与北部暖温带的过渡地带，也是我国西部高原与东部低山丘陵的过渡地带，复杂的地理环境孕育了多样化的植被，成为我国多种植物区系成分交汇的绿色宝库。在全部种子植物中，单属单种的科有7个，即银杏科、水青树科、种萼禾科、莲香树科、珙桐科、杜仲科和透骨草科，这些树种处于相对原始或孤立的位置。林区森林覆盖率大，1993年时达68.9%，是鄂西北的一道绿色屏障。邮票画面给人以古老原始森林的直感。

图9-7（中国，1994；1998）

邮资片中山陵鸟瞰邮资片（图9-8）。中山陵位于紫金山。图像展示陵园的雪松、龙柏等针叶园林树种，其周边广阔的紫金山山坡上则是马尾松林。马尾松是亚热带常绿针叶树种，在我国长江以南广大丘陵和低山几乎都是马尾松的故乡。马尾松生长快，适应性强，造林更新容易。它是矿柱、枕木、造纸等的主要原材料，也是产脂树种和薪材树种。中山陵是1929年起开始大面积植树造林的，主要树种为马尾松。1982年遭松材线虫病为害，后在林内大幅度增植栎类、枫树等，阔叶树种，以期改造为异龄复层混交林群落。

天目银杏，蒸蒸日上邮资片（图9-9），天目银杏位于浙江省天目山，海拔1506m，在海拔600～1000m的向阳林中，生长着古老野生状态的银杏树林。明信片画面展示的是其后代人工银杏林。

武陵源·十里廊小型张（图9-10），5km长廊，峡谷两岸林木葱茂，野花飘香，奇峰异石，千姿百态，像一副巨大的山水画卷，并排悬挂在千仞绝壁之上。武陵源位于西部高原亚区和东部丘陵平原亚区的边缘，地形复杂，坡陡沟深，加上气候温和，区内水量丰富，森林发育茂盛，树种繁多，几乎占有世界现存裸子植物的一半，还有众多珍贵植物和珍稀动物。九寨沟·长海小型张（图9-11），九寨沟位于四川盆地向青藏高原过渡的

图9-8（中国，2002）

图9-9（中国，2005）

图9-10（中国，1994）

边缘地带，山岭的海拔3500～4500m。长海是九寨沟湖面最宽阔、湖水最深的海子，海拔3060m，长海以南冰川雪峰上的积雪是它的水源。小型张画面展示湖两边山坡上长满了松、杉、栎、杨、槭、桦等树木，形成针阔叶混交林；画面下方伫立着一棵独臂老人柏，其周边有黄栌、枫树等金秋树木陪衬。呈现蓝天、白云、雪山、

图9-11（中国，1998）

群峰、树林的烘托下蓝色的湖水宁静安详的景象。黄果树瀑布小型张（图9-12），黄果树位于贵州省，是热带湿润季风气候的南缘，水热条件好，形成诸多河流，向下流经北盘江再汇入珠江，其地带性植被为中亚热带常绿阔叶林，林中乔木层优势种有杉木、柳杉和枫香，保存残留的常绿阔叶树种，如范楠木、西南木荷等。由于受人为长期活动影响，原生植被不复存在，皆为次生类型的植被。繁茂的阔叶林和湿润的气候，使这里拥有充足的水源，为形成壮观的瀑布提供了条件。小型张画面的瀑布高68m，加上瀑上瀑6m，总高74m，宽81m，是我国第一大瀑布，也是世界著名的大瀑布之一。梵净山自然保护区·阔叶林和里湾河邮票（图9-13）。保护区位于贵州省，是云贵高原向湘西丘陵的过渡地区，处于中国亚热带中心，是地球同纬度上保存最完好的原始森林。阔叶林邮票画面取自海拔1300m以上的常绿落叶阔叶林带，组成本带的落叶阔叶林有米心水青冈、水青冈等；灌木层有细叶黄杨、贵州杜鹃、岭南杜鹃等。分布在梵净山顶部的高山杜鹃矮林是贵州省乃至我国分布较为稀少的植被类型，形成独特、壮丽的自然景观。里湾河邮票，展现里湾河水位落差大，故多急流、险滩、瀑布。沿里湾河西行，可见古朴、神奇又别致幽雅的溪峡风光，岸边山上有许多珍贵树种，如孑遗树种珙桐等。

图9-12（中国，2001）

图9-13（中国，2005）

茶圣·陆羽像极限片（图9-14），该片由云南思茅（最古茶树的所在地）和浙江杭州两地联合发行，片图以杭州茶叶博物馆为背景，展示陆羽像和人工栽培的茶园，并盖有杭州中国茶叶博物馆邮戳。中国是茶叶的故乡，经千百年的自然驯化和人工栽培，形成丰富的品种资源，形成地方品种、引进品种和野生品种三大类；形成矮化密植速生栽培科学管理的丘陵山地茶园，利用高山昼夜温差大、云雾露水多、湿度大的高山茶园。茶园邮票（图9-15），展示高山茶园。井冈春竹邮资片（图9-16），图案系毛竹林，又称楠竹，是中国特产的散生竹类，主要生长在长江流域地区。竹林建群种的生活型是常绿的乔木，空心木质，利用地下茎（竹鞭）繁殖。竹林是栽培的植被，但栽后即形成多年的半自然植被，而成为亚热带、热带地区（丛生竹）常见的典型植被。荔枝邮票（图9-17），荔枝是亚热带果树，常绿乔木，原产我国西南部，以广东、广西、福建、台湾等地栽培为主。票面凸现广州从化市荔枝之乡的荔枝王，树基径有415cm，胸径220cm，年产果1吨多。

图9-14（中国，1997）

图9-15（尼泊尔，2003）

图9-16（中国，2001）

图9-17（中国，2005）

10 邮票上的热带雨林、季雨林和南半球森林

10.1 热带雨林、季雨林

　　热带雨林（如前图8-1），它是热带潮湿地区高大茂密常绿的森林类型，分布在赤道及其两侧的湿润区域，是目前地球上面积最大、对维持人类生存环境起作用最大的森林生态系统。中国分布在台湾南部、海南岛、广西南部、云南东南部等地，多为次生类型。热带季雨林是热带季风区干湿季交替显著的森林类型，由较耐旱的热带常绿和落叶阔叶树种组成，且有明显的季相变化，以东南亚受季风影响较大的地方最为典型。中国主要分布在海南西部和滇南河谷盆地。

　　巴西发行的《1942年发现亚马孙河400年》邮票（图10-1），票面为亚马孙河流域图。亚马孙河是世界最大河流之一，由其冲积而成的亚马孙平原，大多位于巴西境内。亚马孙平原原属热带雨林气候，它是世界上第三大雨林资源集中区，在巴西境内在很大程度上保留了原生状态。印度尼西亚于1998年"世界环境日"发行热带雨林邮票2连（图10-2），印度尼西亚地跨赤道，多数地区属热带雨林，邮票票面展现繁茂的热带雨林林相。泰国为林业厅100周年发行的热带雨林邮票4枚（图10-3），画面展示雨林植物特点：树种组成丰富，绝大部分是木本植物；林下有灌木、草本植物，群落结构复杂；有许多层间植物，附生植物、藤萝密布；乔木有板状根，老茎生花结果。中国发行祖国边陲风光邮票一套，其一为滇南雨林邮票（图10-4）。画面展示西双版纳的地带性植被景观——热带雨林。西双版纳地处世界热带雨林分布的北缘，在热带季风气候条

图10-1（巴西，1942）　　图10-2（印度尼西亚，1998）

图10-3（泰国，1996）　　　　　　　　　　　　　　　　　　图10-4（中国，2004）

件下发育而成，存在明显的干、湿交替现象。20世纪70年代我国植物学家找到了龙脑科的树种（为热带雨林的代表性树种），还有望天树（图10-5）、版纳青梅等，确证了西双版纳森林的热带雨林性质。画面展示特奇迷人的热带雨林林相，上层有高达六七十米的参天大树，中层是各种乔、灌木，底层布满各种野花、小草和苔藓等植物。为支持巨大的树干，往往出现热带雨林特有的板根现象。个性化邮票中的望天树是龙脑香科柳安属，常绿大乔木，票面上的树生长在西双版纳自然保护区补蚌片区海拔700m处，树高57m，胸径132cm，树龄120多年。

橡胶林邮票（图10-6），橡胶树为热带雨林树种，喜湿热气候，要求年平均温度25℃左右，年降水1500～2000mm。它原产于南美洲亚马孙河流域，现在亚洲、非洲等30多个国家和地区引种栽培。我国自1904年以来分别引进到云南、海南和台湾各地栽种，新中国建立后大量栽培，发展很快。橡胶是极为重要的国防和民用工业原料。咖啡树林邮票（图10-7），咖啡原产于埃塞俄比亚。早年在锡兰（即现斯里兰卡）由英国人将整个哈顿高原清除，开辟成咖啡园，使斯里兰卡咖啡成为世界上数一数二的国家。19世纪末一场病虫害席卷整个国家的几乎所有咖啡园，咖啡时代就此结束了。取而代之的是茶叶兴起。

法属赤道几内亚于1946年发行的邮票（图10-8），票面展示赤道雨林林相及土著人在林内劳作的场景。赤道几内亚森林资源丰富，覆盖率达80%。如今我国吉林森工集团在那里采伐森林并进行木材加工。

古巴巴拉德罗海滨邮票（图10-9）。椰子树是热带地区主要木本油料作物之一，广泛分布于世界热带地区，亚洲栽培面积较大，中国仅海南岛和台湾能进行商品性栽培（如前图7-12）。巴拉德罗海滨邮票图案取自当地海岸椰林，岸边游人在树下乘凉，那里是风光优美的旅游区。

图10-5（中国，2005）　　　　图10-6（印度尼西亚，1960）　　　图10-7（斯里兰卡）

图10-8（法属赤道几内亚，1946）　　　图10-9（中国，2000）

10.2 热带海滨红树林

红树植物种类很多，它是生长在热带和亚热带海岸最高潮线以下及平均潮线以上间的乔木和灌木，是由胎生、呼吸、支撑根等特殊演化而成，可以维持滨海湿地的丰富生态系统。

五梨跤、海茄冬和榄李邮票（图10-10），红树林个性化邮票（图10-11），以及环境保护小型张和环境保护2连票（图10-12）画面展示均为红树林。这些红树林邮票从不同侧面、角度，从远处、近处，较全面地展示红树林。需要指出的是在2004年的印度洋海啸中，印度尼西亚亚齐省种有稠密红树林地区的受灾程度要比没有红树林的地区受灾轻得多。联合国2006年7月发布的环境报告也指出红树林能把海潮的"威力"减少75%。印度尼西亚漫长的海岸线曾经拥有丰富的红树林资源，自20纪90年代已有70%的红树林遭到破坏。2004年海啸发生后，就此开始了一个全国范围的红树林地恢复项目。

美洲红树林邮票（图10-13），伯利兹以东的加勒比海上有一个伯利兹珊瑚自然保护区，它是北半球最大的珊瑚礁群，1996年被列入世界遗产名录。珊瑚礁沿岸生长着红树林，红树林防风护岸，为生活在珊瑚礁里的各种鱼类提供了一个良好的生存环境。鸟类的粪便又为红树林提供肥料。使那里的红树林构成了一个完整的生态系统。保护区还生活着许多珍稀动物，有海龟、海牛和美洲鳄。邮票图案左边展示伯利兹的地理位置，右边为珊瑚礁及其后面茂盛的红树林。

图10-10（中国台湾，2005）

图10-11（中国，2005）　图10-12（印度尼西亚，2000；2005）

10.3 南半球森林

　　澳大利亚原生物种Snow Gum和Karri（图10-14），中文译名为雪花桉和异色桉。澳大利亚地处南半球，南回归线横穿大陆中央，国土的大部分地区为热带和亚热带气候，其南部属温带气候，北部属热带气候。桉树林占据了澳大利亚植被的90%，它生长快，耐干旱，且四季常绿。雪花桉生长在澳大利亚最高和最冷的地方，遇到雨和雪的湿气，它明显的由浅绿色、灰色和淡黄色变为红、绿、橙黄色。异色桉树干柔和有花纹，可长到75m高，是西澳大利亚最优美、最高的树木。澳大利亚未开垦荒野景象邮票（图10-15），取自国际明信片，图案是未开发的荒野，稀疏的生长着桉树。大障岛上的森林邮票（图10-16），该岛位于新西兰北部奥克兰半岛，票面展示大障岛上亚热带湿润气候条件下的森林，有幸存的原生贝壳杉（详见3.8节）及多植物种群的森林。

图10-13（伯利兹，1982）

图10-14（澳大利亚，2005）

图10-15（澳大利亚）

图10-16（新西兰）

第三篇

邮票上的古代林业

古代林业是古代农业的重要组成部分，它推动古代农业社会发展。

古代农业是使用铁、木农具，利用人力、畜力、水力、风力和自然肥料，凭借或主要凭借直接经验从事生产活动的农业，故称传统农业。在西方，到18世纪中期，随着工业兴起转向近代农业；在东方国家，包括日本在内，是在较晚时候才开始这一转变。一般认为中国古代农业约为公元前2000年至公元1840年。在这一漫长演变发展中，古代林业成为古代农业的重要组成部分，它从属于古代农业，又服务于古代农业。从人类对森林的物质利用角度看，最基本的是木材的利用，其中尤以薪材利用最为首先，木柴作为人类最早使用的生产性燃料，对制陶瓷、砖瓦、玻璃以及早期的青铜冶炼起着至关重要的作用，由此人们称此时的古代林业处于薪材利用阶段。不可否认的木材作为工具、建筑用材起着重要作用，由于有了金属斧、刀、锯等，极大地提高了采伐森林的效率，况且木材加工方便，木材可在江中漂流，扩大了对它的利用范围和区域。由此可见古代林业已开始了原木利用，与此同时矿石燃料煤的利用，替代了薪材，减少了生产性消费，增加了原木消费的比重。但从总体看原木利用阶段应属于工业革命后，一直延续到工业化中期。

下面借助相关邮品提供的信息先来体察先民如何走向农耕文明，然后了解古代林业为古代农业生产、手工业、建筑及人们生活的方方面面提供木柴、木材等原材料、燃料，认识古代林业由薪柴利用进入原木利用发展变化。

11 邮票上的远古先民依赖森林由采集渔猎生活走向农耕文明

　　森林是先于人类而存在于地球上的自然资源，人类依靠森林而生存，森林是人类生存和发展的摇篮。"树叶蔽身、摘果为食、钻木取火、构木为巢"是森林孕育人类的生动写照。森林为早期的人类提供了隐蔽的住所、丰富的食物、遮体的材料和工具的原坯。人类祖先是逐渐从森林中走出来的，无论是爪哇直立猿人、非洲直立猴人，还是中国的元谋人和北京山顶洞人，大多诞生于距今200万～100万年新生代第四纪的更新早期或中期的森林环境中。与其他动物不同的是先民学会了劳动，人类在森林中采集野果、狩猎捕鱼、营筑棚舍、结社群居、繁衍进化，最终走出森林，涉过大河，走进了农耕文明。

　　远古先民依赖森林由采集渔猎生活走向农耕文明，我们称其为古代农业。古代林业是古代农业的重要的组成部分，它服务于古代农业，推动着古代农业社会发展，进入传统农业。

　　下面借助相关邮品来领略：森林是人类的摇篮；从中国远古传说中体察先民走向农耕文明；走出森林后的先民生活写照。

11.1 森林是人类的摇篮

　　世界上的森林在人类出现之前已覆盖陆地表面积达70%，森林是先民生存的最佳环境，人们就是依赖森林过着采集渔猎生活。森林是人类的摇篮，人类是从森林中走出来的。但是，经过人类几千年的采伐利用和焚毁，至今森林只剩原来不到一半面积，而且大部分为次生林、人工林。下面让我国借用当代邮品，从两个方面领略森林为先民生存发展提供了不可或缺的条件。

图11-1（德国，1997）

　　从原始森林的生态环境看，森林是以树木为主体的多种生物聚集地，林中还有不少溪流和水生生物，正是适应这样的自然环境人类过着采集渔猎生活。先民从林中搜取食物，同时倍加爱护森林。德国于1997年发行森林保护协会50年小型张（图11-1），以模式图案展示不同类的森林及林中的各种动物。法属赤道非洲于1946年发行森林邮票（图11-2），展现热带原始林中的大树及多种植物，还有小溪流过，人在丛林中穿行，一派森林的原生态状态。中国香港于2003年发

图11-2（法属赤道非洲，1946）

行的九寨沟邮票（图11-3），展现保存至今的原始森林，这得益于九寨沟原住民——藏民族的保护，他们把大自然视为神灵，认为人是自然界的居民，与林内动植物共生存。他们爱护自然、尊敬自然，使这片原始森林保存下来，今天被视为"人间仙境"。有力地证明森林是人类世世代代繁衍生息的最佳地方。

图11-3（中国香港，2003）

　　从森林为人类提供食物及其他生活必需品看，森林正适合于人类的生存。森林中有些树木花果等可供人食用，原住民食物邮票5连（图11-4），分别展示了食果的番樱桃，食花的银桦树，食果的檀香果，食种子的相思树，食块茎的孟农，这些也都是先民们的食物。高山森林蘑菇小型张（图11-5），该蘑菇为橙盖鹅膏伞，是生长在海拔2000～4500m的原始森林中的野生菌，是纯天然的绿色食品。森林中有许多野生动物可供人食用，别洛韦日自然保护区邮票2枚（图11-6），票面为保护区比亚沃韦扎森林中的鹿、野猪、野牛及鸟类等动物，先民可猎取食用，这有利于人脑的进化，况且还可捕捉野生种驯化为家畜，这又是人类一大进步。先民患病

图11-4（澳大利亚，2000）

图11-5（朝鲜，1995）

图11-6（白俄罗斯，1994）

时，从森林中获取防病治病的植株，中草药4方连（图11-7），画面中罗汉果、银杏叶、淡竹叶均取自林中树木。Rhamnaceae鼠李科植物邮票2枚（图11-8和11-9），前一邮票为鼠李科灌木，为药材；后一邮票为鼠李科灌木，为薪柴，为先民生产生活提供能源。

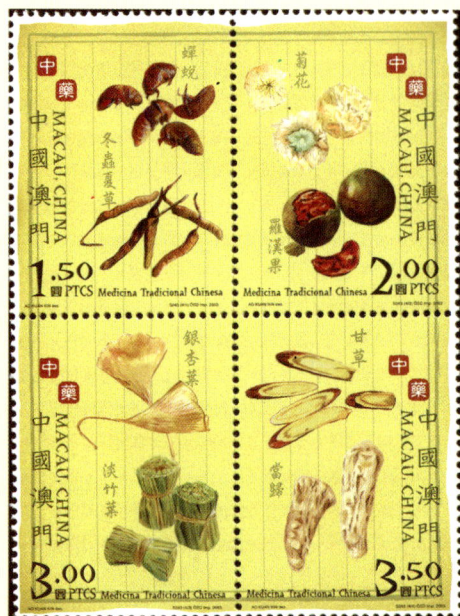

图11-7（中国澳门，2003）

图11-8（埃塞俄比亚，2004）

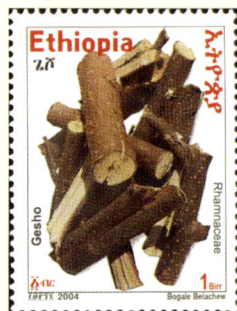

图11-9（埃塞俄比亚，2004）

11.2 从中国远古传说中体察先民走出森林，又依赖森林走向农耕文明

关于远古传说中的"三皇"。不少古书记述为燧人氏（发明用火和熟食）、伏羲氏（发明渔猎畜牧）和神农氏（发明农业和医药）。他们未必实有其人，但这些人及其业绩，实际上反映了中国原始社会经济生活的发展情况，并在长期传说中作为半神半人的部族而为后世所歌颂。

关于燧人氏。中国台湾发行的发明神话邮票之一燧人氏钻木取火（图11-10），图案展示燧人氏用一个坚硬而尖锐的木条，在另一块硬木上使劲地钻，钻出火星来，从此发明了用火和熟食。人工取火是一个了不起的发明，到黄帝时期，人类已开始用火烧熟食物，用火取暖，用火驱赶毒虫。可以说火是人类最早和最惊人的化学发现，这比单纯改制天然物，是大大前进了一步。由于熟食，极大地促进了人类进化。至今我国少数民族还有的老人会操作钻木取火的技术，几分钟就出火。古人四季采用不同的木材钻木取火，春天取榆、称柳之火；夏天取枣，称杏之火；秋天取柞，称楢之火；冬天取槐，称檀之火。可见木材既可取火，木材又是最易着火的材料，成为最早的生活生产燃

图11-10（中国台湾，1994）

料。世界各地原始取火用材和技术千姿百态，有的把燧石敲敲打打，敲出火来，用易燃的树枝可以着火。莫桑比克于1981年发行的邮票，一枚为钻木取火，另一枚为火石打击取火（图11-11）。

关于伏羲氏。伏羲氏在燧人氏之后，神农氏之前。伏羲故里在甘肃天水，当时以狩猎、渔猎经济为主。传说发明用网捕鱼和用弓箭射杀的人是伏羲氏，这是对原先以木棍、石器为狩猎工具的发展，而弓箭的制作取自树木或林中其他植物的干茎。中国台湾发行的发明神话邮票之一伏羲发明八卦（图11-12），邮票画面展示古代人与动植物和谐共处的情景，伏羲手持木棍，指点八卦，把天、地、人之间复杂的相互依赖关系，变成符号系统留给后人。伏羲文化是在农业起源以前相当一个时期，早在1万甚至1.2万～1.5万年前，伏羲文化是中华文明的人文始祖。这里我们借助岩画邮票略见古代先民渔猎生活的写照。岩画产生于文字前，犹如文字记载，它提供了人类千万年前的记录。2枚追猎和2枚弓箭手史前岩画邮票（图11-13）。这是位于伊比利亚半岛东部的地中海盆地的史前文化遗址，有露天壁画，更多的是在洞窟岩壁上。这些旧石器时代的壁画，大约是在公元前4万年到公元前1万年前的作品。壁画生动地再现了史前人类的生活景象。贺兰山岩画·射猎邮票（图11-14）。贺兰山在古代是匈奴、鲜卑、突厥、回鹘、吐蕃、党项等北方少数民族驻牧游猎、生息繁衍的地方。邮票展示了岩画上记录的远古人在4500～5000年前的狩猎场景。

图11-11（莫桑比克，1981）

图11-12（中国台湾，1994）

图11-13（西班牙，1967）

图11-14（中国，1998）

关于神农氏。炎帝即神农氏（见前炎帝陵），史称他教民播种五谷，收获粮食，故称"神农氏"。先民经渔猎（采集、狩猎）的时期，又不知经过了多少年，人们偶尔把一把野谷子撒在地上，到第二年发现地面上生出苗来，到秋天，又长成了更多谷子。于是人们就大量栽种起来，用木头制造的一种耕地农具，叫做耒耜，收获量就更大了。传说是炎帝"神农氏"，因天时，相地宜，斫木为耜，揉木为耒，开木材作农具之端，以教民树艺五谷，而农事兴焉。又辨百草之性，以疗民疾，草根树皮始可以为药用。还有传说"神农尝草"，亲自尝过各种野草野果的味儿，有甜的、也有苦的、甚至碰到有毒的。他不但发现了许多可以吃的食物，还发现了许多可以治病的药材。成

图11-15（中国台湾，1994）

为古代药业的基础。见神农氏造农具邮票（图11-15），画面展示神农氏在荒野手持木杈除草翻地的场景。

先民走出森林，由采集渔猎走向农耕文明，这期间森林起着重要的作用。从中国于1996年发行的河姆渡遗址3枚邮票（图11-16），可领略到先民对木材的加工利用推进了农耕文明。这是公元前5000年至公元前3300年的遗址，出土的文物说明那时的浙江余姚河姆渡人已在从事农耕、捕鱼、纺织的同时，从事伐木、木器制造及漆的利用等。耕作农业邮票画面为出土的木柄骨耜及稻种；干栏建筑邮票画面展示出土的木构件采用榫卯和企口板加工；划桨行舟邮票画面为出土的木桨。从中国1954年彩陶罐·新石器时代雕刻版邮票及1990年半坡类型和马家窑类型彩陶邮票2枚（图11-17），可领略到先民对木柴的利用推进了农耕文明。彩陶是先人用黏土做原料，制成器形，对其表面用黑红色颜料画图形，然后放入柴火中烧制而成。据对其残片测得温度约为700℃，推断系平地用柴草堆烧的。彩陶是新石器时代开始的重要标志，陶器成为先民生活、生产的主要容器。另外，城头山遗址邮票（图11-18），城头山是新石器时代晚期的遗

图11-16（中国，1996）

图11-17（中国，1954；1990）

图11-18（中国，2005）

址，邮票画面含4件文物，从左到右分别为：彩陶杯，为盛酒器；石钺，为礼器；折腰碗，为盛储器；镂空圈足豆，为储器。巴基斯坦发行的公元前3600年至公元前2200年不同年代的彩陶邮票方连（图11-19）。

当古代先民掌握了异地利用森林，取得食物、木材和薪柴等，他们能在森林外过着渔猎生活，并进而转向农耕社会。在这一发展过程中，森林起着十分重要的作用，甚至是关键的作用。

图11-19（巴基斯坦）

11.3 先民依赖森林过着原始生活的写照

朝鲜发行的原始人类生产与生活邮票5枚（图11-20），前2枚邮票为新石器时代，人们以树枝、树杈、木棍等为生产工具，有了用柴烧制成的陶器，使用柴火烧煮陶器中的食物；后3枚邮票为青铜器时代，人们会使用木把金属犁犁地，画面展示众人合力进行农耕的场景。森林为人类走向农耕文明提供了工具、柴火、农耕土地等众多的生产资料。古巴土著文化邮票一套6枚（图11-21），古巴土著人是指1511年西班牙占领古巴时那些祖祖辈辈繁衍生息在古巴土地上的人们，他们不种地不放牧，满足于大自然赋予他们的一切，最善于与自然界和谐共处。6票画面展示土著人利用木材制作的木船、木浆及其他简易的生产工具；画面可见船上有鱼、小孩手提野兔，说明是以渔猎为生；有了用柴烧制成的陶器；用树干树枝搭建草屋；人们腰上用树叶掩体；室内供放木雕等神像；住地和树木旁有一片空地供爱好运动的土著人踢足球。可见森林为古巴土著人生活提供了不可替代的基本条件。

图11-20（朝鲜，1992）

图11-21（古巴，1985）

12 邮票上的古代林业在古代农业生产中的作用

　　这里借助邮品展示古代林业提供古代农耕木质用具，古代林业提供农业灌溉水利建设用材，以及古代经济林的经营。

12.1 古代林业为古代农耕提供木质用具

　　（1）农耕用具。中国到战国时，铁制农具已排斥木、石农具，普遍用于生产，但木材仍然是制作农业生产用具的主要材料或辅助材料，即使是铁犁，仍需用木材作其支架和扶手。稻谷的加工处理、搬运等都需要木竹制成相应的器械用具。

　　牛耕邮票（图12-1）。画面取自汉画像石，出土于陕西绥德，画面展示二牛并列行进，犁衡搭在牛颈部，牵引一长辕犁。犁头是铁制的，其余辅件均为木构造。北周·农耕邮票（图12-2），图案取自敦煌壁画善事太子出游途中观看农耕的画面，画面中牛牵引木制农具在耕地。犁邮票（图12-3），犁是传统农业的主要农具，画面展示铁犁头要用木架支撑，用木扶把。中国于1952年发行的和平解放西藏邮票（图12-4），票面展现西藏农民用牦牛耕作，有一横木缚在两头牦牛的角上，其中有一横木用来牵引铁犁。这种耕作俗称"二牛抬杠"。中国于

1952年发行的土地改革邮票（图12-5），画面突出了农业现代化的拖拉机耕作场景，同时票下方则为当时的人赶牛，手扶木把铁犁耕地，以及人用木把铁锄耕地的场景。说明古代农业工具到20世纪中仍在中国延续使用。犁耕兼种法邮票[①]（图12-6），中国于公元前2世纪发明的，为木制播种器。射猎农作邮票（图12-7，东汉画像砖），砖画面下部分为农作，农夫手持木柄镰刀收割，这种农具一直延续到20世纪后半期仍在使用。

图12-1（中国，1999）

图12-2（中国，1988）

图12-3（中国台湾，2001）

图12-4（中国，1952）

图12-5（中国，1952）

图12-6（多哥，1999）

图12-7（中国，1956）

韩国于2001年发行的传统农具10连票（图12-8），其中含犁、镰刀、锄头、簸、原始的打谷机等邮票。画面可见在各类农具的制作中，木材是主要材料的，如打谷机、滚压机等；木材作为辅助材料的为数众多。

（2）狩猎用具。弓箭是中国早期较普遍使用的狩猎用具，系木竹制成。射猎农作（图12-7），该画像砖出土于四川成都市郊，画面上半部分为射猎，猎人用竹做箭矢，在鱼塘边射

注：①多哥于1999年发行《中国古代之科技文明》一版张邮票共17枚，年代为公元前2000至0年。版面左侧注明各项发明、发现的年代。版面有一徽志图，图上方文字为北京1999第22届万国邮政联盟大会，图下方为长城和信封。这里取相关的邮票，简称多哥1999。

鸟，射箭上拴有绳索，便于扯回猎物。西魏·狩猎和狩猎·魏2邮票（图12-9），图案取自敦煌壁画，猎人用木竹弓箭猎物。

（3）农业生产辅助用具。为农耕生产服务的辅助用具种类繁多，包括谷物收获后的后续处理加工、搬运，还有为农夫劳作服务的用具。其中的许多用具系竹木制作，一来索取木竹材料比较容易，二来加工方便，更替方便。

鼓风车，在中国西汉时已有了扬去谷物颗粒中的糠秕，它是由木材构造的，后来有了金属，一些零件由金属替代，但整体看仍是木构造的风车。风鼓邮票（图12-10），风鼓即鼓风车。风扇车邮票（图12-11），风扇车是中国公元前2世纪发明的，票面下半部为出土的西汉陶器模型。盛谷物用的箩等容器，挑箩用的扁担，农夫身上的斗笠、蓑衣，运载东西的竹筏等，无一不是木竹制成。农夫就地取材，自制而成各类农业用具，包括用棕皮编织蓑衣，北方用荆条编篓，均取自树木为材料。如米篓和蓑衣2邮票（图12-12）所示。另如图12-7邮票图案其下半部分的左边有一送饭到田头的妇女，肩挑饭箩、手提菜篮，这些生活用具也均为木竹或枝条等制成的。

图12-8（韩国，2001）

图12-9（中国，1952；1988）

图12-10（中国台湾，2001）

图12-11（多哥，1999）

图12-12（中国台湾，2001）

12.2 古代林业为农田灌溉用具、农田水利建设提供木材

12.2.1 中国古代农田水利建设

李冰邮票（图12-13），画面展示为战国时期秦国蜀郡太守李冰率众修建的都江堰，是我国古代创建的一项巨大水利工程。首先要打通玉垒山，使岷江水畅通流向东边。在开凿石山时他采纳了一位有经验的老民工的建议：在岩石山开一些沟槽，然后放柴草点火燃烧，岩石在柴草的燃烧下就会爆裂。就此加快了工程进度。筑分水堰，用装满卵石的大竹笼放在江心堆成一个狭长的小岛，形如鱼嘴，如鱼嘴邮票（图12-14）所示。岷江流经鱼嘴，被分成内外两江，外江仍循原流，内江经人工造渠，通过宝瓶口流入成都平原。在这水利工程建筑用木桩、竹笼和柴起了重要作用。

图12-13（中国，1980）

票面上还可见一座连接堤岸的竹索桥。水利工程都江堰邮票（图12-15），票面展示都江堰略图及鱼嘴。灵渠是秦始皇为统一岭南，沟通湘漓两水，以联系长江与珠江两大水系而修建的人工运河，位于广西安兴县，是我国古代著名的水利工程之一。灵渠·铧嘴及天平邮票（图12-16），灵渠铧是最主要的分水设施，人字坝建筑，用长2m以上，直径20~25cm的松木打成排桩，上面再横铺一层松木，迎水面和贴水面用巨石砌成，迎水面形成阶梯形。经受2千余年仍在发挥其分水的功能。灵渠·陡门邮票（图12-17），票面展示渠首两岸设圆形石砌石墩，闭陡时用竹木搭成构架，以竹编陡簟置于构架迎流挡水。开陡时只要抽掉构架，陡门自然打开。这又一见证竹木在水利工程建设中的作用。

图12-14（中国，1991）

图12-15（多哥，1999）

图12-16（中国，1998）

12.2.2 农田灌溉用具

宋应星邮票（图12-18）。宋应星系明代科学家，著有中国古代科学巨著《天工开物》，书中记载的三四百年前流传于民间的100多种工艺技术，其中大部分至今仍存在于民间。该书被誉为世界上第一部有关农业和手工业及科学技术的百科全书。

天工开物——灌溉邮票5枚（图12-19）。分别为：筒车引水邮票，筒车是古老的自动灌溉用具，系竹木制品，创始于唐代，明清时普遍使用。它是以木为轮，下半部置于水中，在转轮的周围装置许多圆竹筒或木制叶片，利用转轮带动圆筒装水，将水倾入农田灌溉。筒车又称高车。牛转水车、踏车取水和拨车汲水邮票，票面都展示了龙骨车，只是分别由牛力、脚力和手力推动提水灌溉。龙骨车是古代最先进的排灌工具，千百年来一直流传沿用，直至20世纪中期

图12-17（中国，1998）　　图12-18（中国，2002）　　图12-20（密克罗尼西亚，1999）

图12-19（中国台湾，1994）

在我国江南农村仍能见到。它主要由木链、刮板组成，木材是水车制作的唯一材料。杠杆提水邮票，票面展示水井旁立一木柱，中置一横杆为支点，一端系以绳索或竹竿连接水桶（一般为木桶），另一端绑石头等重物，利用杠杆原理，使之相互上下取水，节省人力。龙骨车和水转连磨2邮票[①]（图12-20），两种水车分别为中国公元1世纪和公元3世纪发明的。

　　水车和风车邮票（图12-21）。中国的水车邮票图案取自兰州黄河边的实物。这是16世纪兰州人学湖广水车，全由木材制造。到20世纪中兰州黄河两岸依式仿造的水车有250轮，提灌面积达10万余亩。荷兰的风车邮票，荷兰是风车王国，传统的风车为柞木构造，风翼可长达20m，用以碾谷物、粗盐、烟叶、榨油、造纸以及排除沼泽地的积水，如今仍保留有传统的木结构风车。捷克于2001年发行反映其技术成就的水磨和风磨雕刻版邮票（图12-22）。水磨邮票，图案取自位于斯特沃姆的水磨，建于1516年。风磨邮票，图案取自库勒罗夫的风磨，建于1842年，1917年重新修复。斯洛伐克于1997年发行称为技术丰碑Jelba的水磨雕刻版邮票（图12-23），票面为木结构磨房和木制磨轮。波黑于2004年发行展示其民族遗产的布纳河老式水车邮票（图12-24）。丹麦于1997年发行Freeland博物馆百年：古建筑·水车房邮票（图12-25），展示木板磨房和木制水磨轮。

注：①密克罗尼西亚于1999年发行《中国古代的科技文明》一版张邮票共17枚，年代为公元0～1000年。版面徽志与多哥1999
　　相同。这里取相关的邮票，简称密克罗尼西亚1999。

图12-21（中国-荷兰，2005）

图12-22（捷克，2001）

图12-23（斯洛伐克，1997） 图12-24（波黑，2004） 图12-25（丹麦，1997）

　　正是由于古代森林资源丰富，采伐获取木材比较容易，木材加工成风车、磨轮比较方便，况且木制品轻便，也易于更替，木材的质地属性成为制造灌溉农具的首选材料，在世界上许多国家广泛使用。

12.2.3 古代经济林经营及相关农业著作

　　徐光启邮票（图12-26）。徐光启是明末杰出的科学家、农学家，著有中国明代大型综合性农书《农政全书》，全书含农本、田制、水利、蚕桑、牧羊、荒政等12门类。中国古代经济林的经营种类繁多，历史悠久，以茶桑最为突出。中国于2000年发行特种邮资明信片《世纪交替：千年更始——中国古代科学技术》[①]一套，其中农林桑茶（图12-27）。茶，片图右边展示古代茶书《茶经》，是唐代陆羽（公元733～804年）所著，是世界上最早有关茶的专著，内容包括茶的起源、种类、特性、制法、烹煎、茶具、水的品德、饮茶风俗、名茶产地以及有关茶的典故。茶经书的右上

图12-26（中国，1980）

方是陶炉和紫砂茶壶。茶是中华民族先民利用野生植株培育成的一种经济林（详见3.6），中国茶叶栽培经营历史悠久。还有茶叶邮票（图12-28）；茶艺邮票（图12-29），票面记有公元2世纪，宋刘松年撵茶画局部。桑（图12-27），左边为桑叶和蚕。桑树为经济林，其叶为蚕的饲料，画面左下方为农家养蚕的木蚕架及竹扁，养蚕女正给蚕扁投放桑叶。片上方有一农夫正在赶牛犁地，以示桑树需要集约经营。中国是世界上最早发明养蚕取丝的国家，蚕业历史十分悠久；中国还是桑树的起源中心，已有2000多年的栽培历史。桑树其叶养蚕，其果可鲜食，树皮

注：①中国于2000年发行特种邮资明信片《世纪交替：千年更新——中国古代科学技术》一套共10片。

是制造宣纸的原料。另有桑叶邮票（图12-30）；养蚕业邮票（图12-31），票面记有公元前14世纪，画面取宋梁楷画轴局部，左中为西周青铜器上的蚕纹。

油茶在中国原属野生，宋代开始栽培利用，在《山海经》中载有"员木（即油茶），南方油食之"。油茶是中国南方木本油料树，重要的经济林，其果可榨油食用。越南于2003年发行油茶邮票（图12-32）。

图12-27（中国，2000）

图12-28（巴布亚新几内亚）

图12-29（密克罗尼西亚，1999）　图12-30（越南，2003）　　图12-31（多哥，1999）　　图12-32（越南，2003）

13　邮票上的古代林业对古代手工业发展的作用

前章所述古代先民利用森林提供木材为农业生产服务，随着手工业从农业中分离，森林又为手工业生产提供原材料和燃料，并为进入近代工业打基础。古代林业处于薪材阶段，木材、木柴成为手工业的原材料和能源的首选，况且木柴容易控制燃烧温度，还有氧化还原作用。以下借助相关邮品展示古代林业为古代陶瓷和青铜器制造、造纸、纺织等手工业提供原材料燃料。

13.1 古代林业为古代陶瓷制造和青铜器冶炼提供木柴燃料

13.1.1 古代陶瓷是用大量的木柴烧制而成的

如上一节所述古代先民是在平地上堆烧成彩陶的，后来人们改为建窑烧制，烧成温度逐步提高。商周时已有了龙窑，明代开始采用阶级窑。为此，窑址选择在木材和原料资源较丰富，交通和水资源都比较方便的地方。直到20世纪中后期，中国江南的瓷厂仍都选择在马尾松林附近。之后，随着以煤电替代木柴能源，木柴才失去其在制陶瓷业中的地位。

陶器是以黏土为原料，中温（1000℃或以下）烧成，表面无釉。原始瓷则是以瓷石为原料，高温（1200℃或以上）烧成，表面有釉，为氧化钙质的石灰釉。古老的陶器出土在世界各地均有，而原始瓷和瓷器却都是在中国首先出现后流向世界各地，英文中瓷器China和中国同名，可见一斑。中国从商代出现原始瓷器开始，到汉代已完成了陶向瓷的过渡，后又不断发展，到唐代出现了绚丽多彩的"唐三彩"瓷件。

天工开物——瓷器邮票一套5枚（图13-1），画面展示分别为：制坯、修坯、彩绘、施釉及烧窑。前4枚邮票展示坯的制作，工场用房、做坯用的木轮及晾晒坯的木架等无不要用木材构造。第5枚邮票展示窑和烧窑，窑是用砖砌成的，而砖又是用木柴烧成的；烧窑是制陶最后一道，也是关键的一道工序，画面右下方展现窑炉口木柴燃烧的红红烈火，画面的左上方为烟筒冒出的一缕白烟。高温瓷邮票（图13-2），票面图案上半部为烧窑作坊，下半部为产于公元3世纪的越窑青釉（碗）。陶瓷漆器邮资片（图13-3），画面展示陶、瓷、漆器和唐三彩诸成品。

图13-1（中国台湾，1997）

图13-2（密克罗尼西亚，1999）

图13-3（中国，2000）

13.1.2 古代青铜冶炼以木柴、炭为燃料

古代林业为手工业提供木柴燃料，进而提供木炭燃料，并成为古老的金属冶炼的燃料，木炭既是发热剂，而且还是还原剂。木炭所以成为人类最早使用的冶金燃料，因为木炭有其优点：①容易获取；②气孔度比较大，具有良好的透气性，在鼓风能力不强、风压不高的条件下，这点是有重要的意义；③所含硫、磷等有害杂质比较低。直至今日，木炭还是冶炼高级生铁的理想燃料。

古代常用的金属合金为铜合金、锌黄铜、红铜、青铜。铜矿石易于熔炼，只要把它和木炭一起燃烧，加热到1000℃稍高一点，火红色的铜就被提炼出来。因此，铜器是人类最初的金属工具，据考证，青铜工艺起源于公元前3000至公元前4000年。

矿冶铸造邮资片（图13-4），片画面为殷代铜器司母戊鼎和文戊舟爵，背景为古代冶炼作坊场景。中国古代冶金邮票（图13-5）是为全国钢产量突破一亿吨而发行的2枚邮票之一，图案中心的一把古代的铁范（铁锹），其背景画是取自《天工开物》书里一幅古代炼铁炼钢示意图。右下角为活塞式木风箱，能连续鼓风，强化冶炼过程。古代炼铁和炼钢考虑到矿石和燃料就近运输以降低成本，一般建在依山傍水的地方，邮票上展现了冶炼场地背靠有树木和矿石的山区。票面右下展示炼铁用的木制风箱，以强化冶炼。活塞风箱邮票（图13-6），公元前14世纪中国发明了活塞风箱。

13.1.3 古代林业为烧制石灰提供木柴

石灰烧制邮资封（图13-7），封面左图为运石灰石和木柴的马车，烧制石灰的窑，堆放的木柴，展示烧制石灰的准备场景。右上角为石灰烧制者和石匠John Adams Ⅱ像。

图13-5（中国，1997）

图13-6（多哥，1999）

图13-4（中国，2000）

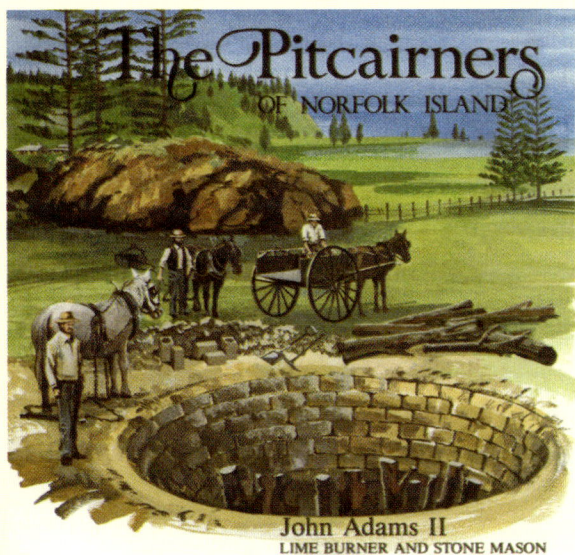

图13-7（诺福克岛，1987）

13.2 古代林业为古代造纸提供原材料和燃料

造纸是古代重要的手工业，古代林业为其提供竹子或构树皮、藤类等树木原料，提供造纸生产过程用的木竹器具，以及为蒸煮纸浆用的木柴。

蔡伦像和造纸邮票（图13-8）。蔡伦在公元87年任尚方令，掌管宫廷手工作坊，并于公元105年发明造纸术，利用树皮、麻头、破布等廉价原料，生产出适于书写的植物纤维纸，代替通行的竹简和缣帛。造纸邮票图案是按照《天工开物》中图绘制的蔡伦进行

图13-8（中国，1962）

造纸的场景，展示造纸用的原料放进容器内浸泡，并有人在不停地用木杆捣动成纸浆，最后有人用细竹帘将纸浆均匀地撩到帘子上，漏去水分，留下在帘上的薄片纤维，即成纸了。造纸术的发明是中国古代四大发明之一，也是人类文明史上一项最杰出的成就。四大发明邮资片（图13-9）中的纸；造纸术邮票（图13-10），记有公元前3世纪中国发明字样。天工开物——造纸术邮票5枚（图13-11），分别为：斩竹漂塘邮票，展示造纸以竹为原料，图案上方为竹林，可就地取材，减少原料运输费用；图案中有工人在进行去叶、漂、清等操作。煮煌足火邮票，展示蒸煮处理原料，形成纸浆，图案中工人在炉前添柴。荡料入帘邮票，展示工人将帘放入纸浆中，形成一张张含水的纸。覆帘压纸邮票，图案中工人将含水的一张张纸码成堆，挤压去纸中的水。透水焙干邮票，展示2名工人将去水的纸一张张竖摊在墙上，另一工人在烘房墙下添柴加热，靠热墙烘干纸。5枚邮票犹如古代造纸手工业的真实写照，从原料、生产设备和器具，到烧煮、烘干，道道工序无不需要提供木竹为其原材燃料。古代造纸业为近代造纸业的形成打下了良好的基础，而近代造纸业又是近代林业部门的重要产业。

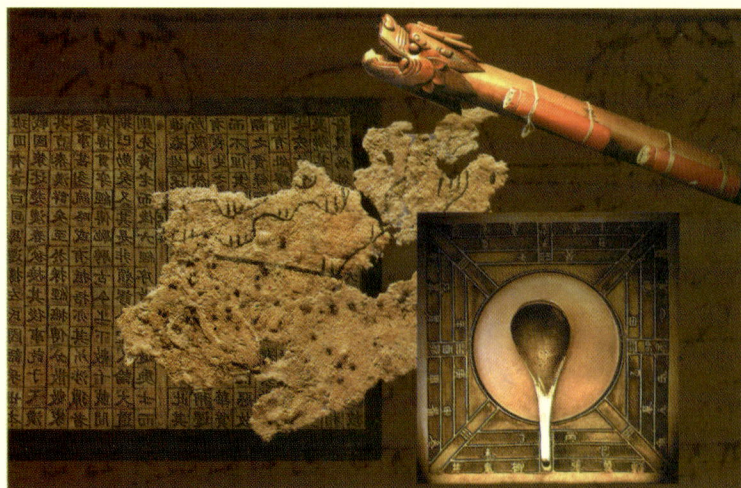

图13-9（中国，2000）

图13-10（多哥，1999）

图13-11（中国台湾，1994）

中国造纸术首先传入朝鲜、越南，而后日本，再传入阿拉伯是公元751年，欧洲人是通过阿拉伯人了解造纸术的。波兰发行的造纸500年（图13-12）邮资片左图为古代造纸作坊，用木桶盛放纸浆。瑞典于1990年发行的传统造纸工艺邮票（图13-13），票面为建于1573年的最早造纸厂。匈牙利于1982年发行迪欧什哲尔造纸厂200周年邮票（图13-14），票面为树叶及造纸象征。

13.3 古代林业为古代纺织提供织机用材和燃料

古代纺织有丝织和棉织，还有麻、毛织等。纺车由木材制成，按结构可分手摇纺车和脚踏纺车。汉画像石·纺织邮票（图13-15）展示一妇女用纺车纺织。纺车一直是最普及的纺织工具，即使近代，在一些乡村仍在使用。纺车的织机为木质，纺车为木、竹，络车为竹木制成，方框形木座稳重结实，是摇纬的工具。脚踏纺车邮票（图13-16）；织锦工艺（图13-17），是中国在公元前3世纪发明的，织锦工艺票面图案，右边为织锦机，左边为汉代织品（公元前206至公元24年）。黄道婆（图13-18），她是元代纺织技术家，江南人在海南岛黎族学得种棉和棉纺技术，回乡后改进脚踏纺车，由一个纺锭增加到三个纺锭，促进了江南纺织业的发展。

图13-12（波兰，1999）

图13-13（瑞典，1990）　　图13-14（匈牙利，1982）　　图13-15（中国，1999）

图13-16（多哥，1999）　　图13-17（多哥，1999）　　图13-18（中国，1980）

　　天工开物——丝织邮票一套5枚（图13-19），这套邮票也如明代宋应星所著《天工开物》中乃服篇，记载了蚕桑、治丝、纺织及染料的生产和印染。育蚕邮票，画面展示木架上一层层的竹扁内放着桑叶喂养蚕的情景。择茧、治丝、缫车邮票展示对茧的处理，将蚕茧放入用木柴烧开的盛有水的容器中，抽引蚕丝以备纺织。织绸邮票，画面展示木制机纺织的情景。5枚邮票是对古代丝织业的真实写照。

图13-19（中国台湾，1996）

13.4 古代林业为开发井盐提供木竹材料和燃料

　　井盐是地层中的盐质溶解在地下水中，打井汲取这种水制成食盐，是我国西南地区古代重要的工业特产之一，有着悠久的历史。盐卤的运送要用连筒，也称竹笕，古代文献中都称"笕"，是利用竹材中空而制成的一种输水管状物。盐卤用的竹笕是：以大斑竹或楠竹整通竹节，用公母榫接逗。做好的竹笕再在外层缚以竹篾，油灰参之，做到"滴水不漏"。井盐生产邮票（图13-20），东汉画像石画面展示打井盐用的竹架，运盐卤流送的长竹管，工人在不同岗位上劳作的场景。画面下部是一排排盛盐卤的锅，这是当时普遍采用敞锅煮盐方式，需要木材烧煮。天然气井和盐井邮票（图13-21），展示中国于公元1世纪发明的。中国是世界上最早发现天然气的国家之一，四川是世界上利用天然气煮盐卤的最早地区，替代了木柴燃料。但天然气和盐卤的运输则要用竹管制成的竹笕，竹管推进了井盐的发展。

图13-20（中国，1956）

图13-21（多哥，1999）

13.5 古代漆器的制作需用木材和漆

　　漆器工艺品是我国古老的传统工艺品，早在商周时期，漆器的品种和工艺水平已达到高峰，明清时呈繁荣局面。漆器是由木胎或布胎（麻胎），然后在胎体上进行涂漆、褙布、涂漆灰、磨漆灰、再涂漆等十几道工序，达到平顺为好；最后进行装饰，有"绘"、"嵌"、"雕"。所用的漆取自漆树汁，为天然漆。

　　元·剔红紫萼圆盘及清·菊瓣形朱漆盒（图13-22），这是一种不靠纹饰，只靠精巧造型和精细做工的光素无文漆器，古代称为"素色"漆器。前一邮票上的实物现藏于日本大津市圣

众来迎寺，后一邮票实物现藏北京故宫博物院。中国和罗马尼亚于2004年联合发行虎座鸟架鼓
——木雕漆器的乐器邮票（图13-23），画面展示的是中国战国时的乐器。漆器邮票（图13-24），中国于公元前13世纪发明，票面图案上半部取自公元前203至公元前406年的一幅画，下半部系出土的夹漆器（公元前206～公元24年）。另据考古发现，凉山彝族在2000多年前就有薄胎朱漆出现，由于彝族先民经历了漫长的游牧生活，陶瓦之类的易碎器皿不宜搬迁，生活在林区的先民创造和使用了木、皮、竹类器皿，为漆器的产生准备了胶质条件。

13.6 古代林业为制造火药提供木炭

木炭的混合物称为"火药"，意思是会着火的药。火药主要是硝石（硝酸钾）、硫黄、木炭三种粉末的混合物，火药的发明是我国化学史上一个里程碑，也是我国古代四大发明之一。四大发明邮资片（图13-9），片中展示装有火药的兵器。唐末在战争中开始出现火药，作为燃烧性兵器；南宋时火枪是用长竹做的，竹管里装满火药，打仗时，点着了火，发射出去，用它烧敌人，这是最早出现的管形火器。火药邮票（图13-25），票面中心画取自清金瓶梅木板插画，火药为喜庆所用。

图13-22（中国，1993）

图13-24（多哥，1999）

图13-25（密克罗尼西亚，1999）

图13-23（中国-罗马尼亚，2004）

14 邮票上的古代木质车舟

随着古代农业生产和手工业的发展，催生了车、舟的制造，以便人们搬运货物、进行货物交换。最早的车舟均为木材制造，这是由于木材容易获取，木材轻便且有浮力，便于加工成舟。工业革命后，许多古代木制车舟已被金属替代，但仍有大量的木质车舟继续在发展中国家使用，俗称传统车舟。下面主要展示古代木质车舟邮票，也包括一些至今仍在使用的木制传统车舟邮票。

14.1 陆地上的木质车及其他木质运输工具

陆上交通的形成归功于"车轮"这项伟大发明。一块圆形木板和轴固定在一起而成为最早的车轮雏形。古代车有轮、轴和车厢三个主要部分组成，均由木材制成。夏代前后，出现了有辐的车轮。车轴是一根木横梁，两端套上车轮，当有了铜铁之后，轴的两端的末端套有青铜或铁制的轴头。车厢的左右两边和底部则用木材或竹。春秋末年齐国人的著作《考工记》对造车有明确规定，"轮用规尺校准、轮平正，舆上可有盖子，用一根棍支撑，形似大伞……必须选择坚实的木料……"，以保证行车的安全。

木制独轮车，只有一个轮子着地，便于通过田埂、小道，汉魏时曾盛行。货架安设在车轮的两侧，用以载物，也可乘人。这种车一直延续到20世纪中期，在我国北方农村仍较普遍使用。南方独轮车和双缒独轮车（图14-1），前一种为人力推动的独轮车，后一种为马牵引的独轮车，车架上设竹席蓬，有一人在后掌管。独轮车（图14-2），公元前1世纪中国发明。

木制两轮车，由车轴将两个轮固定，可以人推或拉，中国北方称"排子车"，可以由牛马牵引。为孔子诞生2500年发行的周游列国邮票（图14-3），画面展示孔子端坐在一辆木制双轮牛车上，车上满载竹简，率弟子周游列国宣传其政治主张的场景。牛车·唐邮票（图14-4，敦

图14-1（中国台湾，1998）

图14-2（多哥，1999）

图14-3（中国，1989）

图14-4（中国，1953）

煌壁画），画面描绘的是唐代贵妇人乘坐的一种木制双轮带车厢的牛车，车前有人赶牛，车后有侍女随从。泰国发行的保护文物——木制牛车小版张（图14-5）含4票分别代表西部、北部、东北部和东部地方的牛车式样，木制牛车制作技术和工艺十分精致细腻。小版张四边展现集市上众多的牛车待运货的场景。传统交通工具·牛车小型张（图14-6），图案为两辆牛拉木制双轮车。木制车轮富贵马车小型张（图14-7），图案展示一辆木制的木轮轨道车，右上方贴了一枚蒸汽动力车邮票，以示机动车由木轮轨道车演变发展而来。当蒸汽机发明后，机动车代替了人力、畜力车，车轮、车轴等由金属替代了木材，但早期汽车的车厢则仍主要是木材制造的。

图14-5（泰国，1992）

图14-6（马来西亚，2004）

韩国发行的传统文化系列之一轿子4连票（图14-8），图案有彩轿、独轮轿等式样，是用木材制造，技术精湛。轿子也是我国古代陆上交通工具，在南方还有用竹子制作的，如同4连票中右边的一票式样，如今在高山旅游中仍作为爬山代步工具。

雪橇邮票（图14-9，取自奥斯堡舟冢出土百年文物），雪橇在我国东北地区是冬季一种交通工具，俗称爬犁。由马拉爬犁行驶在冰雪上，爬犁梁底由木材制成，粗硬而坚实，不用车轮，可载重物，是农村冬季传统交通工具，也曾是林区运材工具。在爬犁底部铺以木板，是鄂伦春、鄂温克、赫哲等少数民族生产生活的主要运输工具。在欧洲部分高纬度地方也仍在延续使用爬犁。

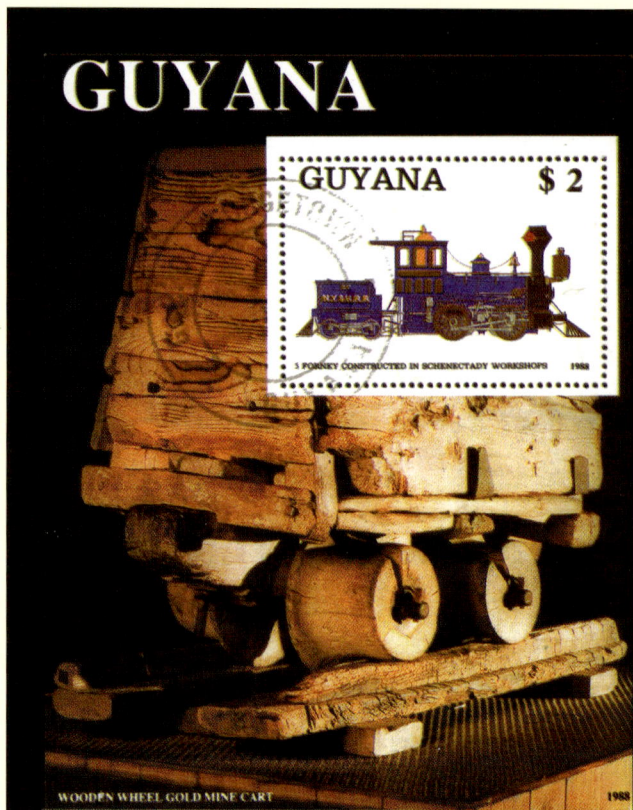

图14-7（圭亚那，1988）

图14-9（挪威，2004）

图14-8（韩国，2003）

14.2　内河航运的木船

（1）独木舟。传说"伏羲氏刳木为舟，剡木为楫，舟楫之利，以济不通"。先民就是将巨大的树干用火烧或用石斧加工成中空的独木舟，这是最古老的水上运输工具。它的踪迹遍于全世界，至今南美洲和南太平洋群岛上的居民，仍以独木舟为生产、生活的交通工具。中国发行寓言邮票之一楚人涉江（图14-10），图案描绘一位楚人乘小舟渡江的情景，此乃刳木为舟的独木舟。

独木舟是古代世界各地普遍使用的航行工具，尤其是海岛国

图14-10（中国，1981）

家。美国发行的自然历史方连邮票之一独木舟（图14-11），是最古老的独木舟式样。巴布亚新几内亚于1975年发行独木舟2票（图14-12），展示新几内亚岛东面诸群岛土著人，用红树干凿成的独木舟，这是绿色水乡泽国唯一的一种交通工具。美属萨摩亚群岛独木舟邮票（图14-13），这是改进了传统的独木舟，增添了帆。独木舟探险邮票（图14-14），图案展示法裔加拿大探险家路易斯·裘利叶于1673年携队员乘独木舟探险密西西比河的情景。

⑵木筏。由树干或竹竿捆扎而成在水上漂行的，统称筏。筏较独木舟吃水浅，航行平稳，而且取材方便，制作简易。竹筏在我国南方溪流纵横的山区是水上运输工具。如前图12-10所示，图案为一农夫站在竹筏上用竹竿撑筏去田间劳作。竹筏邮票2枚（图14-15和图14-16）。前一票展示竹筏上搭有供人生活休息的木竹结构小屋，筏上有二人用竹竿撑筏，筏平稳航行。后一票展示有一人用竹竿撑筏前进，是一种最简便的筏子。

⑶木板船。木板的使用是木材利用的一大进步。进入青铜时代后，先民对木材加工能力提高了，用木材造船，船的容积要比独木舟大，性能比筏要好。用木材平接或搭接成船壳，内部用隔壁和肋骨以增加强度，形成若干个舱室。早期的木板船，板和板之间、船板和框架构件之间，是用纤维绳或皮条绑缚起来，后来用铜钉或铁钉连接，板和板之间则用麻布、油灰捻缝，使其不透水。与木板船发展的同时，在船上使用了帆，有了改进的桨、篙和橹等划船工具，能加速航行速度，掌握航向。丹麦法罗群岛于1976年发行的小木船雕刻版邮票（图14-17），清晰可见木板船的构造，并有地方特色。

图14-11（美国，1970）　　图14-12（巴布亚新几内亚，1975）

图14-13（美国，2000）　　图14-14（美国，1968）

图14-15（老挝，1982）

图14-16（马来西亚，2005）　图14-17（法罗群岛，1976）

六桨客船和漕舫邮票（图14-18）取自中国台湾发行的天工开物——舟车邮票。六桨客船邮票，展示木板船有较宽畅的空间，船上装有木竹构建的蓬，船头有人划桨，船尾装有舵以控制航行方向，船上还有人摇橹。漕舫邮票，展示一艘运粮的木制帆船，船上装有帆，有蓬尾，有舵，有船夫用竹竿撑船。

图14-18（中国台湾，1998）

中国南方木板船一直延续使用到20世纪中后期。中国于1991年发行"中国共产党成立70周年"邮票一套，其中中共"一大"南湖会议会址，就是当地的一小木船（图14-19）。该船是当地的

图14-19（中国，1999）

图14-20（中国，2001）

丝网船，用来运粮载货的一种运输工具，票面上的小木船是1959年照原样重造的，船长16m，宽3m，分船头、前舱、中舱、后舱、船艄五个部分，全部为木材建造。嘉善西塘邮票（图14-20），画面展示江南水乡河网密集，古镇西塘是盛产黄酒的鱼米之乡，河岸边停靠的一艘装有蓬的木船，正等待装货外运。木船用橹摇动前进，适用于水乡狭窄的水道。木船成为支持和促进水乡商品经济发展的重要工具。如今的木船已改为载客游览观光古镇的交通工具。

木板船在东南亚水网地区是人们生产、生活的主要运输工具。木板船邮票3枚（图14-21）。其右一票为曼谷水上市场邮票，图案展示一木船满载各种水果穿流在河上便于来往人购物。巴布亚新几内亚传统小木舟邮票2枚（图14-22），此小木舟是一种有帆的狭长木船，适于沼泽地、海滨行驶。奥斯堡舟冢出土百年古船邮票（图14-23）。内雷特瓦小木船邮票（图14-24），该船系波黑的民族遗产。

图14-21（马来西亚，2005；泰国，1971）

图14-24（波黑，2001）

图14-22（巴布亚新几内亚，1975）

图14-23（挪威，2004）

14.3 龙骨木船

制造木质大船需要以龙骨为支架。船博物馆邮票（图14-25），票面左半部展示正在制造中的船体及其骨架，右半部为木帆船。早期帆船小本票（图14-26），小本票展现1923～1925年诺福克岛（澳大利亚海外领地）建造的61英尺帆船，清晰可见木船龙骨架。该船于1925年下水，首航诺福克岛和新西兰间进行贸易往来。附票徽志为树袋熊及澳大利亚世界邮展1999等字样。传统职业制造木船邮票（图14-27），画面为船坞上停放一艘正在制造的龙骨木船，可见木船的肋骨、龙骨和护板。

图14-25（法国，1988）

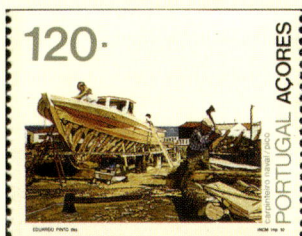

图14-27（葡属亚速尔群岛，1992）

图14-26（澳大利亚，1999）

14.4 远程航行的木质帆船

从15世纪到19世纪中叶，是世界帆船发展的鼎盛时期。15世纪初的中国航海家郑和远航东非，15世纪末巴·哥伦布发现新大陆，他们的船队都是由龙骨木船加帆构成的帆船组成的。中国帆船制造历史悠久，宋代造船和航海事业均有显著进步，建造的海船能载五六百人，并使用指南针罗盘，航程远及波斯湾和东北沿海地区。15世纪时，中国帆船无论在尺度上和性能上都处于领先地位。中国帆船其两端用木板横向封闭而形成平底的长方形盒子；尾部造成楼形高台，以防止上浪；船内有多道水密隔壁，结构坚固；帆是横向用竹竿加强的"硬蓬"。16世纪后，欧洲帆船才逐渐超过中国帆船。

造船航海邮资片（图14-28），展示中国古代木质帆船。鉴真东渡船邮票（图14-29），画面展示了鉴真大师公元742～753年为传播盛唐的先进文化第六次东渡日本乘坐的一只木船，船无尾舵。中国古代帆船和葡萄牙古代帆船2连票（图14-30）。中国古代帆船展示了中国福建泉州出土的13世纪海船，为泉州制造的三桅帆船，运载着大量香料药物及其他商品从东南亚归来，不幸沉入海中。沉船残长24.2m，残宽9.15m，船载重量200吨。葡萄牙古代帆船展示葡萄牙发达的航海技术，15世纪时已居世界领先地位。中国于2005年发行郑和下西洋600周年小全张（图14-31），从票面所示这宏伟的远洋船队中，让我们领会我国明朝造船业发达的情景，木材为造船业发挥着重要的作用。15世纪上半叶，郑和下西洋的船队有200艘大小海船。这些装备精良、种类齐全的船，全部都名副其实的"中国制造"。1957年郑和宝船厂的遗址发现了一根11.07m的木舵杆，可证明郑和宝船是非常大的。南京龙江宝船厂（1368年），为官办造船基地之一，当时从事造船业的工人数千人，专业分工非常细致明确，有专门负责造船体的和槽舵的

图14-28（中国，2000）

图14-29（中国，1980）

图14-30（中国-葡萄牙，2001）

图14-31（中国，2005）

図14-32（新加坡，1999）

図14-33（古巴，1992）

图14-34（美国）

木工匠，有负责制造铁锚、铁链的铁工匠，……。还有诸多细小的分工，如油木作、油漆作、蓬作、缆作等。基地还设有木材、桐漆、麻绳、铜铁等仓库。华人和中国平底帆船邮票（图14-32），图案展示中国平底帆船及华人劳工用传统木杠抬货的场景。

哥伦布发现美洲500年邮票（图14-33），票面展示当年用的木帆船。1584年航行在北卡罗来纳州海岸的帆船邮票（图14-34）。早期帆船2票（图14-35），一枚展示了1768年布干维尔岛（南太平洋所罗门群岛上的最大岛）上的木帆船，另一枚展示的是1876年亚伯达（加拿大西部的省）涅瓦号机动木船。

经千百年的风风雨雨，木质帆船已不再存在。为使人们了解认知古人造船技艺，世界一些国家仿造古代著名帆船，将其放置在船舶博物馆和作为特色旅游项目。瑞典帆船"哥德堡号"就是仿200年前的，并于2005年10月从瑞典哥德堡市起航，沿着当年漫长的海上丝绸之路，到达中国广州。瑞典于2003年发行哥德堡号古商船小本票（图14-36），含4枚邮票，分别展现古商船的风貌，4票展示传统木雕狮子、船体骨架、船帆、整船。在中国福建、浙江、广东、江苏等省至今还有一些以传统工艺制造木船的工匠，如在浙江舟山沈家门渔港内能看到"绿眉毛"、"鉴真东渡仿唐宝船"等近10艘特色船，让古代传统造船工艺得以继承。

图14-35（巴布亚新几内亚，1999）

图14-36（瑞典，2003）

15 邮票上的古代木结构建筑

中国建筑在世界的东方独树一帜，它与欧洲建筑、伊斯兰建筑并称世界三大建筑体系。如果说西方的建筑是用石头书写而成的，那么，中国的建筑就是用木头写成的。中国古建筑以木材、砖瓦为主要建筑材料，以木构架结构为主要的结构方式，结构内各物件之间的结点以榫卯相吻合，构成富有弹性的框架。几千年来，中国人一直用木头支撑着自己的家。

如前所述，中国古代原始森林很多，这是一个用木材建筑的客观因素。木材本身又是一种良性植物，它具有温暖性，当人们接触时给人一种柔和温暖的感觉，同时加工操作极其容易，所以人们就大量地使用木材建造房屋。再说，木材本身十分耐用，可以长期使用而无需更换，或加以修缮就能解决。但木材不同于石头，难以长期保存，我国现存建筑实例最早不过唐代，唐代以前的建筑，只能从考古发掘出来的建筑遗址，以及各种绘画、雕刻等工艺品中描绘的建筑形象间接资料中知其大略。

以下借助相关邮品展示中国古代木结构宫殿、寺庙、文庙和其他公共建筑，以及西方的木结构教堂等相关建筑。古民居建筑一并在下一篇展示。

15.1 中国古代木结构宫殿建筑

几千年来，中国历代帝王都不惜人力、物力和财力，建造规模巨大的宫殿，这些辉煌的木结构建筑大都在战火中毁坏了，现存的都为后来仿原样建造的。故宫博物院建院60周年4连票和明清故宫邮票（图15-1），故宫又称紫禁城，是明清两代的皇宫，是世界上现存规模最大最完整的古代木结构建筑群。1987年被联合国教科文组织列为世界文化遗产[①]。故宫始建于永乐四年（公元1406年），历时14年完工。它占地72万m^2，有宫殿9000多间，都是木结构、黄琉

图15-1（中国，1985；中国香港，2003）

注：① 被联合国教科文组织列入《世界遗产名录》、《世界文化遗产名录》，简称列入世界遗产、世界文化遗产。

璃瓦顶、青白石底座，饰以金
碧辉煌的彩画。建筑用木材来
自全国各地，远至几千公里外
的西南边陲云南省。1925年10
月10日改名为故宫博物院。4
连票图案取自故宫中轴线上的
主要建筑，采用俯视构图法，
由明清史专家朱家谱先生对

图15-2（中国，1996）

票图命题分别为：丹阙凌云，为从午门到太和门的建筑；太和
晴旭，含太和殿、中和殿、保和殿三大殿建筑；乾坤交泰为乾
清宫、坤宁宫、高泰殿的建筑；琼花春晖，为故宫北端御花园
的建筑。沈阳故宫2连票（图15-2），沈阳故宫的宫苑建筑是
清朝入北京前由努尔哈赤和其继承者皇太极建造，始建于1624
年，1644年迁都北京后，这座昔日皇宫便成为陪都宫殿。它是
中国仅存的由汉族以外民族所建造的大型宫殿建筑群。占地6
万m²，300余间，现辟为沈阳故宫博物馆。天坛·祈年殿邮票
（图15-3），祈年殿俗称天梁殿，是明清二代皇帝祭祀天地之
神和祈祷五谷丰收的地方。沉香木楹柱，外部为三层高阁，内
部是层层相叠而环接的穹顶式，全部采用木结构，28根木柱支
撑整个殿顶的重量。内外楹柱各12根，中间4根楹柱叫通天柱
或龙井柱，高18.5m，大头直径1.2m。现建筑是1889年被雷电
击中后重修的，其形状和结构都与原来的一样。祈年殿阁身无

图15-3（中国，1997）

图15-4（中国，1983）

隔壁，檐柱间都设朱红色木隔扇，加工精致，1998年被列入世界遗产名录。人文初祖殿邮票（图
15-4），该殿是黄帝陵内最主要的建筑，木结构，初建于明朝（有人说是宋代），占地238m²，
七间阔、三间深，门额上悬挂"人文初祖"金匾。

15.2 古代木结构寺庙、教堂建筑

　　寺庙建筑起源于印度，北魏时在我国兴起。从广义上讲，佛教中的寺、庵、庙，道教中
的宫、院、祠，儒家称庙、宫、坛，伊斯兰教称寺，天主教称教堂等，都是宗教祈祷活动的场
所。这里侧重于中国的佛教寺庙，它在中国的文物保护单位中约占了一半，寺庙建筑与传统宫
殿建筑形式相结合，具有鲜明民族风格和民俗特色。

15.2.1 寺庙建筑

　　台怀镇寺庙群、南禅寺大殿和佛光东大殿邮票3枚（图15-5）。五台山是中国四大佛教名山
之首（另为峨眉山、九华山、普陀山），位于山西五台县。寺院分青庙和黄庙两种，青庙住和
尚，黄庙住喇嘛。过去有360座寺庙，到1956年还有120处，现存寺庙仅40余处。这正如第一枚
邮票所展示的寺庙群。南禅寺大殿邮票，展示我国现存最古老的一座唐代木结构建筑，其进深

与面阔各三间，殿内没有柱子也没有天花板，梁架制作高敞宽大而又极为简练，体现我国唐代中期大型木结构建筑特色。佛光寺东大殿邮票，展现大殿规模宏大，气势壮观，是我国现存唐代木结构建筑中的代表作。恒山悬空寺邮票（图15-6），山西恒山是中国五岳中的北岳，悬空古寺始建于北魏晚期（约公元6世纪），是中国最著名的悬空寺①。整个建筑群共有殿宇楼阁40多间，在高约200m几乎呈垂直状的悬崖壁上，凿洞穴插悬梁为基，就崖起屋，楼阁之间用栈道连接。悬空寺楼阁的底座铺设在许许多多根"横木"上（当地称铁杉的木头），"横木"插进石壁岩洞里。山顶上还筑起百米多长、1m深、1m宽的排水沟，寺顶积水引向侧面外流，保证了"横木"及寺庙建筑材料不潮不燥，经久耐用，是中国古建筑中非常独特的杰作。大庙巍峨邮票（图15-7），图案展示衡山现存古建筑中具有较高历史价值和艺术价值的南岳大庙大殿建筑群的全貌，显示南岳佛教圣地的威严气派。大经堂邮票（图15-8），位于青海境内的塔尔寺由众多殿宇、经堂、佛塔、僧舍、亭台、楼阁等组成，是汉藏相结合的宏大艺术建筑群。其中大经堂始建于1606年，毁于火灾，1917年重建。建筑为土木石结构，以木结构为主，外有厚墙环绕，藏式双层平顶。经堂面积1981m²，拥有168根大柱，是寺院喇嘛集中诵经的地方。万福阁邮资封（图15-9），万福阁是北京雍和宫最后一正殿，也是整座庙宇中最高大宏伟的一座殿宫，为全木结构，高23m，飞檐三重。阁内供奉木雕弥勒大佛，其中心是一根完整的白檀木雕刻而成，地面以上高18m，地下埋8m，巍然矗立在汉白玉石须弥座上，其头部直顶最上层阁楼的藻井。

图15-5（中国，1997）

图15-6（中国，1991）　　　　图15-7（中国，1990）

图15-8（中国，2000）

注：①五大悬空寺：山西浑源县恒山悬空寺、山西广灵县悬空寺、云南昆明西山悬空寺、浙江建德悬空寺、河北井陉县苍岩山福庆寺。

图15-9（罗马尼亚，1999）

图15-10（日本）

清水寺本堂邮票（图15-10），位于日本京都的清水寺本堂，为栋梁结构。清水寺坐落在山腰上，落差极大，这座完全木造的寺院总面积13万㎡之广，其中最有名的"清水舞台"，离地50m高，却只靠139根木柱支撑结构，可见当年工程的浩大与艰巨。它是京都最古老的寺院，1994年被列入世界文化遗产名录。尼泊尔的独木庙邮票（图15-11），独木庙位于闹市区的一路口中央，原是过往香客和路人歇息的公共房舍，后修筑为寺庙。庙为塔庙式建筑，两重檐，高约20m。于12世纪时用一棵树的木料建成的。

图15-11（尼泊尔，1987）

15.2.2 佛塔建筑

佛塔俗称宝塔，用以藏舍利与经卷等，层数一般为单数，平面的方形、八角形为多，用木、砖、石等材料建成。塔起源于印度，随着佛教在中国的传布，中国不断修建佛塔，形成了中国独特的塔建风格。中国发行的古塔建筑艺术邮票之一应县·释迦塔邮票（图15-12），山西省应县城佛宫寺内的释迦塔，俗称应县木塔，建于辽代清宁二年（公元1056年），1974年进行加固修缮，是世界现存最高、最古老的纯木结构佛塔。这座楼阁式木塔通高67.31m，底层直径30.27m。全塔上下除了砖石塔基和铁制塔刹外，整个架构所用全为木材，没有一根铁钉，数以万计

图15-12（中国，1958）

的构件全靠榫卯相互咬合固定在一起。木塔采用两个内外相套的八角形框架，平面分为内槽和外槽，内外槽之间亦靠各种木料纵横连接，构成一个刚性很强的双层套筒式结构，成为木塔坚固之本。木塔共有54种不同形制的斗拱，集中国古建筑斗拱结构之大成，堪称世界建筑史上的杰作。松江方塔明信片（图15-13），宝塔俗称方塔，为宋代木塔，塔身修长，形态优美，砖木结构，共九层，高42.5m。1975年重修，是江南古塔保存原有构件较多的一座。广州古塔邮资封（图15-14），邮资封面右图为中国广州六榕寺内的古塔称"花塔"，八角形，外观九层，内设暗层八

层，共十七层，是一座仿楼阁式的穿壁绕平座结构的砖木塔，塔高57.6m。古时花塔濒临珠江，地下水位较高，沿塔基用花岗岩砌筑9个水井，以保护塔基。

15.2.3 教堂建筑

见图15-14封面左图及封上左边一枚邮票，为罗马尼亚马拉暮莱斯木结构教堂。马拉暮莱斯位于罗马尼亚北部，那里还保留着未有变更的民族风情，有极其精致的木刻，封面和票面图案为塔式橡木结构教堂，该教堂已被列入世界文化遗产名录。欧罗巴·木结构教堂雕刻版邮票2枚（图15-15）。11世纪初，挪威基督教迅速发展，国内兴建数以千计的木板教堂，十三四世纪，教堂建筑进入高潮，古建筑技术得到改良，甚至发展成一门木建筑艺术。木制教堂雕刻版邮票（图15-16），票面分别为1449年的圣母玛丽亚教堂和1551年的圣安德鲁教堂。木制教堂邮票（图15-17），各式木制教堂不干胶自贴票5枚。

图15-13（中国，1960）

图15-15（挪威，1978）

图15-14（罗马尼亚，1999）

图15-16（捷克，2006）

图15-17（立陶宛，2007）

15.3 中国古代木结构文庙及其他建筑

⑴文庙。孔庙邮资片（图15-18），位于山东曲阜的孔庙始建于公元前478年，是全国最大的孔庙，占地327亩，前后共九进院落，它与北京故宫、河北承德避暑山庄并称三大古建筑群。1994年孔庙、孔林、孔府被列入世界遗产名录。片上图案为孔庙的主体建筑大成殿，保留了宋、元二代木构建筑的风格和特点。殿内廊柱皆楠木，都彩绘团龙错金。文庙大成殿邮资片（图15-19），文庙最初以祭拜孔圣而兴起，元明后孔庙和学庙合一，至清嘉庆年间中国有各级学校文庙（学庙）1700多所。山西平遥是中国境内保存完整的明清时期古代县城的原型，包括文庙，此图片为文庙三殿建筑中的中庙，为砖木结构建筑。

⑵其他公共建筑。真武阁和经略台邮票2枚（图15-20）。屹立于广西容县城东的经略台是用于操练士兵和观赏风景，于公元1573年在经略台上建立真武庙三层楼阁。如真武阁邮票所示，阁通高13.2m，宽13.8m，进深11.2m，全阁不用一件铁器，用近3000条格木构件，以杠杆结构原理，串联吻合，彼此扶持，相互制约，合理协调组成一个优美稳定的统一整体。又如经略台邮票所示，二层楼的四根大内柱，虽承受上层楼板、梁架、配柱和阁瓦、脊饰的沉重荷载，柱脚都悬空不落地，是全阁结构中最精巧、最奇特的部分，它依据杠

图15-18（中国，1998）

图15-19（中国，2000）

图15-20（中国，1996）

杆原理，像天秤一样维持整体建筑的平衡。1982年被国务院定为全国重点文物保护单位。西安钟楼邮票（图15-21），坐落在今陕西省西安市中心的这座高大的砖木结构楼阁建筑，是西安的象征。钟楼始建于1384年，1582年钟楼整体拆迁至现址。增冲鼓楼和百二鼓楼邮票2枚（图15-22）。鼓楼是侗族全寨的公共活动中心，由各寨群众集资筹建，由侗族能工巧匠自行设计、建造。雄伟壮观、结构严谨、工艺精湛的木结构鼓楼是侗族建筑艺术的集中体现。鼓楼造型多样，但均由阁底、塔身、亭顶三段组成。邮票百二鼓楼为四角九层檐攒尖顶；邮票增冲鼓楼是八角十三层檐重亭攒尖顶。增冲鼓楼位于贵州省从江县，是贵州历史最悠久、规模最大、保存最好的侗家鼓楼，也是全国现存最古老的鼓楼。始建于康熙十一年（公元1672年）为杉木结构。鼓楼内有木楼梯上下，最高顶阁中放一牛皮"信鼓"，为召集议事和报警之用的指挥鼓。1988年列为国家级重点文物保护单位。

图15-21（中国，2003）

图15-22（中国，1997）

15.4 古代木结构灯塔和桥

15.4.1 灯 塔

　　泖塔邮票（图15-23），泖塔位于上海市青浦区沈巷镇太阳岛（原名"泖岛"，是黄浦江上游水系唯一的内陆岛屿）。泖塔为五层木塔，系唐代僧人如海所建。泖塔建于公元874年，是我国第二古塔。千年以前的泖河地处入海口，每到夜晚，河中小岛上的泖塔顶上点燃灯火，给过往船只指示航道。1279年宋朝末期，由于上海滩的海岸线往外推移，泖塔的功能逐渐弱化，完成了它的历史使命。科利灯塔邮票（图15-24），科利灯塔位于爱沙尼亚北部海岸线11英里处，始建于1724年，为木制建筑。19世纪初期重建，基座改为石制。1803年改建，并在55年后将木制机构改为钢铁建筑。邮票图案为1803年时的木灯塔，并标示所在的经纬度、位置图。

15.4.2 桥

　　中国发行的古代建筑——桥邮票之一灌县珠浦桥（图15-25）。这是一座闻名世界的最长的竹索桥，它横跨于都江堰口，全长340m，最大跨径达61m。四川盛产竹子，用竹篾编成的竹索拉力很强，当地有利用竹索修建桥梁的传统习惯。竹索桥轻便，容易修建，竹材又可就地取材。珠浦桥的结构简单而巧妙：在江心石滩上只立一个石墩，其余立八个

图15-23（中国，2002）

图15-24（爱沙尼亚，2003）

图15-25（中国，1962）

简单的木架，桥面只用十根粗大的竹索拉平，上面铺木板，并有压板索二根，压着木板防止跑动；桥的两旁各有竹索五根，编成栏杆，以防行人坠落。桥的修理也很巧妙，分年撤换一部分竹索和桥面板，既不影响交通，又能使桥保持坚固。明末索桥毁于战火，公元1803年重修，更名为安澜桥。1974年，竹索桥改为钢缆桥。

风雨桥，顾名思义是在桥上建廊亭以供人遮风避雨，更可保护木质桥身。贵州跨河风雨桥和田间风雨桥邮票2枚（图15-26）。侗族风雨桥不单具交通功能，位于寨旁的风雨桥兼作寨门，常在此举行芦笙比赛、拦路迎客等活动，是寨内外的重要交往空间。跨河风雨桥是贵州省黎平县南江河上的地坪花桥，始建于1894年，长56m，为三楼四廊式。风雨桥由下、中、上三部分组成。下部为桥墩，由大青石围砌；中部为桥面，采用密布式悬臂托架简支梁体系，全为木质结构；上部为桥面廊亭，采用榫卯结合的梁柱体系联成整体，廊亭木柱间设有座凳栏杆，栏外挑出一层风雨檐，全为木质构造。田间风雨桥，也称田间花桥，可长可短，小桥仅用原木一排简支架设。票面图案系位于黎平县高近寨的高近风雨桥。

风雨桥俗称廊桥，世界许多国家自古就有。会安风雨桥邮票（图15-27），会安是古代占婆国的著名海港，东南亚地区重要的贸易中心，多种文化在此交汇。会安风雨桥是当时日本人为方便进出自己的居住区而建造的，建于1593~1595年，是一座日本风俗的带顶廊桥。已列入世界文化遗产名录。历史上的桥雕刻版邮票（图15-28），是建于1718年的双跨木廊桥。Kluknawa木廊桥雕刻版邮票（图15-29），廊桥始建于17世纪，是斯洛伐克的技术丰碑，保存至今的唯一一座古代木廊桥，桥长27m，宽3.4m。

图15-26（中国，1997）

图15-27（越南，2004）

图15-28（捷克，1999）

图15-29（斯洛伐克，2000）

16 邮票上的古代林业在古都汴城建设中的作用

中国于2004年发行《清明上河图》小版张（图16-1），含9枚邮票及该长卷的简介。该长卷是中国宋代汴城市井风俗的写实画卷，是中国古代社会生活情况的历史艺术名作，现藏于北京故宫博物院。

北宋年汴京极盛（即今河南开封），城内四河流贯，陆路四达，为全国水陆交通中心，工业昌盛、商业发达，居全国之首，当时人口达100多万。汴城中有许多热闹的街市，街市开设有各种店铺，甚至出现了夜市。长卷作者张择端时为宫廷画家，他选择了清明时节，对汴城节日的繁荣景象、城市经济情况，以长卷形式写照，画卷长525cm，高25.5cm。

全卷分为三个段落。首段2（邮票1、2）为汴城郊区的春光；中段（邮票3、4、5、6）为繁忙的汴城码头；末段（邮票7，8，9）为热闹的市区街道。画卷里共绘有550多个各色人物，牛、马、骡、驴等牲畜50～60匹，车、轿20多辆，大小船只20多艘。房屋、桥梁、城楼等也各有特色，体现了宋代建筑的特征。《清明上河图》不愧是一幅描写北宋汴京城一角的现实主义风俗画，具有很高的历史价值和艺术价值。

以下仅就邮品中的树木、柴、木材制品（车、船、房等）对汴城繁华昌盛的贡献，作简要的叙述，以领略古代林业在城建中的作用。

⑴建筑方面。城内外的民居建筑，一般系砖木结构，郊外为木架草屋茅舍（邮票1、2、3），接近内城为青瓦砖木房（邮票4、5、6、7）。房屋楼阁30多栋，有店铺、客栈、货栈、饭店等。票面可见店内陈放的木桌、椅等木制家具（邮票6、7、8、9）。木材为百万人口的汴城居民的"住"，起到不可替代的作用。

虹桥（邮票5）是一座木结构的单拱桥，它横跨在汴河上，没有桥柱支撑，桥身完全是由一根根木梁叠架成拱形，这是宋代工匠的一项杰作。他们采用了当时一种非常先进的"超静定结构"设计，跨度大，拱顶高，使汴河上的大小船只可以通行无阻。据测算虹桥的两个桥栏间距是80多cm，整桥跨度18.5m。

汴城城楼和城门（邮票8），画面描绘的城门为方形，可隐约看到门内的桠柱。因为当时的城楼与城门均为木结构，二者几乎连成一体。由于采用木结构承重体系，城门自然采用了方形门洞，受力明确而合理。

⑵车船等运输工具方面。百万人口的汴城，人们出"行"用木制车船等工具。陆上运输工具主要有独轮车、双轮车，均为木材制造，由人拉或推，由牛、马、骡牵引的可见有14辆（邮票5、7、8、9）；有木制轿子6辆（邮票2、5、7、9）；有众多人持木扁担挑运东西或做小买卖（邮票7、8、9）。

汴河是北宋国家漕运枢纽，粮船云集，木制大小船只众多。邮票3、4、5、6可见河上木船或行驶、或靠岸卸货，一派繁忙景象。船体、桅架、舵、撑杆以及船上的遮雨篷等无不都是由木材制成。

清明上河图

《清明上河图》作者名张择端，字正道，东武（今山东诸城）人。宋徽宗时为宫廷画家。此卷以精致的工笔描绘了北宋京城汴梁（今开封城内）和近郊汴河两岸的繁荣景象及各色人等的生活情态。图以长卷形式，采用散点透视的方法，构图疏密有致，注重戏剧性，富于情节，引人入胜。画中人物衣着各异，神情各具，其间穿插各种活动，注重戏剧性，笔墨章法都很精妙，具有重要的历史价值和艺术价值。全图规模宏大，结构严密，引人入胜。真实地反映了当时社会的面貌，是我国绘画史上不可多得的艺术珍品。

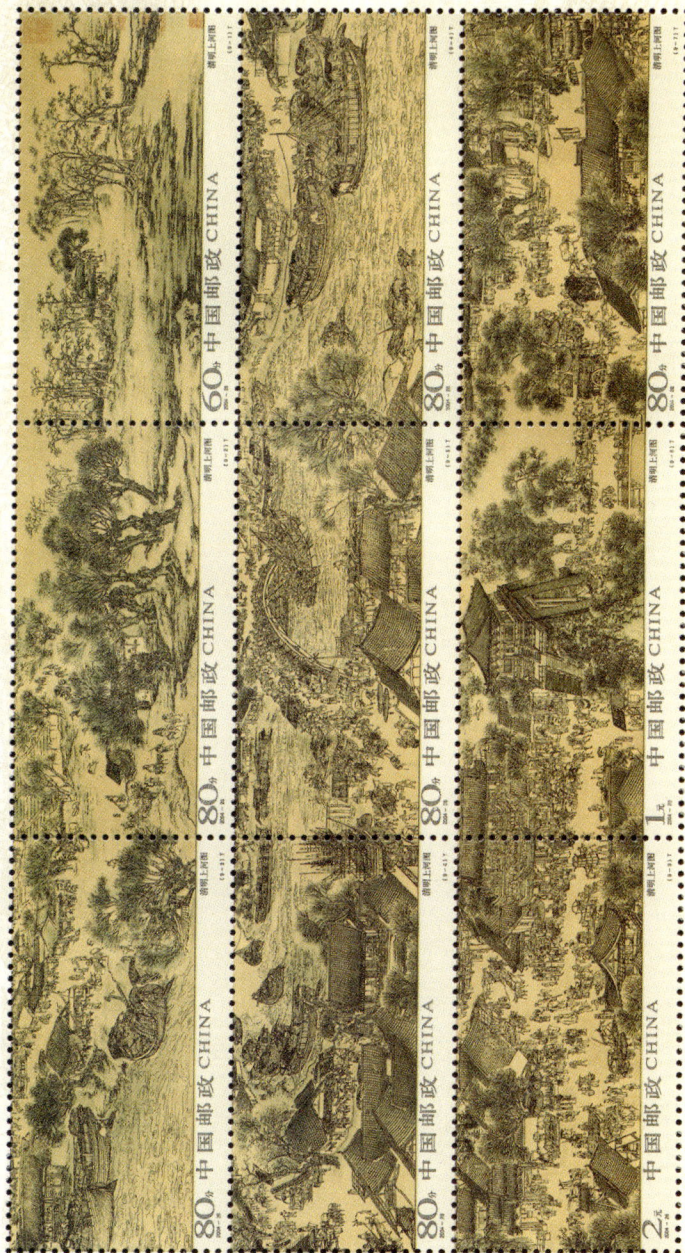

图16-1（中国，2004）

(3)木柴。木炭曾是汴城居民不可或缺的能源。汴城人的衣食住行中的"食"必有木柴保证。汴城人以木柴、木炭为基本燃料。邮票1画面为两个脚夫赶着5匹驮炭的毛驴向城市走来，可见当时木炭是市民生活必需品，特别是冬天取暖用。据报道，11世纪早期开封人的燃料仍然是木炭，不过它已经越来越贵了，朝廷开始由政府半价供应木炭，人们疯了似的涌去购买。最后，开封市民们也步工厂的后尘，开始燃煤。

(4)树木遍布汴城城乡。9枚邮票画面都绘有树木，而且以古树为主，以杨柳树为主，这是乡村、城镇不可或缺的景观。在汴城郊外就有一片柳树林（邮票1、2），枝头刚刚泛出嫩绿，使人感到虽是春寒料峭，却已大地回春。河岸有柳树堤（邮票3、4、7），路旁有可供行人休息乘凉的树（邮票7、8、9）。画中众多的树木为城市街区、乡村增绿了自然风光，是古人生活在绿色环境中的写照。

另外，多米尼克于1995年发行2张中国古画《清明上河图》小型张（图16-2），画面更清晰地展示木船、木结构民居和店铺、木桥上众人过往的情景，以及众多的路旁和院内树木。可见有了树木和木材使汴城兴旺和繁荣。

图16-2（多米尼克，1995）

17 邮票上的古代林业为古代汉字书写提供竹木简

相传约公元前4200年左右，仓颉创造整理出大批汉字，这划时代的创举，结束了原始人结绳记事的历史，将人类文明向前大大推进了一步。从最早的文字书写载体甲骨、简帛到纸张，走过了三千多年历史历程。下面借助相关邮票，依稀领略这一历史。

17.1 仓颉造文字

中国台湾发行的发明神话邮票之一仓颉造文字邮票（图17-1），仓颉陕西白水县史官镇人，相传是五帝之一黄帝的左史，世谓仓颉是中国文字的创造者，称之"仓圣"。在他之前与同时，已有别人创造零星的、简单的图形笔画，他予以收集、整理、加工、提高，加上自己的创造，集大成为众多的汉字。仓圣造字，反映了中华民族进化发展史的一个大转折的时代特征，体现了中华民族的文明之光。汉字最大的优势在于具有超时空性，古今可通，2000年前文献中的汉字，我们今天照样认识；汉字的超空间性，具有特殊的沟通方言的作用。仓颉是我们古代创造文字的代表人物，《帝王世纪》有记载："黄帝史官仓颉，取象鸟迹，始创文字。"仓颉死后，在其出生地白水县修有"仓颉庙"，以示纪念。邮票画面展现仓颉手持木板用笔勾画图形笔画，犹如日月的象形文字；背景以古树、孔雀、龙、月亮、星星等衬托，以示古代美丽的仙境。

图17-1（中国台湾，1994）

17.2 书写载体——古代简牍

早在战国前后的时代，用以书写文字的主要材料是削制成狭长形状的竹片或木片。竹片称"简"，木片称"扎"或"牍"，通称为简。若干片简编缀在一起，即成"册"，"册"字就像几片竹简用绳子串在一起，即使到书写材料逐渐用纸代替时，印出的文章装订成书，仍沿用"册"这一名称。1972年在湖南长沙马王堆西汉墓葬中，先后出土了竹简900多根和一幅书写12万多字的帛书与5幅精美的彩绘。出土文物中还有墨盒、墨绽。据文献记载，古代一般以墨、漆等作为书写材料。

图17-2（中国，1996）

中国发行的古代档案邮票——简牍档案·汉代木牍（图17-2），票画面取自江苏连云港东海县尹湾汉代木牍"博占局"。尹湾汉墓群为一家族墓地，共出土简牍157件，其中简牍133板，木牍24方，所载汉字约4万。文字细小如蚊，仅2mm见方。木牍上的汉字至今仍清晰可辨。

17.3 孔子、孙子借简编书传世

　　孔子诞生2540周年邮票（图17-3）。孔子生于公元前551年，是中国古代一位对后世影响深远的伟大思想家、教育家，儒家学派的创始人。他被尊为"至圣先师"、"万世师表"。孔子自公元前497年起率领一批弟子，历经14个寒暑，从山东鲁国游历到现今的河南境内，宣传他的政治主张和教育思想。票面展示众弟子手持竹简聚精会神听老师讲学。孙子像邮票（图17-4），孙子约与孔子同时期人，出身于军事世家，活动于公元前6世纪末至公元前5世纪初。邮票画面上的孙子身佩宝剑，端坐在几案前，简册铺展。邮票图案上方印有《孙子兵法》卷首开篇《计篇》中的一段文字。《孙子兵法》是中国也是世界上现存最早的一本古代军事名著。1972年4月，在山东临沂市银雀山汉墓出土的《孙子兵法》竹简，是目前发现的最古的传本。驿使图小型张（图17-5），图案采用我国甘肃省嘉峪关市的魏晋时期（220～420年）墓室壁画《驿使图》，图中驿使头戴冠，身着右襟宽袖上衣，足穿双筒靴，骑在红鬃马上，一手持缰，一手举木牍文书，飞奔传递。这幅图是我国已发现的最早的古代邮驿的形象资料，描绘出古代驿使的生动形象。

图17-3（中国，1989）

图17-4（中国，1995）

图17-5（中国，1982）

17.4　中国古代图书

　　宋刻本《周礼》雕版邮票（图17-6），票面的主体部分是我国现存最早的插图本《周礼》书影，此书的刊行地是南宋时期的建阳书坊。《周礼》原名《周官》，是古代设官分职的政典，儒家经典之一，成书于战国时期，藏于北京大学图书馆。建阳书坊地处闽、浙、赣三省要冲，交通便利，森林资源丰富，造纸业发达；北宋时为朱熹等理学大师结庐讲学之地，书院林立，为建阳刻书业的发展提供了良好的条件和文化环境。其时，图书已开始大量制作插图，《周礼》上图下文，以图辅文，以文释图，图文并茂。该书刻印精美，是一部体现中国宋代版画艺术和雕印印刷水平的代表作。邮票图案的背景是中国古老藏书楼宁波天一阁，设计者用以体现古书刻印，流通与收藏的关系。天一阁建于明嘉靖40～45年（1561～1566年）间，原为明兵部右侍郎范钦的藏书处，具有非常悠久的藏书传统，素有"南国书城"之称，也是现存世界上最古老的三个家族图书馆之一，在海内外享有较高的盛誉，为全国重点文物保护单位。天一阁为木构的两层硬山顶建筑，楼前凿"天一池"，蓄水防火，以保安全。雕版印刷邮票（图17-7），中国于公元8世纪发明雕版印刷，票面图上半部分为敦煌出土唐木板纸本金刚经，下半部分为中国传统雕刻木版印刷版及样本。17世纪木刻印刷邮票（图17-8），展示匈牙利中世纪的印刷。

图17-6（中国，2003）　　　　　　图17-7（密克罗尼西亚，1999）　图17-8（匈牙利，1987）

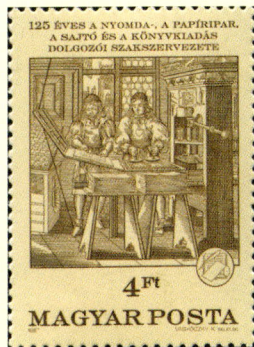

17.5　中国文房四宝中的笔墨和纸

　　笔墨纸砚是中国传统文化中最具特色的书写工具，它们在中华文明的传承中起了重要作用。笔、墨和纸邮票（图17-9）。笔邮票，古笔品种较多，从笔管的质地分，有水竹、鸡毛竹、斑竹、棕竹、紫檀木、檀香木、楠木、雕漆、象牙、犀角、牛角、玉、金、银等。尤以竹管毛笔最为普及。从制作地看，唐宋年间全国制笔中心逐渐在江南的宣州（今安徽皇州市一带）形成，故称"宣笔"，到南宋以后，朝廷南移临安（今杭州），湖笔（浙江湖州）逐渐取代"宣笔"。墨邮票，汉代采用松烟等原料配制成墨，为松烟墨。后发展用桐油（油桐油）或漆烧烟加工制成油烟墨，其色泽黑中泛紫，更宜书画。历史上制墨中心在北方，由于安史之乱，制墨业南迁，徽州歙县松林茂密，溪水清澈，便成为重操制墨旧业的场地。徽墨以松烟、桐油烟、漆烟、胶为主要原料制作而成的一种重要供传统书法、绘画使用的特种颜料。1915年，巴拿马万国博览会上荣获金奖的地球墨就是歙县墨店的珍品。邮票中的纸为宣纸，早在唐代，就已成为献给皇帝的贡品了。宣纸的产地在安徽宣城附近。是以青檀皮为主要原料（榆科，落叶乔木），按比例配入稻草浆，经过140多道生产工序，加工而成。生产过程中的工具，如纸帘也由苦竹加工而成的。由于宣纸存放很长时间都不会破碎、变色，也不易被虫蛀，所以，很多中国古代的宣纸字画保存了几百年、上千年，仍然完好无损。它被称为"纸寿千年"的美誉。1915年宣纸还在巴拿马万国博览会上夺得一枚金牌。故宫古物邮票——文房四宝（图17-10），笔为明嘉靖彩漆云龙笔；墨为明隆庆龙香御墨；纸为宋蔡襄澄心堂帖。笔墨纸都离不开木、竹、树汁为其制作原料。

纸钞邮票（图17-11），中国于公元19世纪发明纸钞，图案为南宋纸钞铜版及样本，纸成为纸钞的载体。写真邮票（图17-12），票面图案为杜丽娘为自己画像的场面，笔纸及砚墨为写真提供了必不可少的条件。

图17-9（中国，2006）

图17-11（密克罗尼西亚，1999）

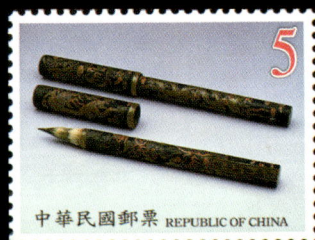

图17-10（中国台湾，2000）

图17-12（中国，1984）

18 邮票上的中国古代森林经营利用、保护和破坏

　　在上古时代，覆盖在大地上的茂密森林，曾是鸟兽栖息之所，人类采集渔猎为生，同时又是耕作和治水的障碍。因此在我国尧帝时代，曾有使益掌火，焚毁森林，驱逐鸟兽，以便人类安居的传说。人类社会生活的发展和林业技术的发展分不开。当人类熟食之后，开始以木材为燃料。到农耕时代，耕地用的耒耜要以竹木为材料，而且耕作用的农地，也取之于林地。由于用材的增加和农地的扩充，原生森林不断受摧毁，在人烟稠密之处，森林日趋荒废。鉴于森林破坏的严重，尧舜时就有护林管制——"虞"人的设置，有了人工用材林、经济林和果树的经营。由此可见古代林业先从天然林的利用、破坏、索取薪材、木材、土地开始的，进而对森林加以保护、限制利用，并开始人工林经营、森林管理。下面借助相关邮品，解读古代森林的经营、利用、保护和破坏。

18.1 古代森林的经营

　　就历法而论，24节气是中国古代历法特有的重要组成部分。在春秋时期的著作《尚书》中已有记载，它对农业生产发展有很大的贡献。林业归属农业生产领域，古代林农几百上千年来一直喜欢利用物候和24节气来掌握农时，包括林时，如植树造林、封山育林、护林防火、果实和种子的摘收、采伐树木等无不依照历法行事。

　　中国的伟大发明4方连（图18-1），4票之一为历法，图案展现历法与农耕生产的关系。24节气邮票——春、夏、秋、冬（图18-2），票面图案代表中国

图18-1（中国澳门，2005）

图18-2（中国台湾，2000）

南方农业时节，以下仅选部分邮票展示树木物候观察与森林经营的关系。立春邮票：展现树枝发绿色嫩叶，告诫人们加强对树木的培育管理；清明邮票展现清明时节雨纷纷，是植树造林的季节；夏至邮票：展示树枝上蝉鸣，告之昆虫活跃时节要加强果树等树木的保护管理；秋分邮票：枫叶红了，到采摘果品的时季；寒露邮票：树叶已凋落，树木将停止生长是采集树木种子的季节；小雪邮票：常绿的针叶树因叶面小失水少而不落叶；小寒和大寒：邮票展现严寒的冬季景象，正是南方一般为每年11月至来年3月的采伐季节。我国湘西、黔东南有好几百年经营人工杉木林的历史，林农遵照农历历法进行采种、育苗、造林、抚育、保护、采伐等一系列林业劳作，使杉木林得以持续经营。

18.2 古代森林的利用

森林为先民发明创造提供了必要的物质基础，同时这些发明创造又扩展了先民对森林的开发利用。众所周知的造纸术、活字印刷术、火药和指南针中国四大发明闻名于世，还有如前面所述的众多中国发明，它们中很多项目与森林的开发利用相关。如图18-1所示，编织邮票，编织的原料——丝来自桑树、蚕茧，织机用木竹构造；造纸术邮票，造纸的原料来自树皮、木竹纤维、用柴煮纸浆；金属冶炼用木炭、鼓风炉用木构造。

综合上述各节展示的森林利用，可以领略古代林业所体现的古代文明概括如下：森林为先民提供可进食的植物、菌类、果实、动物等，以及可防病治病的药用植物；森林为人类熟食、制陶瓷、金属冶炼等提供烧柴、木炭等能源；森林为造纸业、养蚕业、漆器加工业等提供基本材料；森林为人类居住的房屋建筑、人类行走用的车船等提供基本材料；森林为人类传播文化提供了木竹简档案……。森林为先民们提供了衣食住行所需的森林原始产品及初加工产品。森林还为人类发展农业提供了不可多得的土地资源。可以说人类古代发展史，从某个方面看也是人类开创森林利用的科技发展史。因为森林资源是可再生的自然资源，资源丰富，随手可取，而且木材易于加工，还有许多树木纤维、树汁、树皮是工业原材料；木材又易于燃烧，是低价甚至无价的能源。从总体看，逐渐形成的古代林业处于森林的薪柴利用阶段，也有了对原木的利用，它为人类进入农业社会提供了必不可少的物质条件。先民的发明创造，拓展了对森林的利用，可以说一部古代林业史也是一部古人发明创造史。

18.3 古代森林的保护及破坏

在中国历史上，一些有作为的统治者和有识之士都懂得五谷丰登，山林繁茂，代表着国力的强盛，树立了一种以"农桑为本"的传统经济思想。每个朝代建立初期，都要采取一定措施，设立专门的林业管理机构，制定法令，倡导封山育林和植树造林，以发展林业。

在有人类活动的地方，对森林的保护是比较难的。但也有例外，囿于邮品，这里仅从以下三个方面展示森林保护好的寺庙所在地、少数民族聚集的山区及墓地。

18.3.1 寺庙所在地的森林保护

魏晋之后，我国寺庙深入山林，僧人多有保护森林和植树造林的习惯。佛教一向禁止任意砍伐森林，伤害野生动物；道教把名山当做神山境界，更着意于保护其一草一木。寺观以植树造林作为功德，经常有组织地绿化荒山和寺观附近的环境，至今许多名山寺观的周围仍然是古树参天、浓荫迎地。森林保护寺庙，寺庙也因保护森林而得名。

在中国历史上，佛教是受到统治政府保护和提倡的，统治者帮助保护寺院财产，维护寺院环境的秀美和幽静。衡山独秀邮票（图18-3），衡山是有名的佛教圣地，唐朝末年，僧人京泰，在衡山佛寺"掌翰"20年，目睹当时一些人在山上刀耕火种，对森林破坏很厉害，心中愤然，遂作《畲山谣》一首，其中有"……杉松利斧摧贞枝、灵禽野雀因无依，白云回避青烟飞，……年年斫罢仍再锄，千秋终是难复初"。他的歌谣后来传到京城，朝廷因此下

图18-3（中国，1990）

诏，禁止在南岳畲山开荒。寺院僧侣除注意保护天然森林植被外，还注重植树造林。衡山福严寺在建寺时，砍伐了一些林木，使得寺院附近有些萧索，寺主持慧思禅师，亲自倡导植树，身体力行，带领众人栽种杉松十万株。经若干代寺院主持的引导，使山体形态丰满、轮廓柔和的衡山植被繁茂，山峦叠翠，终年青郁，势雄形秀，故享有"五岳独秀"的美誉。五台山邮资片（图18-4），图像展现寺院分布在林木苍翠、景色秀丽的五台山中，山上生长着众多华北地区的主要树种，有落叶松、油松、青杨、白桦、云杉等乔木及众多灌木。现开辟国家森林公园，也是国家风景名胜区。青龙洞邮资片（图18-5），青龙洞融合佛、道、儒三教，既有道教道观、庙堂，佛教的佛殿经楼，也有儒家的书院、考祠，为绝妙的附岩建筑，因对其周边的森林保护得名，形成林寺相互依存的景象。

尼泊尔风光——寺庙、山景邮票3枚（图18-6），票面图案为依山而建的寺庙，山上森林保护寺庙的景象。取自韩国明信片上的森林包围中的库音寺院图（图18-7），这座佛教寺院，系东方风格古建筑，图案展现在森林包围中的寺庙。

18.3.2 少数民族与保护山林资源

在山地和森林中成长起来的民族、树木、森林及其他动植物深刻地影响着他们的生产、生活，乃至意识形态，因而树木、动物崇拜是十分普遍的现象。一些地方打猎有打猎的时令，砍树有砍树的时节，进山要敬山神，饮水要敬水神。这些文化给人们传播着一种崇敬自然、珍爱自然

图18-4（中国，1997）

图18-5（中国，1998）

图18-7（韩国，1995）

图18-6（尼泊尔，2001）

的理念。告诫人们人类依赖自然而生存，离开了自然，人类就无法生存，破坏了自然就会受到自然的惩罚。我国少数民族地区，森林面积占全国的43.9%，蓄积量55.9%，水力资源蕴藏量占全国总量的65.9%，不能不说这是与他们对森林资源的保护直接相关。

九寨沟·芳草海邮票（图18-8）。九寨沟位于四川省，因九个藏族村寨坐落在这片高山湖泊群中，而被称为"九寨沟"，邮票画面展现身穿藏族服饰的男女青年在林区小溪岸边小憩。全区面积720km²，大部分为森林所覆盖。居住在那里的藏民视自然万物有灵性，都是有生命的。把山奉为神山，把水视为神水，把野生动物视为神，对一草一木、一山一石都很爱护。认为挖金掘矿、砍伐林木太多，如同从人身上抽取精髓，水土也会失去光泽、流失。因此，世世代代保

图18-8（中国，1998）

护山林自然资源，使它成为今天的"人间仙境"，让我们现代人能亲临体察原始森林的真实面貌。腾冲火山热海邮资片（图18-9），画面展示两名少数民族女青年在山路上观看地热蒸汽冲天的自然景象。腾冲森林资源丰富，居云南省第二位，境内森林密布，到处青山绿水，景色秀丽迷人。有傣、回、傈僳、佤、白、阿昌6个世居少数民族。他们世世代代保护森林资源，使那里有条件形成如今的自然保护区、森林公园、风景名胜区等多种自然资源和旅游地。

图18-9（中国，1997）

图18-10（中国，2007）

18.3.3 墓地的森林保护

中国历来就重视墓地种树，自觉保护墓地的森林。这里展示古代皇帝陵园，其规模非同一般，对陵园内森林的保护管理严格有序。

泰陵邮票（图18-10），清西陵雍正皇帝泰陵位于河北易县永宁山下，占地800多km^2。北依峰峦叠翠的永宁山，南傍蜿蜒流淌的易水河，古木参天，景态雄伟。从公元1730年建陵开始，陵寝内外，栽植了数以万计的松树，现在这里有古松1.5万株，青松幼柏20多万株，陵区内松柏葱郁，山清水秀，14座陵寝掩映在松林之中，若隐若现，俨然一幅绚丽的山水画。对陵区管理，设专门机构，负责守陵和管护山林。2000年作为中国明清皇家陵寝的一部分列入世界文化遗产名录，使清西陵的文物古迹和风景名胜以及周边环境成为全人类的文明成果。清东陵邮资片（图18-11），清东陵是中国最后一个王朝首要的帝王后妃陵墓群，是中国现存规模最大、体系最完整的古帝陵建筑群。它坐落在河北遵化县，陵区沿燕山余脉昌瑞山而建，占地约2500 km^2。这块难得的"风水"宝地，北有昌瑞山做后靠，南、中、东、西皆为高低不等的山，山上均有各类树林覆盖；东西两条大河环绕流经陵园。为保护陵园，曾设专门机构，驻兵设防。如上所述与清西陵同列入世界文化遗产名录。炎帝陵·陵墓邮票（图18-12），陵区面积2.4 km^2，区内山峦叠翠，碧水环流，古树参天。

图18-11（中国，1995）

图18-12（中国，1998）

　　王昭君墓邮资片（图18-13）。昭君出塞和亲，使匈奴和汉族两个民族和睦相处，王昭君也因此受到各族人民的爱戴。墓前立有董必武题《谒昭君墓》诗碑。墓的四周芳草茵茵、花团锦簇，丛林叠翠。这好似处在入秋后草色枯黄的塞外，唯王昭君墓上草色青葱一片，所以叫它"青冢"。

18.3.4 古代森林遭破坏

　　中国尧舜之时，草木畅茂，禽兽繁殖，五谷不坐，禽兽逼人，故欲驱除禽兽，保全人类，必须伐木火林，是为人力摧残森林的开始。夏后之世，伐木火林之举益甚，乃知人类愈繁殖，而摧残之愈甚，森林行将日渐减少。商承夏后，因伐桀之战，而有摧残森林之举，但得天下后，亦多以提倡是务。随着人口的迅速增加和农业生产的发展，急需扩大耕地，于是毁林开

图18-13（中国，1987）

荒、樵柴、放牧普遍发生，火田、火耕、火种、火垦得到广泛提倡。以此同时，在无数次大小战争中，交战双方为了劈山通道，赢得战争的胜利，往往大量砍伐森林、火烧森林。历代统治阶级穷奢极欲，大兴土木，修建宫殿、陵寝、坛庙、园林，使森林遭到重大破坏。

这里仅展示古代战争邮票，从中领略战争对森林的破坏。战斗·隋邮票（图18-14），图案选自敦煌壁画第296窟中北周（557～580年）的《得眼林故事》，画面描绘一个激烈战斗的场面。双方士兵用木材制成的弓箭为武器，画面左下方是山，有山就有林，便于掩被防守。一场战斗不知该毁掉多少森林。三国演义·赤壁鏖兵小型张（图18-15），图案出自《三国演义》第49回"七星坛诸葛祭风，三江口周瑜纵火"，描绘赤壁之战的惊心动魄场面。赤壁大战是以水战为主，大战功臣黄盖率20只火船撞入曹操水寨，使水寨船只尽皆着火。这一场景让人们从一个侧面领略到水战，一来为了战斗需要制造许多木船，二来战斗中又要烧毁这些木船，这不知要消耗和毁掉多少木材资源。草船借箭邮票（图18-16）及黑旋风斗浪里白条邮票（图18-17），2票展示以木船为战船，以竹箭竹篙为战斗工具，一场战斗又得毁掉不少木竹资源。

图18-14（中国，1953）

图18-15（中国，1994）

图18-16（中国，1992）

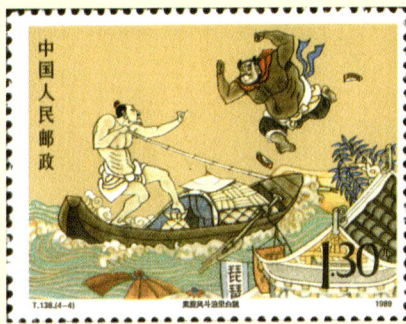

图18-17（中国，1989）

中国从春秋战国到近代的2000多年里，发生的战争次数和持续的时间都是全世界罕见的。战争对生态环境的破坏是毁灭性的，尤其是古代战争，常以火攻为手段，放火烧山，为追杀几个贼寇导致一片森林彻底毁灭的事例举不胜举。

经考证分析，在4000年前的远古时代，中国森林覆盖率高达60%以上。随着社会历史的发展，森林资源日趋减少，到2200年前的战国末期已降为46%，1100年前的唐代约为33%，600年前的明代之初为21%，1840年前后则已降为17%。分析中国森林的历史变化，可以看出：人口增长和经济发展，拓宽了人们对森林的开发利用，但由于没有形成有效的协调机制，加快了森林的减少；古代战争热衷于火攻，大量伐木为铸造兵器提供能源和材料，毁掉大片森林；历代修建宫殿，消耗掉成片的珍贵森林资源。古代林业在依赖人们发明创造拓宽并加深对森林利用的同时，又因战争、大兴土木修宫殿而破坏森林，使中国由多林国沦落为少林国家。

从森林利用的角度看，如前面各节所述，中国古代林业从总体看处于薪材阶段，同时也大量利用原木。随着工业经济的兴起，更拓宽了对森林的利用，森林利用进入原木利用阶段，森林减少的趋势更加严重，促使人们关注森林的更新和森林的综合利用；近代林业就此替代了古代林业，这是社会经济发展的必然。

第四篇

邮票上的森林经营和利用

当人类进入工业革命，对木材的需求大量增长，森林的消耗大大快于森林的增长，18世纪首先在欧洲国家提出"森林永续经营"，以求木材恒定产量，这种经营思想主宰了世界森林经营200年。20世纪中，人类自然保护意识开始觉醒，保护森林亦即保护人类赖以生存的环境渐渐变为国际社会和各国政府的行动，于1992年巴西里约热内卢召开的联合国环境发展大会上签署的《关于森林问题的原则声明》，明确提出了"森林的可持续经营"。这是世界森林经营思想和经营方式的根本性转变。

如前所述，中国古代林业也是以薪材为主的木材利用，20世纪中，新中国成立，由农业国转向工业国，需要大量的建设用材，此时煤炭替代了薪材（特别是工业用），中国进入了原木利用阶段。中国作为后起的发展中国家，可以吸取发达国家森林经营的历史经验，在原木利用的同时，逐步发展森林的多种利用。特别是20世纪80年代，中国改革开放融入了世界林业发展，森林经营转向林业可持续发展。

此篇开始将重点展示近代林业，分别为第四篇邮票上的森林经营和利用、第五篇邮票上的森林生态体系、第六篇邮票上的森林文化。

第四篇先展示邮票上的世界林业大会，让我们领略20世纪世界关注的林业发展。然后展示邮票上森林经营和利用。包括：苗木及其培育、中国的造林绿化、世界其他国家的绿化造林；森林保护、森林管理和林业科教；木材的采伐集运、木材的加工利用以及经济林的利用。

19 邮票上的世界林业大会和可持续发展的国际会议

19.1 世界林业大会

　　森林的兴衰，不仅关系到一国、一地区，甚至关系到世界。为此由联合国粮食及农业组织主办召开世界林业大会，始于1924年，平均每六年召开一次，轮流在世界各国举行。林业大会的主旨是针对全球生态的热点问题，开展广泛的国际交流与合作，协调各国政府对森林问题的认识。林业大会作为关心森林和林业所有方面的一个主要全球论坛，被视为整个世界的会议。对历次大会有人总结提出世界林业总的发展趋势为：

　　(1)1926～1966年第1～6届会议为第一阶段，主要是研究林业生产问题，而对森林防护效益和社会效益问题没有引起重视。这六届会议的议题分别是：林业调查与统计方法；通过国际合作达到木材产业与消费平衡；热带林业；森林地位在经济发展中的角色与定位；森林多目标利用；

图19-1（芬兰，1949）

广泛经济变迁下的森林角色。这里展示芬兰为1949年在芬兰召开的第三次世界林业大会发行的邮票（图19-1），反映会议主题为"热带林业"，一枚邮票的图案为地球和热带树，另一枚邮票的图案为森林和木材加工厂。美国为1960年在美国召开的第五次世界林业大会发行邮票（图19-2），图案反映会议主题为森林多目标利用，含地球、树木、动物、流水、伐木工人、伐根和斧子等，以示既要采伐利用森林，又要发挥森林多种资源的作用。台湾为纪念第五次世界林业大会发行森林邮票（图19-3），票面分别为山地森林、山谷溪流和飞鸟，原始森林及索道集林和楞场。泰国也为1960年第五届世界林业大会发行邮票（图19-4），图案为森林和林中大象，票面右上角为大会徽志。

图19-2（美国，1960）

　　(2)1972～1985年第7～9届世界林业大会为第二阶段，主要提出森林多种经营、森林为人民、人们越来越重视森林在生态环境中的作用。这三届会议的议题分别是：森林及社会组织发展；森林为人民；森林资源如何为社会的综合发展服务。印度尼西亚于1978年发行在该国召开的第七次世界林业大会邮票（图19-5），图案为人类与森林，体现森林为人民的主题思想。会

图19-3（中国台湾，1960）

图19-4（泰国，1960）

图19-5（印度尼西亚，1978）

议认为现在多数国家森林主要是采伐木材和保护水源，开始强调森林服务的职能，会议指出必须在统一的综合体中计算全部林产品和森林效益。墨西哥于1985年发行在该国召开的第9届世界林业大会3连票（图19-6），此次大会强调了森林的多种利用和综合服务功能。票面图案以三棵树为中心，突出九届大会的文字和徽志（地球和树木），另有墨西哥社会民俗风格的徽志，以示森林的社会服务功能。

图19-6（墨西哥，1985）

（3）1991～2003年第10～12届世界林业大会为第三阶段，主要提出了可持续发展，主题为森林·未来世界的遗产；林业可持续发展——迈向21世纪；森林——生命之源。

19.2 可持续发展的三次重要国际会议

地球三分之二的陆地曾被森林所覆盖，森林面积达76亿hm²，而现在只剩下26亿hm²，占地球陆地面积的30%。每年由于人为砍伐、森林火灾、病虫害等因素，全球森林面积每年正在以70万hm²的速度从地球上消失。科学家把森林喻为地球的"肺"，把植被喻为地球的"皮肤"，而把水喻为地球的"血液"。地球上的肺如果出了毛病，那么我们居住的这个星球就有危机了。国际社会关注可持续发展，先后召开三次重要国际会议，林业问题无疑是其中的重要议题，以下展示相关邮品。

（1）1972年在瑞典斯德哥尔摩召开"联合国人类环境会议"。当时人类面临着环境日益恶化，贫困日益加剧等一系列突出问题，国际社会迫切需要共同采取一些行动来解决这些问题。这次会议就是在这样的国际背景下由联合国主持召开的。会议通过了重要文件——《人类环境行动计划》。会后成立了联合国环境规划署。瑞典于1972年为此会特意发行"只有一个地球"邮票3枚（图19-7），

图19-7（瑞典，1972）

票面图案为地球、人、绿色植物，此图案成为联合国环境规划署徽志。邮票用世界上六种文字写"只有一个地球"。同年瑞典为该会发行"只有一个地球"邮票（图19-8），票面为Bror Hjorth木刻浮雕作品《春天》：拯救我们的环境，水塘中的鹅、裸体人物等。1972年联合国第27届大会通过决议，确定每年6月5日为"世界环境日"，"只有一个地球"为世界环境日的永恒主题。

联合国为纪念人类环境会议10周年——提高环境意识为环境日主题于1982年发行邮票，其一（图19-9）图案为太阳、绿叶和水等；另一图案为手持小苗（图19-10），票面均有联合国环境规划署徽志。越南于1982年为纪念人类环境会议十周年发行邮票（图19-11），一枚图案以只有一个地球为中心，背景以枯死的树木影印衬托；另一枚图案为老人携小孩植树，以示关注地球上的森林更新（此邮票边框有损缺，但不妨碍其图案的深刻含义）。

中国于1988年世界环境日发行环境保护4方连票（图19-12），主题是保护环境、持续发展、公众参与。4枚邮票分别为保护土壤环境邮票，选用绿色的大树和草地代表土壤，人类的手阻挡住了外来的污染；保护大气环境邮票，以蓝天和白鸽为代表，用手挡住浓烟的侵袭；保护水环境邮票，以碧绿的水和鱼儿为代表，用手阻挡黑色的污水；保护噪声污染邮票，以夜晚星空安静的环境，用手阻挡噪声侵害。中国于1992年发行联合国人类环境会议20周年邮票（图19-13），当年的世界环境日主题为：只有一个地球，关心与共享。邮票图案呈一个地球形状，从上到下分层为蓝色天空，绿色山川平原，清澈的河流和褐色的土壤，象征着清净美好的人类世界，借抒情和联想手法，巧妙地表现了环境保护的四大内容（如1988年发行

图19-8（瑞典，1972）

图19-9（联合国，1982）

图19-10（联合国，1982）

图19-11（越南，1982）

图19-12（中国，1988）

的环境保护邮票所示）。票右上角有联合国环境规划署徽志。

(2)1992年联合国在巴西召开"联合国环境与发展会议",会议通过了《21世纪议程》等重要文件,其中包括《关于森林问题的原则声明》。根据形势发展需要,联合国在会后成立了联合国可持续发展委员会。联合国(日内瓦)于1992年发行"地球高峰会议"不规范极限片一张(图19-14),抽象图案为:彩虹、云、小帆船和人物等,含4连票。

图19-13(中国,1992)

图19-14(联合国,1992)

(3)2002年联合国在南非召开"可持续发展世界首脑会议"。会议回顾《21世纪议程》执行情况,纪念"联合国环境发展会议"召开十周年。会议再次树立了地球上环境无边界观念,标志着全球环境一体化的形成,使人们对环境与发展的关系有了进一步的理解。会议通过了《可持续发展世界首脑会议实施计划》。联合国(维也纳)于2002年发行世界可持续发展政府首脑会议4连票(图19-15),画面以抽象画展示不分肤色的人们共同生活在一个地球上,要像2002年世界环境日主题所说的"让地球充满生机"。

中国于2005年世界地球日发行邮票(图19-16),展示2005年世界地球日(4月22日)中国纪念活动主题:善待地球——科学发展,构建和谐。世界地球日的总主题始终是"只有一个地球"。邮票以彩色为主基调,以一双棒托姿态的手势体现:保护地球,节约能源,保护环境。爱护地球,需要人人从我做起,从手头做起。

以上三次重要国际会议,被认为是国际可持续发展进程中具有里程碑性质的重要会议,中国为落实此次会议精神,1995年由林业部发布《中国21世纪议程——林业行动计划》,提出了林业可持续发展的总目标,开始了林业发展的战略转移,提出到21世纪逐步建立起比较完备的林业生态体系和比较发达的林业产业体系。

图19-15(联合国,2002)

图19-16(中国,2005)

20 邮票上的造林绿化（一）

20.1 邮票上的苗木及其培育

如前所述，世界各国随着原始森林的采伐利用急剧减少，加之不少林地改为农牧地，森林面积越来越少，而人口增长和经济发展又对森林的需求越来越大，为缓解这一供求矛盾，各国都先后调整森林经营模式，在注重森林天然更新的同时，大力发展人工造林。而人工造林又首先要选好良种、育好苗木，才能使新造的树苗壮成长。

⑴苗木。树苗可由有性繁殖和无性繁殖取得，以下展示的为传统的有性繁殖苗木。

法国和德国两地森林友好关系极限片（图20-1），木纹纸片上图案为一人手持树苗准备栽植，片的右上角贴一邮票，票面含一棵成材的针叶树和一棵枯死的古树，告诫人们重视这小小的苗木，它关系到几十年的树木成长。苗木邮票2枚（图20-2），一为初生的苗木嫩芽，另一为经数月或年而成长起来的小树苗，即可移植入造林穴内。我们称其为裸苗。随着科学发展，改裸苗为带土的营养杯苗，以期提高造林成活率。营养杯苗木邮票（图20-3），票面右上角为FAO徽志，图案背景为苗圃及周边的山丘和树木。竹笋邮票（图20-4），展示由竹鞭上的侧芽发展成的竹笋，竹笋长成竹株。

⑵育苗。苗木在专设的苗圃中培育，各国对苗木的培育颁布有技术操作规程，以确保育成的苗木符合造林要求。传统的苗木是在露天或搭荫棚的苗圃中培育的。苗圃育苗邮票（图20-5），其中之一为搭有荫棚的露天苗圃，工人正在将育成的苗木挖起，这是育苗生产阶段的最后一道工序，挖起的苗木带土放入事先准备好的草袋中，以保护幼苗。另2枚邮票，将装幼苗的草袋搬到造林地，取出带土的苗木，移栽到准备好的定植穴内，这是一种营养杯定植，它优于裸苗定植。苗圃育苗邮票2枚（图20-6），画面所示均为露天苗圃。波兰的邮票图案展示苗圃周围有木栅栏围住，周边为林木，有工人在苗圃劳作，对苗木生长进行调查。

随着现代技术的采用，由露天育苗发展为温室育苗，便于人工控制育苗环境，但需要投入资金多，一般适宜于培育花卉、果树苗木、经济林苗木和工业人工林苗木。植物温室邮票3枚（图20-7），一枚是展示温室内一工人正在摘西红柿，西红柿枝干下可见有管道，以保持室内温度及施加水肥等；另一枚是温室内玫瑰花栽培；再一枚展示地热、管道、阀门，以调节室内水、

图20-1（法国，1968）

图20-2（朝鲜）　　　　　图20-3（印度尼西亚，1984）　图20-4（日本）

图20-5（老挝，1991）

肥、温度等。温室育苗可以避免植物的生长受到恶劣的、意外的气候影响。农业成就邮票3枚（图20-8），分别为"农业灌溉"，展示滴灌技术的应用，这是以色列重要的农业先进技术，既节水又保证植株的正常生长，在我国室内育苗中已普遍采用，并在部分露天育苗和山地经济林中应用；另一枚"水果种植（鳄梨）"，展示嫁接（系无性繁殖），以保后代植株优质；再一枚"园艺（麝香百合）"，展示花粉授粉。

图20-6（民主德国、波兰）

图20-7（冰岛，1972）

图20-8（以色列，1988）

　　嫁接是无性繁殖在经济林培育中应用较多，以期改良植株。希腊于1978年发行树干嫁接邮票（图20-9）可见一斑。

20.2 中国的造林绿化

图20-9（希腊，1978）

　　翻阅中国近代林业史，可见晚清时期，从朝廷到地方官府都已将林业列为富国裕民的重要政事之一，劝导百姓植树造林。1914年中国第一部《森林法》，其中就有"鼓励个人或团体承领官荒山地造林，……所领荒地5～30年免征租税"的规定。但由于国力薄弱，内乱不断，植树造林实际未成一项事业，唯在较边缘的少数山区林区，继承并延续了传统造林植树习惯，如湘黔人工杉木林区，实现林业持续经营有七八百年的历史。20世纪中全国的森林覆盖率仅12.5%，大面积的荒山荒坡有待造林，中华人民共和国成立之后，发动广大群众义务植树，建立专业林场植树造林，经过半个世纪的奋斗，2007森林覆盖率提高到18.21%。以下展示中国发行的植树造林邮票。

　　(1)中国的植树造林运动。下面展示的是不同时期的植树邮品。

　　造林邮票（图20-10），图案以丛林山岗为背景，描绘一位头戴洁白头巾的女社员，手握铁锹给小树苗培土的劳动场面。这是为宣传农业合作化取得的成果而发行的一套邮票，票面画下方装饰着麦穗图形，寓意农业合作化将带来粮食丰收。绿化祖国邮票（图20-11），画面描绘在连绵起伏的荒山秃岭上，一杆杆红旗迎风飘扬，一队队植树大军，身穿早春冬装正在植树的场景。种树邮票（图20-12），据统计，中国城乡已有几千万知识青年回乡或下乡参加农村社会主义建设，邮票图案以男女知青植树劳动的情景为中心，配以初升的太阳和展翅飞翔的燕

图20-10（中国，1957）　　图20-11（中国，1958）　　图20-12（中国，1964）

子，象征着青年茁壮成长立志成林的意境。植树造林邮票（图20-13），这是为纠正片面强调"以粮为纲"，宣传"以粮为纲，全面发展"的农业方针而发行的一套邮票。植树造林邮票以辽阔山川为背景，描绘农民栽种果树的场景，山坡上红旗招展，象征浩浩荡荡的植树大军正在进行改造山河的伟大劳动。共同培育友谊之树邮票（图20-14），这是1983年中共中央总书记胡耀邦访日期间代表中国和中国青年邀请3000名日本青年来中国访问，举行中日友好青年联欢。1984年日本青年访华团来华。共同培育友谊之树邮票图案为身穿汉民族服饰和日本和服的中日女青年，共同浇灌小青松的场景。绿化家园邮票（图20-15），鉴于对植树造林的认识的深化，图案展示儿童参加小树苗的种植，以绿化家园。以上邮票图案和文字说明从一个侧面反映了我国植树造林运动的变化。

随着改革开放，林木所有权政策的落实，一改过去大兵团造林的方式为专业队造林和个体所有者造林，大大提高了植树造林质量；一改过去唯用材林、针叶树造林为多林种、多树种的造林。

（2）中国的植树节。因时代的演变曾进行三次改变。辛亥革命后，1915年国民政府以每年清明节为植树节，这是中国第一个植树节。1929年把植树节改在孙中山先生的逝世日，即3月12日，以纪念这位伟大的革命先驱一生重视和倡导植树造林。中华人民共和国成立后，沿用了在清明期间群众植树的传统习惯，直到1979年2月第五届全国人民代表大会常务委员会第六次会议决议以每年3月12日为中国植树节。为纪念植树节，分别于1980年3月12日发行《植树造林·绿化祖国》邮票一套4枚（影雕套印）（图20-16），以及于1990年3月12日发行《绿化祖国》邮票一套4枚（影写版）（图20-17）。后一套邮票图案采用装饰图案的表现手法，造型具有很强的概括力和表现力，并具有一定的象征性，全面展示植树节含义：右下角印有中国植树节徽志，徽志上有"中国植树节"、"3.12"字样，及五棵树（2棵阔叶树、3棵针叶树），绿色的外圈表示绿化祖国。二套8枚邮票按其含义可归纳为：全民义务植树邮票展示

图20-13（中国，1979）

图20-14（中国，1984）

图20-15（中国，1996）

图20-16（中国，1980）

动员群众造林。飞播造林和建设绿色长城2票，展示规模造林。在西北、西南等荒山成片的人口稀少的地区采用飞播造林，可加快绿化进程，节省大量劳动力，但必须加强幼林管理，方可成林。在我国开展的"三北"防护林建设，犹如万里长城，票面展示三条起伏的绿色屏障，阻挡下部棕黄色的风沙，形象地表现"三北"防护林体系工程建设。经济林邮票，展示山坡筑梯田，在梯田上栽种果树或经济林，既可防止山地水土流失，又便于集约化经营。这在我国的茶桑果经营中普遍采用。林茂粮丰邮票，展示农田防护林，画面突出了浅绿色的农作物，旁边有阔叶树防护，再外边为针叶林，显示森林对农田的层层防护作用。四旁绿化、城市绿化美化和厂矿绿化3枚邮票，展示乡村及城市造林绿化。四旁绿化也称四旁植树，即在宅旁、村旁、路旁、水旁种植适宜的树木，起到绿化城乡、净化空气、保护环境卫生及护路、护堤等作用。邮票展示公路两旁种植几行树木，既为行道树又兼农田防护林。城市绿化美化邮票，展示居民楼被绿色植物包围中，创造良好的人居环境，随着人民生活水平的提高，进而提出了城市园林建设，使城市绿化美化。厂矿绿化邮票，展现工厂被树木包围的绿色景况，可以滞尘消毒、减轻噪声，它是城市绿化的重点之一。

（3）中国的人工林。由群众和专业队伍植树造林持续了几十年，形成大面积的人工林，绿化了中国大地，改善了城乡生态环境。如东北落叶松人工林、河南泡桐人工林及江南毛竹林个性化邮票（图20-18）所展示的。江西风光·茨坪晨曦邮资片（图20-19），展示这一地方的造林成

图20-17（中国，1990）

图20-18（中国，2005）

江西风光·茨坪晨曦

图20-19（中国，2001）

果。1950年在茨坪设井冈山特区。井冈山由于过去长期的战争烽火，使那里的生态环境遭受严重破坏。新中国成立后又重砍轻造，重造轻管，年年造林不见林，一些地方生态状况继续恶化。改革开放，实施保护井冈山丰富的亚热带生物物种、风景资源、革命胜迹、山川地貌和自然环境，维持生态平衡。通过飞播造林、人工造林，使城市和景区绿化率达到87%，原来的穷山恶水变成了绿水青山。井冈山市荣获全国园林绿化达标城市，现已是国家级自然保护区，理想的旅游避暑疗养胜地。

21 邮票上的造林绿化（二）

21.1 世界一些国家的植树造林

随着森林日益减少，很多国家都把植树造林作为关乎全民的一项重要事业，动员民众植树造林，引导种植有利于国土安全的造林树种，规定了国家植树节。

⑴在宣传植树造林的重要性方面，有反映植树造林成果的邮票。法国植树造林第100hm²邮票（图21-1），画面以森林为背景，一人用手持小树苗，旁边有一林业专用机械，下方有100万hm²字样，以展示法国植树造林的成果。泰国于1987和1988年为全国植树节而发行纪念邮票各一枚（图21-2），画面上绿树与建筑物、大桥交相辉映，以示树木的繁茂与人类生活提高之间的密切关系。土耳其森林开发百年邮票（图21-3），画面为手持小苗植树，上方有1857～1957字样，以警示植树造林必须与森林开发相对应。智利发行造林宣传邮票一枚（图21-4），画面为国家森林。孟加拉国植树造林运动邮票（图21-5），画面为树木和果实。保护森林和植树运动小全张（图21-6），含3枚邮票为：徽志，植树节、森林及印度猴面包树；小全张底图为茂盛的热带林。

图21-1（法国，1965）

图21-2（泰国，1987；1988）

图21-5（孟加拉国，2006）

图21-3（土耳其，1957）

图21-4（智利）

图21-6（斯里兰卡，1981）

（2）在民众植树运动方面，有反映各类人群参与植树的邮票。以色列植树邮票（图21-7，拓荒者），邮票边纸上的文字取自以塞亚书，意为你给他们和他们父亲以土地，票面为三名拓荒者在扶锄栽小树。这与中国农村相似，有迁居新地前先栽树的传统。印度尼西亚于1992年发行全国植树运动邮票（图21-8），展示女民兵在荒山上种树。孟加拉国发行全国植树运动邮票，有2002年2枚（图21-9），分别为一棵模式树中有不同的三棵热带阔叶树，以及儿童植树展示一小男孩正在向小树苗浇水。义务植树2连票（图21-10），画面为一家人在院内种树，以及三棵已成长的热带树木。越南于1987年发行植树邮票（图21-11），系老人与小孩正在移植树木，为保护小树生长而在其周围用枝干架一围栏。

图21-7（以色列，1976）

图21-8（印度尼西亚，1992）

图21-9（孟加拉国，2002）

图21-10（孟加拉国，2005）

图21-11（越南，1987）

（3）为引导本国选择适宜的造林树种而发行树木邮票。树木4方连（图21-12），左上方一枚为猴面包树；左下方为牧人的树，又称生命之树；右上方为相思树，是一种抗旱树；右下方为漆树，是抗干旱的树。4种树为乡土树，极具有实用价值。前两种树可为生活资料，人食用和牲畜饲料；后两种为生态树。南非曾因盲目引种桉树外来种，而破坏了当

图21-12（南非，1998）

地的生态景观，发行这4方连，以告诫人们选好造林树种，保护本国乡土树种。植树运动邮票（图21-13），展示4种不同的树种，分别为埃塞俄比亚杨槐，一种生活在沙漠中的植物；属橄榄科的一种树，生长在干旱地区，维护生态平衡，又是当地人的生活资料；属山榄科的一种树，长成高大的树，木材的利用价值大；非洲李树，为大型常绿树，树皮是制药原料。四种乡土树种可为当地提供生活资料和生产资料。

21.2 世界一些国家的植树节

据联合国统计，目前世界上有50多个国家正式设立了植树节，植树之风逐渐在世界各地形成。由于各国国情和地理位置不同，植树节在各国的称呼和时间也不同，如日本称"树木节"和"绿化周"；以色列称"树木的新年日"；缅甸称"植树月"；南斯拉夫称"植树周"；冰岛称"学生植树日"；印度称"全国植树节"；法国称"全国植树日"；加拿大称"森林周"。下面展示部分国家为纪念本国植树节而发行的邮票。

图21-13（埃塞俄比亚，2002）

泰国于1974发行国家植树日15周年邮票（图21-14），1979年发行国家植树日20周年邮票（图21-15）。朝鲜从1947年起，每年4月6日为植树日，1997年发行植树日50周年邮票（图21-16）。印度尼西亚于1976年发行第16次国家重新造林周邮票（图21-17）。伊朗于1985年发行植树日邮票（图21-18），2枚票图案分别为：成熟的模式树为背景，前面展示白底框中一株小树苗；模式的阔叶树为背景，前面展示一棵阔叶树树干和树枝叶。保加利亚于1957发行植树周邮票（图21-19）。以色列于1975发行植树节带边纸邮票（图21-20），展示女孩手持树苗准备植树的场景。

图21-14（泰国，1974）　图21-15（泰国，1979）　图21-16（泰国，1997）　图21-17（印度尼西亚，1976）

图21-18（伊朗，1985）

图21-20（以色列，1975）

图21-19（保加利亚，1957）

21.3 国土绿化邮票

　　国土绿化是生态环境建设的主体，是整治国土、治理江河、维护和改善生态环境的一项重要措施，是功在当代，造福子孙的伟大事业。国土绿化对于人类居住环境的保护和改善，对于人类自身的生存和发展都起着重要的作用。而植树造林是实现国土绿化的重要内容，有些地方甚至是基础的项目。

　　日本素有"山林之国"的美称，森林覆盖率近70%，为世界上国土绿化发达国家之一。绿化的稳步发展为日本的经济振兴、国土整治、防灾减灾提供了重要保障，也为世界各国发展生态林业提供了宝贵经验。1950年在日本山梨县首次举行全国植树节，以后每年轮流由一或两个县赞助举办。天皇和皇后照例都要出席。全国植树节成了日本绿化运动的中心活动。自1948年4月1日发行《全国绿化运动》邮票以来，国土绿化专题邮票每年都有发行，延续至今。这里仅选几枚不同年代的邮票，从中领会对国土绿化认识的深化，由单纯强调植树绿化国土发展为植树保护国土、绿化美化环境。日本于1965年发行树木、阳光邮票（图21-21）；1975年发行丛林间小河邮票（图21-22）；1982年发行植树节标志和紫蓝鸦邮票（图21-23）；1998年发行环境保护"河流流域绿化"邮票（图21-24）；2006年发行故乡邮票——国土绿化邮票（图21-25），画面全面反映国土的山地、平川的绿化、美化及蝴蝶等景观。

　　朝鲜于1998年发行《国土绿化》邮票一套2枚（图21-26），图案全面展示城乡国土绿化成果，有了树木引来了动物、鸟类，形成生物多样性的生态环境。

图21-21（·日本，1965）　　图21-22（日本，1975）　　图21-23（日本，1982）

图21-24（日本，1998）　图21-25（日本，2006）　图21-26（朝鲜，1998）

22 邮票上的森林经营管理

森林的生长周期长，积累生长的蓄积量大，为易燃物，处于面积广阔没围墙的荒野，难免遭遇天灾人祸，必须加强保护和管理，确保森林安全成长。森林经营管理的内容广泛，这里主要指森林保护、森林管理、林业科研等，下面展示相关的邮品。

22.1 森林保护

森林保护关系到森林可持续经营的大事，各国都颁布森林法及相关的森林保护条例，引起各级政府及公众的广泛关注，以求全社会保护森林。

⑴保护森林免遭人为、牲畜等的破坏。保护绿色植物——树木邮票（图22-1），图案以一片伐根为背景，将伐根、圆锯和被伐树叠加在一起，形象地警示人民不能过伐（此处在伐根和倒树间放一圆锯仅为艺术设计）。保护自然资源、保护森林邮票（图22-2），图案为森林、大树、伐根、林内动物，提醒人们保护森林中的大树、小树和动物。保加利亚于1957年发行《保护森林周》邮票一套，其中之一为鹿在林内啃吃树叶邮票（图22-3），提示人们对以森林为牧场的要定时季放养，以防牲畜破坏森林。森林遭破坏邮票（图22-4），图案为模式图，展示一棵受伤害的大树正面临死亡的威胁。

图22-1（苏联，1990） 图22-2（美国，1958） 图22-3（保加利亚，1957） 图22-4（巴西，1976）

⑵保护森林免遭火灾的破坏。阿根廷于2004年发行美洲邮政联盟保护环境系列，其中之一是"原始森林被破坏演变过程"2连票（图22-5），票面展示了1914～2004年这90年间森林面积不断减少的过程，其中一枚邮票上有一个被"烧"破的洞，告诫人们森林正在被烧毁和破坏。邮票设计直观而寓意深刻，给人以触目惊心的警示。预防森林火灾4方连（图22-6），为不干胶自贴邮票。图中心为巴西森林分布图，圆圈框边似火烟，周边有动植物4枚邮票，4方连票散发有烟熏味，起警示作用。森林防火邮票2枚（图22-7），以国际呼救信号SOS警示人们防止森林火灾。森林防火邮票2枚

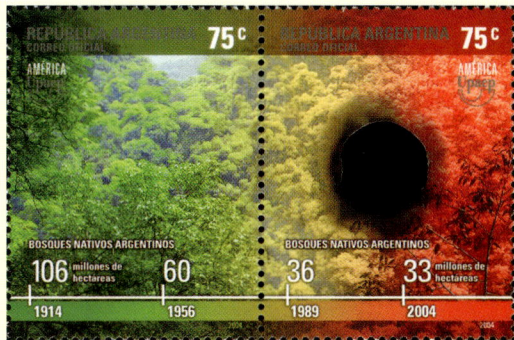

图22-5（阿根廷，2004）

（图22-8），图案为被烧的树木站干。森林防火工作邮票（图22-9），图案为人用双手呵护着森林。自然保护邮票（图22-10），图案展现在栓皮栎林区内架设的一座防火瞭望塔，护林员在塔上用望远镜瞭望森林，塔下边上停放一辆越野车，以便随时监测和防范森林火灾。瞭望塔在林区是保护森林的重要基础设施，在我国许多林区建有瞭望塔，并备有遥控摄像机等监测设备，将监测到的图案实时传送到森林防火指挥部，以防患于未然。

（3）保护森林免遭病虫为害。为防止森林病虫害的发生，一般通过人工监测和科学预报、生物防治和仿生药剂组合、空中飞机防治和地面人工除治手段。飞机防治邮票（图22-11），图案展示森林上空一架农用飞机在洒药治病虫害的场景。波兰发行一枚飞机防治森林病虫害邮票（图22-12）。越南于1969年发行森林保护工作邮票（图22-13）。

图22-6（巴西，1999）

图22-7（越南，1990）

图22-9（乌拉圭，2001）

图22-8（联邦德国，1958；民主德国，1969）

图22-10（葡萄牙，2005）

图22-11（保加利亚，1957）

图22-13（越南，1969）

图22-12（波兰）

(4)早期传统的森林保护是靠护林员徒步串行于林中，在东北林区则由骑马护林队深入茫茫林海巡逻。保护森林邮票（图22-14），邮票系雕刻版，是采用画家黄永玉的木刻原画。图面展现东北原始林。美国于1983年发行邮票（图22-15）为民间森林保护团队或未在军中服役的保护森林的特种队伍，票面上有1933～1983字样，以示纪念该队伍成立50周年。

22.2 森林管理

(1)一国政府设立林业部或局是主管全国林业工作的部门。马来西亚于2001年发行马来半岛林业部门百年邮票一套3枚（图22-16）。其一为以地球为背景的马来西亚地图，展示其国土森林覆盖率约73%的绿色景象，地图上空为卫星遥控监测森林，一派现代林业的场景；其二为陆地上的复层林依存于土地，图案展现土壤剖面，让人们关注森林与土壤的依存关系；其三为一片茂密的混交林，及林边的苗圃。票面上有林业部门百年的字样，并以树叶代表百年的"零"字样。第一篇热带林部分（参见前图10-3）有泰国为林业部门百年发行邮票一套4枚，为热带雨林图案。西班牙于1966年发行第六届林业大会邮票（图22-17），图案为地球和树木。这在各国都有定期召开林业大会的制度，以协调全国的林业行动。圣文森特于1998年发行林务官、林务局等邮票5枚（图22-18）。圣文森特和格林纳达是一个群岛和珊瑚礁国家，大多数为陡峭崎岖的山地。降雨强度较大，且大多数农业耕作在有山地的山谷中进行，因此，农业在很大程度上要依赖森林的培育和保护。1992年颁布《森林资源保护法》，成立林务局，为政府部门。邮票上展示林务局、林务官图像，政府授予他们执法监督的权力，代表国家管理森林。在一些国家在林区设林务官，穿着制服戴有徽章，以增强执法力度，保护森林资源免受意外损害。

图22-14（中国，1958）　图22-15（美国，1983）　图22-17（西班牙，1966）

图22-16（马来西亚，2001）

图22-18（圣文森特，1998）

（2）对森林资源定期进行调查是林业管理的基础工作。森林调查邮票（图22-19），票面为二名调查队员用尺测量大树周径的情景，一国对森林调查都制定有统一的技术规程，虽然如今有了遥感测量等先进手段，有卫星照片（早先是航空照片）提供大量数据，但地面的抽样调查、典型调查，仍需调查员进入林区地面实地调查。邮票右角上方有FAO徽志。另一森林邮票（图22-20），图案是一位看护森林的人在Dobro原始林内对树木进行观察、管理的场景。

（3）对公众宣传林业知识。森林意识教育50周年邮票（图22-21），图案展示林业工作者在林区现场向公众宣讲林业知识，以期动员群众参与林业活动。票面左上角有一以树木为中心的徽志。

图22-19（印度尼西亚，1984）　　图22-20（斯洛伐克，2004）　　图22-21（智利，2002）

22.3 林业科研教育

林业的发展需要借助林业科技和教育，同时需要参与国际林业科技交流，以便更好地提高林业科技水平，促进林业可持续发展。

（1）科学家在推进林业发展中的重要作用。博物学家缪尔像邮票（图22-22），缪尔（1838~1914年）美国博物学家、美国自然保护运动的领袖，早在1876年，缪尔就强烈要求联邦政府采取森林保护政策，后来由他主持于1890年成立红杉国家公园和塞米蒂国家公园。森林的挽救者舍弗尔像邮票（图22-23）。法国于2000年为纪念法国生物及气象学、现代农艺及造林学之父亨利·

图22-22（美国）　　图22-23（奥地利，1970）

路易斯诞生200周年发行一枚亨利像与树木邮票（图22-24）。梁希像邮票（图22-25），梁希（1883~1958年），中国科学家、林业教育家和社会活动家。1907年加入中国同盟会，与许德珩共同发起组织九三学社。曾任北平农业大学、浙江大学、中央大学教授。新中国成立后，曾任林业部长、中国科协副主席。他对中国木材学及林产化学的建立与发展做出了贡献。

图22-24（法国，2000）

图22-25（中国，2006）

(2)引种树木，以丰富本地树种资源。中国引种桉树100周年邮资片（图22-26），桉树既可观赏又是造纸原料，原产于澳大利亚，自19世纪开始向世界各国引种。中国自1890年由意大利人首次把桉树引进中国，当时是送给清朝慈禧太后的，因为这种植物的叶子能"避蚁杀菌，保佑平安"，故取名"桉树"。桉树速生快长，轮伐期短，它全身是宝，可做香料、糖料、鞣料、食品、医药等的原料，一般种植后两年后便可以摘叶蒸油。中国引种桉树百年，有17个省（直辖市）种植200多个品种，引种面积之大，仅次于巴西而跃居世界第二位。近10年来国内林学家提出引种桉树要慎重，特别是一些地方变原始森林为桉树造纸林，这是不可取的，是破坏原生态环境的行为。

(3)林业院校。维也纳农业大学125周年邮票（图22-27），该校是奥地利农业和林业的最高学府，也是奥地利唯一农业大学，创建于1872年，是一所拥有丰富教学和科研经验的名牌国际性大学。林业学院是该校最具有吸引力的专业之一。票面以农林环境设计等艺术图案展示于众。

(4)林业科研院所。奥地利于1967年发行林业研究100周年邮票（图22-28），票面为山脉和古松，并有百周年字。国际公认奥地利成功的林业治山抗灾害，其核心思想是森林生物措施与工程措施相结合的综合治理。奥地利政府主导推动"产、学、研"共同建立一种自主创新模式。林业技术是奥地利在世界有独到之处的传统科研领域之一。

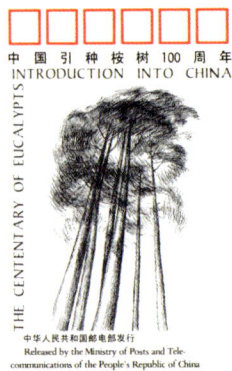

图22-27（奥地利，1997）

图22-26（中国，1990）

图22-28（奥地利，1967）

(5)林业协会。协会是为促进某种共同事业的发展而组成的群众团体。国家森林科学协会100年邮资片（图22-29），封面左图为树叶和树种，邮资图为树叶构成的徽志。斯里兰卡种植者协会成立150年邮票（图22-30），票面图案为国家主要种植树种：茶、橡胶、椰子等。

图22-30（斯里兰卡，2004）

图22-29（匈牙利，1986）

22.4 国际林业研究组织联盟

简称国际林联（IUFRO）是一个非盈利、非政府性的国际林业科学家的网络，1892年8月17日在德国的埃玻尔恩沃德创建，1973年起IUFRO总部和秘书处设在奥地利首都维也纳。其目的是促进国际林业合作和林产品研究。它是一个论坛，约5年召开一次国际会议。

图22-31（芬兰，1995）

芬兰于1995年为IUFRO第20届大会召开发行的4连票（图22-31）。大会主题是"营林中的平衡：联系传统技术和现代技术的桥梁"。4枚邮票分别为桦树、松树、云杉三种树的枝和叶，另一枚票面为传统手段用镊子夹着松枝研究其生长。

马来西亚于2000年为IUFRO第21届大会召开发行的5连票（图22-32）。大会主题是"森林遗产资源管理国际行动：状况与挑战"。这次发行的5连票为豆荚，它们依次为：柳安属（龙脑香料）、黑板树属（荚竹桃科），孔雀豆属（含羞草科），Dyera、贺伯木属（龙脑香科）。各种豆荚多姿多彩，各具特殊用途。连票的边框图为树木、动物，以示森林生物多样性，保护森林遗产资源的重要性。还有树木和地球组合的IUFRO徽志。

图22-32（马来西亚，2000）

23　邮票上的木材采伐、集材和运输

　　木材是森林经营的基本产品，在古代林业和近代林业早期木材是森林经营的主要产品。在森林经营和木材之间必须有一个中间环节，就是木材生产（木材的采、集、运），它的任务是把森林中的树木采伐打枝成原条或原木，并集运到贮木场和木材集销地，俗称木材的采集运。木材生产的作业对象是森林，森林是可再生资源，因此木材生产既要有利于获取原木，更是必须首先有利于伐区的森林更新，使森林可持续经营。木材生产作业具有分散性、流动性、露天性的特点，况且木材产品具有不规则性，因此木材生产是一项特殊的产业。以下展示木材采集运相关邮品。

23.1　木材采伐

　　木材采伐工具主要是斧和锯。早先人们用斧子伐木，后改用锯。我国东北原始林区伐木工具使用了大板斧持续到1925年；俄国西伯利亚原始林中的大肚子锯（也称"快马子"）传入我国东北林区，1949年前就是由二人操持的大肚子锯伐木；1950年从日本引进弯把子锯，由一人操作，伐根底，效率高，安全系数也提高了；1953年引进苏联产的油锯。而在我国南方人工林区，树木径级小，一直沿用斧子伐木。伐木工具改进，大大提高了劳动效率，是人类文明的表现，但同时它又引发了对森林的过量采伐的后果。下面展示不同伐木工具的邮票。伐木邮票（图23-1），图案展示采伐径级特大的原始林木，二名工人在搭架上用斧子伐木，可想而知其伐根是很高的，且斧子伐木比锯伐的木材损耗要大。伐木邮票（图23-2），图案为一名工人头戴安全帽（这是伐木操作规程规定的，以防出现意外伤亡），手持油锯正在伐木。芬兰附捐邮票（图23-3），图案为工人油锯伐木的场景，以及一辆运材汽车正在吊装原木。中国油锯伐木邮票（图23-4），图案为一名工人头戴安全帽，手持油锯伐木。伐木邮票（图23-5），图案为一人持油锯伐木，另有一设备用以支持倒木控制伐倒方向。油锯伐木其伐根几乎贴近地面，可见油锯伐木不仅提高了劳动效率，还提高了木材产量，同时劳动安全也有了保障。伐木工具邮票（图23-6），图中最下面放置的为伐木工具，即俗称的大肚子锯。

图23-1（加蓬）

图23-2（瑞典，1979）

图23-3（芬兰，1971）

图23-4（中国，1958）

图23-5（南非，1976）

图23-6（奥地利，1978）

23.2 集　材

　　将伐倒木汇集到山上楞场称集材，集材距离一般为几百米、几千米不等，常修有简易的集材道。集材有原条集材（伐倒木就地打枝不造材），原木集材（伐倒木就地打枝并造材），还有伐倒木集材（整棵倒木集材）。我国东北林区主要采用原条集材，而南方林业有原木集材和原条集材。林业发达国家有伐倒木集材，以获取更多的木材产品。集材的方式主要有：人工和畜力集材，属于较原始的集材方式；拖拉机集材，我国东北林区普遍使用；架空索道集材，我国西南原始林区较普遍使用；滑道集材，现已被淘汰的一种最简便的方法，对山地破坏大；空中集材，林业发达国家有用直升机集材的。下面分别展示不同的集材方式。

　　⑴畜力集材。大象集材邮票（图23-7），图案为大象用象鼻钩拉原木，有人骑在象背上赶象集材到指定地点。大象集材和牛集材2票（图23-8），图案分别为大象拖拉二根原木，牛拉一根架在有二轮支撑的横档上的大径级原木。

　　⑵拖拉机集材。集材机为履带式拖拉机。拖拉机集材邮票（图23-9），展示其左边为已装好原条的集材拖拉机，右边是把原木吊装到运材汽车上的场景。拖拉机集材邮票（图23-10），展示拖拉机正在拖拉原条，山坡上有一工人对伐倒木打枝，为集材原条做准备。

图23-7（老挝，1982）

　　⑶索道集材。越南于1969年发行的邮票（图23-11），展示林区从山上通过索道把二根原木集运到山下楞场。捷克于1975年发行的邮票（图23-12），展示为贮木场通过索道集材归楞的场景。

　　⑷爬犁集运材。在寒冷的北方林区，如北欧国家、我国东北林区，冬天冰雪覆盖大地，用马拉爬犁进行冬季集运材，集材成本较低。如瑞典爬犁集材邮票（图23-13）所示。直到20世纪50年代初，东北林区就是沿用马套子爬犁集运材的季节性集材方式。

图23-8（越南，1969）　　　图23-9（越南，1969）

图23-10（捷克，1956）　图23-11（越南，1969）　图23-12（捷克，1975）图23-13（瑞典）

（5）林区楞场是在林区内开辟的木材堆放场地。楞场邮票2枚（图23-14），展示伐木经集材后在此归楞，等待汽车把木材运出林区。

另外，刚果发行一枚展示人工搬运原木的邮票（图23-15）。

23.3 木材陆运

（1）木材装车和汽车运材。装木材的工人邮票（图23-16），此雕刻版邮票一式二枚，展示工人手持带钩的木棍进行装材作业。萨尔塔议会大厦和木材工业邮票（图23-17），萨尔塔位于安第斯山莱尔马谷地，海拔1220m，木材工业是该市主要经济行业，票面左边图案为正在把原木吊装到运材车上的场景。斐济于20世纪70年代发行正在吊装木材的一辆运材卡车邮票（图23-18），卡车在林区待装木材。卡车运输木材邮票（图23-19），图案背景为森林，巴拉圭原始森林多，出产珍贵的硬质木材。

（2）森铁运材。森林区域广阔、分散，木材为单向物流，因此在一些缓坡林区采用森林铁路运材，运材效率高，成本低。由于森铁为专用路线，其他陆地运行工具，如汽车、摩托车、自行车等是不能运行的，这就不便于林区居民出行。因此在伐区森林资源减少到一定程度，森铁被公路替代，如今森铁成了历史遗物，少量留作为旅游服务。斯洛伐克发行了一列蒸汽机车牵引装满原条的列车行驶在森铁线上的邮票2枚（图23-20）。

图23-14（多哥）　　　　　　　图23-15（刚果）

图23-16（瑞典，1973）

图23-17（阿根廷，1975）

图23-18（斐济）

图23-19（巴拉圭，1961）

图23-20（斯洛伐克）

(3)国铁运材。森林，特别是原始林，一般都分布在偏僻的大山里，而人类的居住及经济社会活动又都集中在离林区较远的城市，这里是人们生活生产最需求木材的区域。如我国的全国木材产量有70%左右集中在黑龙江、吉林、内蒙古、福建、四川、云南、广西七省（自治区），而木材消费地集中在京沪及沿海城市，木材就成为长距离的大宗运输物资，也是铁路较稳定的运输市场。口岸运输邮票（图23-21），票面图案为满洲里口岸从俄罗斯进口我国的一列运材火车，这是我国陆路进口木材最近的地段之一。

图23-21（中国，2006）

23.4 木材水运

木材水运是古老的、经济的木材运输方式，我国古代修建宫殿多数远离林区，其建筑用木材大多靠水运远距离运输。木材水运成本低，能在短期内运出大量木材。因此在河流密布、水源充足的地区多采用水运运材。水运有它的缺点，即木材损耗较大，还常受水位和气温的影响。20世纪50年代在我国南方木材水运占其木材总运输量的85%，70年代降到45%。木材水运即使在陆运相当发达的今天，仍不失为一种运输方式，如在俄罗斯、加拿大、芬兰等国木材运输中仍占一定比例。水运方式有：单漂流送，排运，船运。单漂流送因对航运有干扰，现已逐渐减少，排运和船运仍是增加的态势。木筏邮票4方连（图23-22），展示一工人为扎木排而在赶原木。芬兰1971发行附捐邮票2枚（图23-23），图案分别为工人为扎排作准备，已扎好的木排由一轮船拖入河道运输。木材水运邮票2枚（图23-24），

图23-22（瑞典，1970）

图23-23（芬兰，1971）

图23-24（越南，1969）

图案分别为：几个工人在急流中放排，排上搭有一简易的木屋，供放排人轮流休息；一艘轮船正牵引拖拉一列扎好的木排。满载木材的轮船邮票一式2枚（图23-25），展示运材船正在江（或海）中运行。

图23-25（巴拉圭，1961）

24 邮票上的木材及木材加工（一）

　　木材是人类最早使用的天然材料，其强度高、防震性优良、声热传导性低、电绝缘性好、耐冲击，况且木材具有重量轻、纹理色调丰富美观，加工容易等优点。但木材容易变形、易腐、易燃、质地不均匀，亦常有天然缺陷，认识它的缺陷才能正确使用。自古至今木材都被列为重要的原材料。木材加工由于能源消耗低（加工中剩余木屑、碎片等还可作为燃料使用），污染少，资源有再生性，因此在国民经济中占重要地位。木材加工是木材采集运的后续工业，木材加工利用的方式，可分为物理性和化学性加工两大类，它是森林资源综合利用的重要部门。以下借助相关邮品分别展示：木材的结构；传统木材加工；近代木材加工业；原木和锯材的利用；火柴工业和造纸工业。

24.1 木材结构

　　作为一种生物材料，木材由一个个的细胞构成，这种生物细胞的集合体，在肉眼下，在放大镜下，在各种显微镜下，呈现出有序而又形态各异的变化。认识木材结构，方可合理有效地利用木材。林产品实验室75周年邮资封（图24-1），封面右上角图案为木材结构解剖图，左边下方图案为木材纵横锯开后的三块方材和一横断面。列支敦士登于1982年发行邮票（图24-2），票面图案为不同颜色的木材横断面（片为原色含深绿、黄、红、棕、黑），清晰可见木材年轮的春材（早材）和秋材（晚材），年轮的宽窄。瑞士于2004年发行邮资片（图24-3），图案右侧为树皮的纵纹和节结，左侧为树干及掉落的树枝痕迹。以上邮品可看到木材的树皮、形成层、年轮、髓心、髓线的排列状况。加工利用时把靠髓心部分的木材称心材，靠树皮部分的木材称边材，心材和边材中间部分称中材，它是材质最好的部分。

　　取自竹子明信片中左下方图（图24-4）展示4根竹材。竹材结构不同于木材。竹类是禾本科植物，细胞纤维都是纵线走向，竹板加工和竹编都要考虑这一特性。毛竹在几千年前就已是一

图24-1（美国，1988）

图24-2（列支敦士登，1982）

图24-3（瑞士，2004）

图24-4（韩国，1999）

图24-5（中国澳门，2001）

种重要的建筑材料，20世纪80年代兴起了竹材加工，以竹为主要原材料生产各种竹制品至今仍在延续之中，竹炭、竹醋液等化学产品正在兴起。

24.2　传统木材加工

中国在石器时代已以石为刃，刳木为舟，开始了木材加工的历史。青铜器时代，出现了锯条的雏形；春秋时期相传鲁班发明墨汁、角尺等多种工具。秦汉之际，木工工具种类益多，锛、凿相继发明。唐宋已采用锯开、气干、拼合、包封等较为复杂的技术制造木柱，并有了提高木结构稳定性的蒸煮和干燥处理方法，以及加楔、留缝技术。明代家具以其结构精巧造型简朴驰名中外，待第五篇展示。以下展示传统木材加工工具和传统木制品邮票。

⑴传统手工加工工具。木刨邮票（图24-5）。木工锯、手摇曲棍钻及刨子3枚邮票（图24-6）。意大利发行一枚邮票（图24-7），票面图案为一工人用锯将原木锯成板材的场景。木匠在工作邮票3枚（图24-8），图案展示木匠用传统木工工具刨木头、制作吉他及用柳条编篮筐。木工在使用刨子邮票（图24-9）。

图24-6（瑞典，2004）

图24-7（意大利）

图24-8（葡属亚速尔群岛，1992）

图24-9（列支敦士登，1984）

(2)传统木制品。有木制生活用品,也有木制工业生产用品,其中许多制品现已被机械加工或被塑料等材料所替代,也有的经改进至今仍在市场上流行。南斯拉夫于1989年发行博物馆展品邮票一套,其中属传统木制品的邮票(图24-10)4枚,分别为:驮鞍制作邮票;制木桶邮票,展示一工人正在制作木桶,桶上有一眼(洞),说明是卧式橡木酒桶;酿酒邮票,展示一工人正在给木架上的木桶加压,木桶是酿酒的良好容器;纺织邮票,展示一工人正在木制纺织机旁操作机器。新加坡发行的民间行业邮票——木桶制作和木底鞋(木拖鞋)制作(图24-11)。国际纺织博览会邮票(图24-12),票面图案为一人用两手托着纺织用的梭子,背景是织机上成排的纺锭。梭子是织造织物的重要器材之一。梭子历来需要选用优质木材,我国原本是纺织大国,为此需消耗大量宝贵的木材;后来用强化竹材坯加工成梭子,替代木材;到20世纪70年代后期,研制生产出复合塑料梭子,部分代替木质梭子。

(3)木材的多种利用和传统家具。加纳发行木材利用4枚邮票(图24-13),分别展示:木材、木板为木结构建筑用;家具组件、床栏栅、灯具柱子;树桩、伐木后留下的树根,可固土,还可为其他植物提供养分;圆木,为大象、鹤、人头像等雕刻用。南非于1992

图24-10(南斯拉夫,1989)

图24-11(新加坡,2006)

图24-12(法国,1951)

图24-13(法国,1951)

年发行家具邮票10连票（图24-14），上排由左到右展示：有靠背和扶手和长椅、有木香味的椅子、床、摇床、存水箱和积水木盆；下排由左到右分别展示：时尚橱柜、木橱柜、教堂用椅子、椅子、圣经桌。这些都是十八九世纪的古老木质家具。

24.3 近代木材加工业

　　欧洲在1348年出现框锯，文艺复兴时期木制品的镶嵌工艺达到很高水平。法国在18世纪初、中期发明了单板旋切机和刨切机。19世纪中叶，首先在德国建成胶合板厂。20世纪20年代，出现了以人造板为基础的新型工业门类，它与制材、木制品工业组成木材加工的三大分支工业系统。到40年代，木材加工业进入综合利用阶段。中国的木材加工逐渐机械化始于清末，外商建立了机械化制材厂，20世纪初设厂生产胶合板，50年代中期，胶合板生产有了发展，继而形成了刨花板和纤维板生产。标志着中国木材加工业进入以综合利用为中心的近代木材加工时期。下面展示锯板和旋切成胶合板材方面的邮票。

　　挪威于1986年工匠联合会100周年发行木匠使用木工机械邮票（图24-15）。芬兰于1959年为纪念林业部和第一蒸汽动力锯木厂100周年，发行邮票两枚（图24-16），一为加工中的木材和锯条，另一为森林。印度尼西亚于1984年发行的森林资源邮票一套，其中2枚（图24-17），一为旋切木材图案；另一为厂内搬运原木图案，这是机械化生产厂内运输的方式之一。票面右上角有FAO徽志。

图24-14（南非，1992）

图24-15（挪威，1986）

图24-16（芬兰，1959）　图24-17（印度尼西亚，1984）

25 邮票上的木材及木材加工（二）

25.1 原木和锯材利用

木材的利用，最早被人类利用的就是薪材，树干、树枝都可成为薪材。而电杆和坑木则是工业化催生的材种，它取自原条被锯断成一定尺寸的原木和板方材。下面展示薪材、电杆、坑木和枕木方面的邮品。

(1)薪材。木柴作为一种产品、商品，在工业化萌芽时期起着不可替代的作用（如第二篇所展示的），直到20世纪中下叶，仍然是人们生活中、手工业生产用的主要能源，而今在我国一些山区农村薪材仍是主要能源。卖木柴的小贩极限片（图25-1），画面为一小生意人，身背木架上放有木柴，展示山区人背负重物木柴的情景。片上的邮票画面是一妇女用木棍牵着身后背负箩筐失明的男子，那男子另一手持木拐杖，箩筐中也放了木柴，此邮票为附捐邮票。

(2)电杆。为原木材种中的杆材。木质电杆在工业化、电气化发展中起着重要的作用，用它架设

图25-1（瑞士，1990）

电线，让电厂的电输送到遥远地方，让电报、电话通到千家万户。为延长电杆使用寿命，人们在电杆下段涂防腐剂。国家对电杆（电柱）产品规定统一的技术标准，实行科学管理。我国于20世纪五六十年代，木质电杆比比皆是，后陆续被水泥电杆替代或在城市取消电杆铺设地下电缆，唯独在林区、在偏僻的农村，仍用木质电杆架设电线。电报电信100周年邮票（图25-2），画面为有线电报线路和电线杆。乡村电气化邮票（图25-3），是为纪念乡村电气化50年（1935～1985）而发行的，画面为木质电杆和电线。1935年美国农村只有11%的人口用上电，罗斯福总统决定增加对公共基础服务设施的投资，尤其是投资于农村电气化事业来促进经济复苏。在农村电气化活动中木质电杆起着重要的作用。巴西于1976年为纪念贝尔发明电话100周年发行的邮票（图25-4），票面画案为电话线路和电线杆。瑞典发行的森林铁路雕刻版邮票（图25-5），

图25-2（美国，1944）

图25-3（美国，1985）

图25-4（巴西，1976）

票面清晰可见铁路旁左侧一排整齐划一的木质电杆。中国于1957年发行解放南京邮票（图25-6），画面可见街道旁竖立着一排整齐的木质电杆。中国于1978年发行水乡新貌连票，取其中之一（图25-7），画面展现农田里竖立着的木质电杆，成为农村电网化的支撑力。

图25-5（瑞典，1981）　图25-6（中国，1957）　　图25-7（中国，1978）　图25-8（中国，1955）

　　⑶坑木。也称矿柱，这里主要指开采煤矿时支撑坑道的坑木。在我国一些煤矿在矿山上种矿柱林，为采矿提供坑木。坑木是原木材种中的一特定材种，定有国家技术标准。我国每年坑木的生产量和消耗量很大，20世纪80年代后，以金属支护替代了木材支护，大大减少了煤矿企业坑木的万吨木材耗量。如山西省由过去的万吨煤耗坑木73m³降低到1988年的18m³左右。煤矿邮票（图25-8），画面展示煤

图25-9（中国，1977）

矿工人正在操纵联合掘进机开凿巷道，为保证巷道安全，必须用矿柱支撑巷道。掘进尖兵邮票（图25-9），画面展示头戴安全帽的工人在地下巷道用风钻进行紧张劳动的情景，巷道用矿柱支撑，以防振动引起坑顶坍塌。

　　⑷枕木。修建铁路需要枕木为铁轨垫底，最早枕木是木质的，由原木加工成的方材。追踪溯源，16世纪世界上原始的轨道在英国铺设，当时采用的是一种木材轨道，17世纪才开始将木轨道换成铁轨道，铁轨下则垫有枕木。自从1852年美国诞生了木轨道森林铁路，又于1876年修建了第一条钢轨森林铁路，森铁便成为木材运输最先发展起来的陆运。

　　我国的国铁为标准轨距，所使用的枕木有国家统一的标准，亦要求施以防腐措施。木质轨枕具有优良的弹性、韧性和掘钉性能，但寿命短（不超过15年），需经常更换，消耗大量的森林资源，其强度也不能满足于货运重载线路。因此，随着工业发展，铁路木质轨枕已大量由混凝土枕木替代。一些国家用实心钢枕木、天然纤维塑料复合枕木等新型枕木，替代原先的木轨枕。中国的森林铁路为窄轨铁路，主要在东北林区铺设，木质轨枕。森铁运材不受自然条件（主要是气温）的限制，运输成本低，能在短时间内从林区运出大量的木材。森铁的木质轨枕不防腐，但每年要更换。到20世纪80年代后，随着林区公路发展，木材采伐量大量减少，森铁已逐渐被淘汰，仅保留少量供森林旅游业使用。下面展示有关铁路的邮品，从中领略木质枕木的作用。

京张铁路邮票（图25-10）。詹天佑是中国铁路之父，由他任总工程师的京张铁路于1905年修建，是中国第一条铁路。京张铁路邮票图案展示正在穿过居庸关隧道的火车，及垫有木质枕木的铁轨。京张铁路是由北京到张家口，全长201.2km，经过内外长城的燕山山脉，地形复杂，崇山峻岭横亘期间，最初铁轨铺在木质枕木上，枕木每根约50kg，现已更换多次。铁路邮票（图25-11），图案展示湘（湖南株洲）黔（贵州贵阳）铁路建在高山峻岭中、墩式高架桥的雄姿。湘黔线于1972年开通的，全部用木质枕木铺轨。直到2004年湘黔线路第五次提速，才告别了32年的木质枕木历史。铁路运输普票（图25-12）以及矿井下运输轨道邮票（图25-13），都是用木质枕木铺设的。

一些国家为纪念本国铁路百年发行的邮品，展示铁轨及其木质枕木。早期（1885年）的铁路和客运列车邮票（图

图25-10（中国，1961）

图25-11（中国，1976）

图25-12（中国，1973）

图25-13（中国，1977）

图25-14（马恩岛，1988）

图25-15（奥地利，1998）

图25-16（奥地利，1989）

图25-17（印度，2002）

25-14）。地方轻轨铁路百年（小火车和客运列车）邮票（图25-15）。窄轨铁路和小火车邮票（图25-16）。印度于2002年发行铁路邮票一枚（图25-17），展示孟买到塔纳全长34km的铁路开通150周年，1853年第一辆火车运行的场景。上面图25-5展示的瑞典于1981年发行的森林铁路雕版邮票，其铁路也是铺设木质枕木。

25.2 木材加工

木材加工是以木材为原材料，主要用机械或化学方法进行的加工，其产品仍保持木材的基本特性。以下仅展示火柴业和造纸业的邮品。

(1)火柴工业邮票4枚（图25-18）。火柴产品关系到千家万户，是民众不可缺少的产品。火柴业的发展由手工制品发展为半机械化生产，再到连续机械化生产。其生产工艺如邮票所展示：将木材（中国一般选用白扬或椴木）经断木、剥皮，然后放入机器旋切成木片；将卷成一卷一卷的木片送入切梗机切梗；再将梗筛选，经烘干机烘干和光梗机处理，成为合格的火柴梗，将火柴梗放入浸磷酸机浸磷酸，磷酸有黑、棕、红、绿几种颜色；火柴盒生产，含切盒片、做外盒，烘干内盒套盒，套好的火柴盒两侧刷胶，装入火柴，火柴盒上刷磷，对火柴进行顺头处理，火柴盒包封，结束生产过程。

图25-18（特兰斯凯，1985）

(2)造纸工业小型张（图25-19）含邮票4枚。挪威是一个水电生产大国，其广袤的森林与廉价的水电资源结合，使他成为世界纸浆与造纸市场上的主要角色。挪威大约90%的纸浆和造纸产品提供出口。小型张边框左上方图案为装满木材的汽车等待卸货进车间；4枚邮票从左上方向右上，再向右下到左下方，分别为进料、打浆、压榨和包装，展示造纸生产过程；小型张边框左下方图案为造纸成品装上汽车运向销售地。加拿大木材造纸业雕版邮票（图25-20）

图25-19（挪威，1986）

图25-20（加拿大）

图25-21（苏联，1981）

(3)木材加工。瑟克特夫卡造纸木材加工联合企业邮票（图25-21），票面图案为吊运进入车间的原木，旋切成的木片。木材加工厂（图25-22），票面有开花的红杉树花的徽志，表示以红杉树为材料的木材加工厂，场地上堆放有板材，背景即木材加工厂。

图25-22（赞比亚，1964）

26 邮票上的木结构传统民居建筑（一）

中国的古镇、古民居建筑，乃至亚洲、欧洲、世界上许多国家的古民居建筑，都以木材为基本材料，木材在传统建筑中起到不可替代的作用。中国传统民居建筑的历史非常悠久，从先秦发展到20世纪初，其基本特点始终是以木构架为结构主体，以单体建筑为构成单位。尽管随着历史的推移，在不同的朝代、不同的地区具有不同的风格和特点，但总体而言，住宅的这种格调变化没有太大的突破，从而形成不同于西方传统住宅的独特体系。民建之一展示中国古民居邮品、明清后仍保存较完好的古镇以及近代的传统民居和村镇建筑。民建之二展示亚洲、北欧和世界其他国家民居建筑邮品也都有以木材为基本材料的建筑。

26.1 中国的传统民居和古镇建筑

⑴追寻东汉时建筑，住宅建筑邮票（图26-1），邮票画面为东汉墓出土的庭院画像砖，宅院用长廊分成四个院落，左边院落前面是大门，中部是过厅，后院内是三间高大的房屋，右边前院是厨房，后边院内有一座木质高楼，楼内还可见梯级，园内养有仙鹤。这是一栋木构架的住宅建筑。

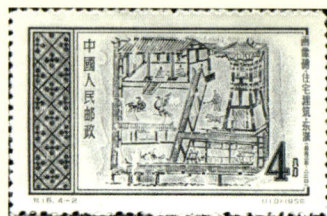

图26-1（中国，1956）

⑵丽江古城和古民居建筑，丽江古城小型张（图26-2）含3枚邮票，即四方街、古城清流和纳西民居邮票。丽江古城为世界文化遗产，是滇西北高原历史悠久的商业重镇，海拔2400m，面积4km²。古城始建于宋末之初，明代初具规模。古城建筑特点之一是城依水存，水随城在，3枚邮票均有溪沟流经居民家门口和城中街旁，水来自城西北玉龙雪山的融雪水，如小型张上半部所示，雪山海拔5596m，雪水清澈洁净；特点之二是民居和商店均为土木结构楼房，纳西民居邮票票面，全面展示其三坊照壁的格局：主位上房称一坊，一般为二层楼，下层三开间，中间堂屋兼客厅，有六扇雕花格门，左右两间为卧室；院落两侧各有

图26-2（中国，2002）

图26-3（中国香港，2003）

一坊厢房；正房对面一堵照壁。丽江是我国唯一的一个纳西族自治县，纳西族信奉东巴教，3枚邮票票面下方即为东巴文。丽江古城人历来迷植树，如古城清流和纳西民居票面溪旁街道可见古树，民居院落都是一个个花园，种植各种鲜花。丽江古城邮票（图26-3），画面上一纳西族妇女身穿民族服，背一背篓，在古城内小溪桥上行走，古城簇聚的民居群为其背景。

(3)平遥古城和民居建筑，民居和日升昌票号旧址邮资片（图26-4），山西平遥是保存完整的明清时代县城的原型，列入世界遗产名录。平遥民居是中国汉民族中原地区一种具有普遍性的传统居住方式，又有其地方特色。民居片中图案下层为砖砌窑洞，外部加筑一道木廊瓦檐；上层为木房的二层楼。木廊还饰以精美的木雕。票号片即沿街的店面房，砖木结构建筑，木框上方饰以精美的木雕、彩绘等。

(4)祠堂建筑。在封建宗法制度下同族的人共同祭祀祖先的庙堂称祠堂，为村里的公共建筑。韶山农民夜校邮票（图26-5），该建筑物原为毛氏宗祠，建于1758～1763年，系砖木结构，青砖青瓦，建筑面积约700m^2。祠堂背倚青山，处于繁茂的树林映衬下。宗祠大门天头有"毛氏宗祠"四字。1925年毛泽东在韶山开展农民运动时，曾在该祠开办农民夜校。广州陈氏书院邮票（图26-6）。俗称陈家祠，建于1890～1894年，是广州地区目前发现的建筑规模最大的祠堂。它是用砖和木材作为主要建材，斗拱是用不同型号的木材尺寸，事先制成不同的零部件，建筑时再安装，十分科学；建筑装饰广泛采用木雕、石雕、砖雕等，如邮票所示为饰以匾联彩绘的木门，正门有

图26-4（中国，2000）

6m高，门神足足有4m高。祠堂始建时用作广东各县陈氏子弟来省城应科举时学习及住宿场所，也是祭祀祖宗的宗祠。

⑸风雨桥。三江程阳桥邮票（图26-7），该桥为1916年所建，1937年被洪水冲倒，1940年修复。据广西《三江县志》记载，程阳桥为程阳乡所属八个寨子的群众捐款出工修建的。桥长75.85m，跨度64.4m，宽3.7m，是一座三墩四孔伸臂木梁桥。桥墩为大青石砌筑，桥身用成排杉原木构成。石墩上挑出木梁二重以减小桥的跨度。桥上建有五个塔形楼亭，全用杉木凿榫衔接，大小条木斜穿直套，上下吻合，纵横交错，不用一颗铁钉。程阳桥是廊屋式桥中极为优美的一座，在我国多雨雾的南方地区，行人可借用桥上的亭阁避雨、遮烈日，故程阳桥又称"程阳风雨桥"。红枫湖邮资片（图26-8），这是贵州最大的人工湖，红枫湖风景区内一座风雨桥，景区内有苗、侗、布依等三个民族村寨，片上的桥和鼓楼都为仿传统的木结构建筑，是当地的公共建筑。

⑹皖南明清古民居。古建筑群、南湖和月沼3枚邮票（图26-9），皖南古村落已被列入世界文化遗产名录。西递宏村位于黄山南麓的皖南，有人评价称它为：古老文明的历史见证；传统特色建筑的典型作品；人与自然结合的光辉典范。邮票古建筑群，展示西递村的民居、书院、祠堂等建筑，这些建筑均为木结构、砖墙维护，木雕、石雕、砖雕丰富多彩，巷道、溪流、建筑布局相宜。邮票南湖，展示宏村水利系统中的"牛肚"，湖边为南湖书院，是宏村望族崇文

图26-5（中国，1976）

图26-7（中国，1962）

图26-6（中国香港，2004）

图26-8（中国，1998）

图26-9（中国，2004）

的典范。邮票月沼，展示宏村水利系统中的"牛胃"，月沼边的祠堂为承德堂。宏村村内有绕户穿屋的水溪，泉水流下的水流经家家户户门口，犹如"牛肠"，由牛肚、牛胃、牛肠构成完整的水利系统，而村中鳞次栉比的民居为牛身，形成"牛"形小系的古徽州建筑村落。也正是有了民建中的防火高墙及完整的水利系统，使这一明清时的木结构建筑群得以完好地保存下来。

⑺江南水乡古镇民居。江南水乡城镇，以水兴镇，以水成市，以水得利，带动了周围农村经济发展，成为苏州、湖州等四郊农村手工业中心和商业集散中心。周庄、乌镇和南浔3枚邮票（图26-10）。其中周庄邮票票面展示其繁华的商业市镇风貌，古镇沿河岸两旁建房，前街后河，前店后院。房屋建筑为砖木结构的一、二层厅堂式模式，为适应江南气候特点，建筑布局多天井、院落、小青瓦屋顶。周庄迄今已有900余年的历史。乌镇邮票票面展示其幽雅的河街市镇风貌，古镇修长的街巷，昔日的廊檐，石板路，水阁房。此画面所示民居延伸至河面的部分，下面用木桩或石柱打在河床中，上架横梁，搁上木板，人称"水阁"，它是真正的"枕河"，一个木结构的太平屋。南浔邮票票面展示其盛产蚕丝的古镇风貌，众多明清古宅临水而建，港汊纵横。古镇素有崇文重教的传统，嘉业堂藏书楼和名园小莲庄享誉海内外。古镇迄今已有700余年历史。

⑻仿古建筑。浙江西湖新景观晚清民居建筑明信片（图26-11），片上说明：取"诗礼继世·耕读传家"之义。建筑用材考究，装饰简洁，门窗上饰有花草图案，地面铺砌青砖，是典型的晚清民居建筑。该建筑称"礼耕堂"，面宽三间，进深五间，高两层，为穿斗式结构。位于著名龙井茶生产地浙江梅家坞的礼耕堂，现开设茶楼，是当今旅游胜地。

图26-10（中国，2000）

26.2 中国近代民居建筑

中国近代民居建筑传承了悠久的历史传统，它具有广大地域特色的多民族的传统民居，中国于1986～1991年先后发行一套"民居"普票，以下选其中12枚；另选一片1票，展示如下。

(1)全楔式木结构民居。四川民居邮票（图26-12），画面展示为全楔式木结构民居。它因地制宜，就地取材，随势而筑，

图26-11（中国）

以石下基础，以木制梁、柱、椽，以竹隔墙夹楼，以砖或土砌墙，以草、瓦盖顶，空间丰富多变，层次错落有致，造型空透轻盈，色彩精明素雅，与大自然融为一体，宛似天成，其抗震防火灾性好。贵州民居和江西民居邮票（图26-13），画面展示为木结构的民居。广西民居邮票和极限片（图26-14）。广西民居建筑主要是木、竹结构，在漓江沿岸以竹为主要的建材，如邮票所示类似傣族竹房。极限片为广西龙胜地区民居，展示山区传统壮族干栏木楼建筑，它适应南方湿热环境，是融合自然的产物，楼房上方为龙脊梯田。

(2)砖木结构民居。上海民居邮票（图26-15），展示"石库门"民居，是19世纪后期，上海开始出现用传统木结构加砖墙承重建造起来的住宅，外门选用石料作门框，故称石库门。北京民居邮票（图26-16），展示"四合院"民居，属砖木结构建筑，房架子檩、柱、梁（柁）、槛、椽以及门窗、隔间等均为木制，木制房架子周围再以砖砌墙。浙江民居、江苏民居和湖南民居邮票（图26-17），为砖木结构民居，二层楼房或再加楼阁。

图26-13（中国，1989；1991）

图26-12（中国，1989） 图26-14（中国，1990；中国，1998）

图26-15（中国，1986）　图26-16（中国，1986）　　图26-17（中国，1986）

（3）福建围屋。在福建、广东和江西三省交界处，客家人为防外侵，保护自己而修建的围屋，有圆形的、有方形的。福建民居邮票（图26-18），画面展示为客家围屋，以穿斗式木构架为独立承重体系，夯土墙环四周作为围护结构。围屋有2～4层楼高，层层环通，砖木结构，各层多为木结构通廊式住房，比较适合人们聚族而居，几代人同居的风俗。围屋是居住建筑史上的一大奇观。

（4）蒙古包。内蒙古民居邮票（图26-19），展示蒙古包，它是用柳条做骨架，外侧包羊毛毡，再在顶部中央设可支起的圆形天窗，是一种可移动式圆形住宅。

图26-18（中国，1986）　图26-19（中国，1986）

（5）傣族竹楼。竹楼的发明是傣族农耕的开始，它是为了适应西双版纳地势潮湿的热带平坝居住要求，可避湿暑，可防虫兽。最原始的竹楼应当全是竹子建造的，包括柱、梁、瓦、壁板、地板、门板等，云南民居邮票和傣族建筑楼邮票（图26-20）。前一票设计者以竹楼为代表，但已不再是纯竹结构建筑，而是竹木、砖木结构；除左上角的那幢佛寺外，其余三幢也是瓦顶，而且式样也变新式的，增加了子楼。竹楼已是现代洋楼。后一票则是傣族的传统民居建筑。

（6）傈僳山寨木结构民居。傈僳山寨特种邮资片（图26-21），傈僳族是氐羌族后裔，即

图26-20（中国，1986；1998）

图26-21（中国，2007）

藏缅语族的一支。生活在云南迪庆的傈僳族，由于地势和习惯的影响，民居建筑方式简单，就当地森林资源多的有利条件，如片图所示，民居坐落在山腰，为木楞式建筑，用3～6m长的圆木和木垛构成，上面用松树皮或木板覆盖。

26.3 木结构的大型建筑

重庆市人民大礼堂邮票（图26-22），邮票展示1954年落成的重庆大礼堂，它占地2.5万m²，建筑总高度65m，采用中国明清时代宫廷建筑艺术，是新中国建立后第一座大型的华丽民族建筑，是一座大跨度的弯顶建筑。它是以主柱、横梁、枋及檩用榫卯组成木构架，大式建筑斗拱向外传递扩展檐部面积，成为新中国大型建筑形象的代表。

图26-22（中国，1998）

27 邮票上的木结构传统民居建筑（二）

27.1 亚洲木结构民居

⑴泰国传统民居。民居邮票4枚（图27-1），泰国传统民居建筑，属吊脚楼形式，票面图案清晰可见其屋顶陡峭，四周出檐；连续的室内房间与平台或庭院连接；高脚木柱，把底层架空，以利通风散热，又可避免洪水和野兽，下面部分可以养牲畜、做厨房；有的楼梯和厨房置于室外。

⑵越南少数民族民居。少数民族住宅邮票4枚（图27-2），有2枚邮票展示民居以木柱架成离地面八尺高的底架，再在底架上建成住宅，犹如吊脚楼形式；另2枚邮票展示在平地上建起的木结构住宅。

⑶日本传统民居。日本民居建筑的最大特点是采用木结构体系，木结构除了木材采伐到施工都比较便利外，最重要的是能够防御地震。一般民居为平房，也有分上下两层的，大都为单门独户，房间深不足10m，体积不大，整个造型既包容了中国古代建筑风格，又吸收了西方现代建筑的精华，显得古朴简洁、小巧玲珑。长野和奈良民居邮票（图27-3），展现日本传统民居的特色。八千代座邮票（图27-4），它是建于1910年，具有浓厚江户时代（16世纪中至19世纪中叶）传统特色的歌舞伎剧场，展示了木结构剧场的风采。

图27-1（泰国，1997）

图27-2（越南，1986）

图27-3（日本，1997；1999）

图27-4（日本）

第四篇 邮票上的森林经营和利用

(4)取自韩国传统的家庭酒店明信片上的图（图27-5），展示酒店为原木建筑，体现木刻楞建筑与现代建筑的结合。

图27-5（韩国，1999）

27.2 欧美木结构民居

(1)德国木结构建筑。德国于1973年发行的邮资片（图27-6），左图为一古老的桁架式建筑。在德国中古时大部分都是桁架式房子，这种建筑其地基要用石头，以免地下的木头被腐烂，上面用方型木材支成桁架，木材之间用柳条或板条编结成屋，上面敷干草和泥成墙，如明信片图案所展示的房屋建筑式样。民居邮票4枚（图27-7），该民居属半木结构、桁架式建筑。清晰展示其建筑特点为：房屋骨架用很多木料做成的木架构；墙面为木格，中间用草泥、板条或砖镶嵌；屋顶

图27-6（德国，1973）

图27-7（德国，1981）

为陡峭的两坡顶；有一层或二三层房。这种传统风格木制农舍建筑，有其鲜明的民族特色，如今常为游人所注目。

⑵法国木结构建筑。科尔马（中世纪古建筑）极限片（图27-8），法国莱茵省首府科尔马毗邻德国，它有着辉煌的历史，中世纪古老的木结构建筑是它的文化景观。它是一个运河交错的城镇，直到近代许多河道才改建成公路，仅保留少许河道。

⑶瑞典木结构民居。地方特色房屋建筑卷筒雕版邮票4枚（图27-9），瑞典盛产木材，民居多为圆木构造，木板搭建。邮票之一小木屋和之二矿工宿舍为典型的原木建筑。这种建筑，20世纪中以前，在我国东北林区较为流行，东北话俗称其为木刻楞，粗壮松木之意，松原木经木匠加工相互咬啮在一起，形成巨大的框子，厢房就在这框子中大方地格局。邮票之三北欧农舍为木板房建筑。邮票之四北欧农舍及德国风格村舍，犹如上述德国的桁架式建筑，由木架、木条与草泥等材料建成。

⑷丹麦木结构房屋。野外博物馆·各式当地民居雕版邮票4枚（图27-10），票面注明1897~1997，即百年老建筑，它们均以原木、木板、木料为主要建材。4票分别为：风车房建筑、水车房建筑（见图12-25）及住宅2票。

⑸苏联于1986年发行建筑群邮票一套，其中之一为扎奥捏日耶基日岛结构整齐的住宅建筑

图27-8（法国，1974）

图27-9（瑞典，2004）

图27-10（丹麦，1997）

群（图27-11），票面展示建于1876年的一座圆木屋，全部建筑是用圆木和木板，包括厚木屋顶，房屋坚固保温。

(6)美国古老的民居。为内华达移民百年发行的卡森谷移民住宅和耕地邮票（图27-12），展示房屋建筑在待开发的森林中，原木塔建成木屋。为纪念北达科他州100周年发行的草原上的小木屋邮票（图27-13），1883年罗斯福曾来这里打猎，观察和研究动物，产生了对自然荒野的无限依恋，并在他任期内，通过制定资源保护政策，他保护了许多国有森林、矿产、石油等资源，因此受到美国人民的爱戴。卸任总统之后，罗斯福又再次来到这片荒原上，这座小木屋就曾经是他的隐居之所。

27.3 特殊地区的民居建筑

⑴林区民居建筑。东北民居极限片（图27-14），盖有吉林安图长白山（所）邮戳图案，展示长白山林区木结构民居建筑，各家院子都用木条作围栏，附属房屋也是木板盖的，这就是就地取材建成的林区民居。日本发行原始村落雪景邮资片（图27-15），该村落就是被列为世界遗产的"合掌集落"，

图27-11（苏联，1986）

图27-14（中国，1991）

图27-12（美国，1951）

图27-13（美国，1989）

图27-15（日本）

是一个林区村庄，木结构建造的民居散落在林区一山谷之中，处于宁静而幽美的居住环境之中。

⑵海岸渔村建筑。渔村风貌4连票（图27-16），票面为大澳岛的棚屋，多为木板、铁皮所建，有一、二层，离水面一米多高，依靠打在水中的石柱、木桩支撑，为典型的高脚屋。水上棚屋在大澳已有200多年的历史，早年因方便渔家生活而建，现棚屋已不断减少。这种独有的水上人家的棚屋生活，是大澳最典型的文化特色。海岸村庄邮票2枚（图27-17），展示海岸村庄风貌。巴布亚新几内亚是拥众多分散的岛屿国家，资源丰富，经济落后，简陋的海边木板房和茅草屋散落在众岛上。邮票图案展示有木柱塔建在海岸边的民居形成的海岸村庄。

⑶其他。传统住房——茅草屋邮票2枚（图27-18），展示房屋是由木料和茅草建成，房屋周围有棕榈等热带树木。传统栖息地邮票2枚（图27-19），展示传统而古老的民居，是用木材、树枝、茅草等自然物盖成的，房前后有树木遮阴。

图27-16（中国香港–葡萄牙，2005）

图27-18（巴布亚新几内亚；1989）

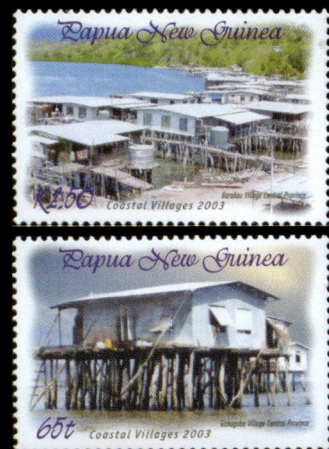

图27-17（巴布亚新几内亚，2003）

图27-19（加蓬，1997）

27.4 简易木桥

简易木头桥梁邮票3枚（图27-20），分别展示木架单根木头桥、木竹吊索桥和木架木板桥。这类桥装修简易，成本低廉。

图27-20（越南，1994）

28 邮票上的经济林利用

经济林是指利用木材以外的其他林产品，如果实、树皮、树汁、树叶、花蕾、嫩芽等为主要经济目的的森林，又称特种经济林。以下借助相关邮品展示几种经济林的利用。

28.1 橡胶树的利用·树汁利用

如第一篇（6.5）所述，橡胶树属大戟科，为大乔木植物，有乳汁，俗称胶树。橡胶种植园邮票（图28-1），展示已开始割胶的橡胶林，产出的天然橡胶为生橡胶，是重要的工业原料。泰国是世界上最大的天然橡胶生产国和出口国，每年出口天然橡胶约占世界出口总量的30%~35%。中国则是天然橡胶的最大消费国，也是泰国天然橡胶的第二大出口国。斯里兰卡与中国签署大米和橡胶贸易合作50周年邮票（图28-2），票面左侧为斯里兰卡妇女在割胶，右侧为中国妇女在稻田劳作。上面2幅橡胶树画面展示树干被切割，其下方放一容器装乳汁。由于树皮下流出的乳汁，当气温稍高时就会凝固，因此割胶工必须在半夜里开工，天亮前按计划一棵棵树地全割完。这是一项很辛苦的特殊工种。

28.2 栓皮栎的利用·树皮利用

剥栓皮邮票（图28-3），展示一受过专门培训的技术工人在割栓皮栎树皮，背景为栓皮栎林，左侧为码好的栓皮。栓皮栎属壳斗科，是世界上现存最古老的树种之一，距今约有6000万年的历史。栓皮生长缓慢，细胞个体微小，表面密度大，质地柔软且富有弹性。因其树皮形似软质原木板，因此人称"软木"。软木具有优良的吸音、隔热、耐腐蚀、防潮、防磨等性能。世界上软木资源主要集中在地中海沿岸，葡萄牙被称为"软木王国"，已有百年软木生产历史，它占有全世界30%的资源，50%的出口量。我国栓皮栎分布很广，主要集中在秦巴山区，是软木资源大国。我国出口软木砖、软木纸等初级产品，而软木高级装饰材料需要从国外进口。

28.3 油橄榄的利用·果实利用

意大利于1995年发行橄榄油邮票和信封（图28-4），图案为橄榄果及瓶装和杯中橄榄油。橄榄油生产邮票3枚（图28-5），是为纪念以色列民族上千年的橄榄油生产历史而发行的，票面分别为紫色的成熟橄榄果、传统的压榨橄榄果的石碾及装在瓶子里的金黄色成品橄榄油。如第

图28-1（泰国，1970）　　　图28-2（斯里兰卡，2002）　　　图28-3（葡萄牙，2005）

OLIO

First Day of Issue

«Gold»

图28-4（意大利，1995）

图28-5（以色列，2003）

一篇（6.18）所述，油橄榄属木犀科，生长在亚热带，是世界著名的木本油料树种，原产欧洲地中海地区，那里有几千年的生产经营历史，被誉为"液体黄金"，是理想的烹调用油，也是极佳的天然保健、美容用料。中国引种油橄榄树以陕西、川东北和鄂西南地区较适宜生长。

28.4 椰子的利用·果实利用

椰子树邮票（图28-6），展示一工人正爬到树上采摘椰子。椰子贸易邮票4枚（图28-7），分别展示剥开椰子、挖出椰肉、烘干椰肉及榨椰油的生产过程。如第一篇（7.2）所述，椰子属棕榈科，常绿乔木，是热带地区的经济林木，重要的木本油料。椰子外有硬壳，内有乳状汁，壳内有一层白色可食的物质，即椰子肉，可制椰子油。椰肉干含油率达65%～70%。椰子的嫩果可作饮料，花序中的液汁发酵可作椰子酒，熟果肉可供鲜食，也可作食品加工配料。

图28-6（孟加拉国）

图28-7（毛里求斯，2001）

28.5 可可的利用·果实利用

印度尼西亚发行的经济及农作物邮票之一可可树邮票（图28-8）。巴西发行梧桐科植物小型张含2票（图28-9），小型张图案为可可树，又名大花可可，产于亚马孙河流域，左侧为可可树，右侧为加工可可豆的容器；2票分别为可可树枝和果，切开的核果。可可属梧桐科，常绿乔木，为热带果树，分布在南北纬20°间，主产国为加纳、巴西、尼日利亚等国，尤其是象牙海岸诸国产量最大，其出口量约占全世界总供应量的70%。我国于1922年在台湾引种成功，现海南有种植。可可果实为核果，干燥后的果呈褐色，种子卵形。可可豆是制作可可粉和可可脂的主要原料，二者主要用作饮料，制造巧克力糖、糕点和冰淇淋等食品。

图28-8（印度尼西亚，1960）

图28-9（巴西，2005）

28.6 咖啡的利用·果实利用

咖啡树邮票（图28-10，经济及农作物），展示咖啡树枝叶和果，印度尼西亚是咖啡产量大国。帕拉依巴碧玺流域咖啡种植地小全张含2票（图28-11），2票展示栽培的咖啡树及工人采摘咖啡果的场景；小全张边框左侧为咖

图28-10（印度尼西亚，1960）

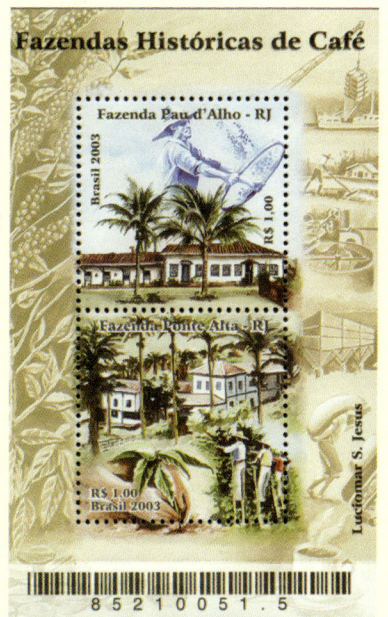

图28-11（巴西，2003）

啡树枝叶果，右侧从第2图开始依次为晒咖啡豆、碾去豆壳、刨光、包装，第一图为成品包装后吊装到海轮上外运，最下方图为冲好的一杯咖啡。展示生产加工—外贸—消费的过程。咖啡和咖啡豆邮票（图28-12），展示一杯热咖啡，背景为咖啡豆。咖啡产业邮票4枚（图28-13），分别展示咖啡的采摘、称重量、晒干和烘焙等生产过程。咖啡属西草科，多年生常绿灌木或乔木，是一种园艺性多年生的经济作物，具有速生、高产、价值高、销路广的特点。核果，成熟时为红色。东南北纬20°地带最适合栽培咖啡。咖啡含碱、蛋白质、粗脂肪、粗纤维和蔗糖等多种营养成分，是世界三大饮料（咖啡、可可、茶）之一。

图28-12（巴西，2001）

28.7 茶的利用·树叶利用

茶叶生产邮票（图28-14），展示茶苗培育、采摘茶叶、茶叶分拣及茶叶加工（炒茶）的生产过程。中国茶庄邮票（图28-15），展示茶的消费领域。取自韩国包装好的茶叶商品邮资片上的图（图28-16），展示罐装、盒装和袋装的绿茶，茶盘和茶壶等。茶叶属山茶科，多年生木本植物，自然生长的茶树有乔木、小乔木和灌木三种。茶是茶树或茶树新梢芽叶加工品的统称，是一种天然饮料，有一定的保健和治疗作用。我国是世界上最早种植茶树的国家，西汉时已有茶叶向海外传播，由广东出海到南洋，后又到欧美、非洲。2005年我国茶产量92万吨，约占世界总产量的1/3强。

图28-13（文达，1988）

图28-14（文达，1980）

图28-15（新加坡，2006）

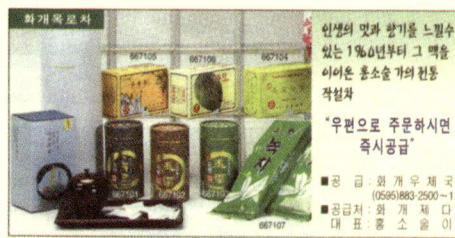

图28-16（韩国，1999）

第五篇

邮票上的森林生态体系

中国由传统农业社会向近代工业社会转变的过程中，林业也由古代林业向近代林业转变，森林为工业化初期提供以木材为主的诸多林产品，形成近代林业产业体系。当社会进入工业化中后期，中国提出走新型工业化道路，实施可持续发展战略，近代林业就转变为建设林业三大体系，为首的当是完善的森林生态体系，其二是发达的林业产业体系，其三是繁荣的生态文化体系。本篇将进入发挥森林生态效益，建设完善的林业生态体系。以下借助相关邮品、鉴赏和认识森林生态系统，保护森林生态系统，建设森林生态系统工程、绿化美化人居环境。

29 邮票上的森林生态系统

森林生态系统作为陆地生态系统的主体，是陆地上面积最大、分布最广、组成结构最复杂、物质资源最丰富的生态系统，它也是自然界功能最完善的资源库，生物基因库，水、碳养分及能源储存调节库，对改善生态环境，维持生态平衡具有不可替代的作用。森林生态系统这个生态系统的中心是森林，如果森林遭到破坏，必将使整个生态平衡失调，招致各种自然资源消失及自然灾害的发生。

29.1 认识全球三类森林生态系统

如第一篇（图8-1）所展示的联合国（纽约）于1988年发行保护森林资源极限片上的三枚邮票，下面分别借助连票较全面地展示全球三类森林生态系统。

热带雨林2连票（图29-1），票面显示热带雨林生态系统的明显特征是：地处终年高温多雨，植被种类极为丰富，群落结构非常复杂，树木高大，乔木一般分三层，地面裸露或有薄层落叶，藤本植物及附生植物非常发达。这类生态系统的森林面积约占地球上现存森林面积的一半。

联合国（维也纳）于1988年发行亚热带常绿阔叶林2连票及极限片（图29-2），票面显示这一生态系统的明显特征是：地处四季分明的气候环境，森林结构较热带雨林简单，树木高度明显降低，乔木分两层，灌木层稍明显但较稀疏，草本层以蕨类为主。在我国，这一类林区是中华民族经济与文化的主要基地，平原和低丘已全被开垦为水稻为主的农田，原生的常绿阔叶林仅残存于山地。

图29-1［联合国（纽约），1988］

图29-2［联合国（维也纳），1988］

寒温带针叶林2连票（图29-3），票面显示这一生态系统的明显特征是：地处北半球高纬度，气温低，冬季长，针叶林树种组成较贫乏，多为纯林，林下灌木稀疏，但以贫养常绿小灌木和草本植物组成的地被层很发达，并常有各种藓类。枯枝落叶层很厚，分解缓慢。下部常与藓类一起形成毡状层。这一类林区在我国工业化初期是主要木材生产基地。同时这里的森林多分布在山地，因此森林对下方平原起着防风保土的重要作用。

图29-3〔联合国（日内瓦），1988

29.2 认识森林生态系统的生物多样性

⑴借助以下2枚小版张森林邮品认识森林生态系统的生物多样性。美国大自然系列——东北落叶森林，美国红橡树、鹿纹天蚕蛾及圣诞薇等不干胶自贴小版张（10票）（图29—4）。版面展示多种生物共存的森林，可以说是一部"森林小百科"，在小版张的背面，印有小版张 27种东北落叶森林中的动植物俗称和拉丁名称。背面文字说明：落叶林是美国东北的森林象征，秋季以鲜明的色彩展现其独特的美丽。这地区气候适宜，四季分明，降水充沛，维持多种植物和动物的复杂的森林群体。成熟林有多层次，高大的树木在上层，矮树在下层，灌木层和羊齿类植物的草本层及被分解的枯枝落叶层覆盖林地。它为野生动物提供各种饲料，并为他们在不同层次提供庇护。从小版张正面图像及背面的标志，可见：①有以上层阔叶树为主的落叶林，它们是槭树（15、23）、白桦树（16）、山毛榉（12）、栎类（红橡树）（1）、栗树（23）；②针叶树在阔叶树之下，有白松（9、17）、铁杉（5）。针叶树在幼中龄时一般需要耐阴的生长环境；③最大层有灌木和蕨类及菌，它们是圣诞薇（3）、蕨类（6、20）、菌类（14、22）；④动物有鼬（7）、灶巢鸟（8）、水蜥（11）、鹿（13）、红肩鹰（18）、野生火鸡（19、21）、黑熊（24）、红蝙蝠（26）。在林内不同层次栖息着不同的昆虫：蛾（鹿纹天蚕蛾）（2）；⑤小花果，蔓虎刺（4）、五月花（10）、白花（27）。除了活立木和其他植物外，还能看到森林中的倒木和枯枝落叶，这些无生命的东西又成为菌类生长的场所，它们还是参与森林土壤有机质循环的物质，还可防止地表径流。在这片森林的边缘外有一小溪，溪内有野鸭等禽类动物栖息。小版张让我们全面认识森林生态系统的生物多样性，认识森林中多种生物共存，形成森林生命之网，避免人们见树不见林的片面观念。

太平洋海岸雨林小版张（图29-5），背面文字说明：这是海岸和山地之间相对窄条状的森林地带，气候温和，亦十分潮湿，夏常有雾，深冬风暴带来大雨和强风。版面可见古老大型的针叶树，树冠下是繁茂的蕨、苔藓、草本植物和灌木，这是世界上每km²聚集有机物最多的生态系统。雨林还是许多鸟类和哺乳动物类的家园。林间溪流中生活着大量的鱼和两栖类动物。小版张背面的标志可见动植物的分布：树木类——加州铁杉（1）、槭树（4）、云杉（5）；其他植物——越橘（14）、蕨（7、8）、苔藓（25）、地衣（石耳）（18）；动物——鸟类（2、9、12、17），麋鹿（3），松鼠（10），蜥蜴（16），鱼类（20、21），蛙（23），昆虫（24、26）等。

NORTHEAST DECIDUOUS FOREST

SEVENTH IN A SERIES

NATURE OF AMERICA

图29-4［美国，2004（正面）'］

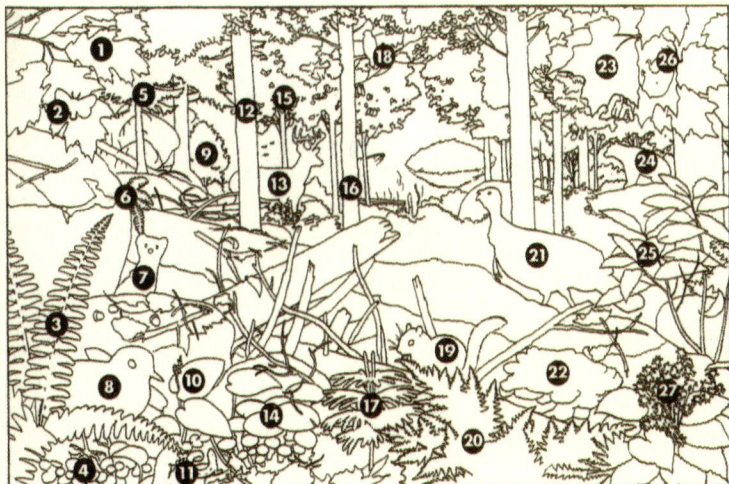

图29-4［美国，2004（背面）］

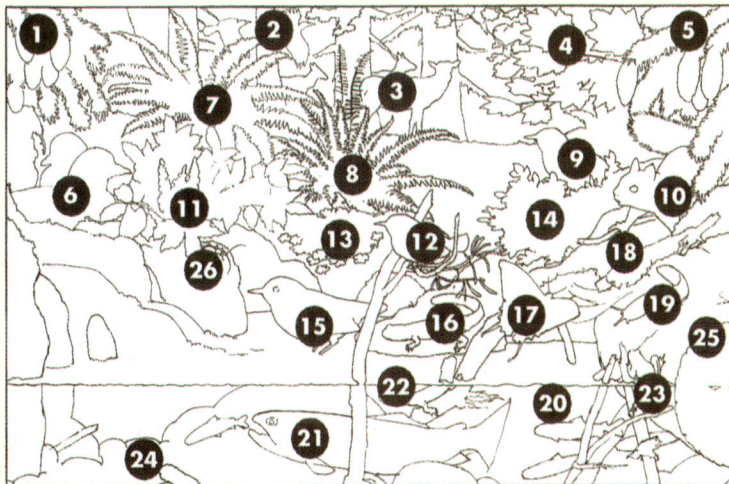

图29-5［美国，1999（背面）］

(2)森林中的动物与森林共存。森林中的动物种类繁多，因各地自然条件和森林组成不同而不同，这里选用有代表性的邮品展示之。森林动物小型张（图29-6，为世界林业联合会第21届大会发行的），左上、左下、中下、右下、右上分别为靛蓝（鸟）、猫石纹、干鲤、毒蛇坑、赖猴，表示世界林联不仅关注树木，而且也关注野生动物，它们栖息在林中树上或林区水中。联合国（纽约）于2004年发行濒危物种：美洲黑熊、林麝、金丝猴和野牦牛4方连（图29-7）。紫貂和东北虎连票（图29-8），紫貂属鼬科，生活在亚寒带针叶林或针阔混交林中，多在树洞中或石堆上筑巢；东北虎又称西伯利亚虎，传统认为其他虎种均为东北虎向地球其他地区扩展分化出来的，在生态环境中处于顶层的王者地位，而现处于濒危状态。亚洲大象2连票（图29-9），亚洲大象栖息于热带、亚热带的茂密森林或丛林中，素食，食量很大，一头大象每天能吃掉200多kg的鲜嫩食物。中国已将大象列为国家一级重点保护野生动物。考拉·熊猫邮票2枚（图29-10），考拉属有袋类动物，又名无尾熊，是一种典型的树栖动物，严格素食，而且

167

PACIFIC COAST RAIN FOREST

SECOND IN A SERIES

NATURE OF AMERICA

USA 33 (×10)

图29-5［美国，1999（正面）］

只吃桉树叶。属濒危物种，澳大利亚已严格保护，限制出口。熊猫是中国最珍贵的稀有动物，享有"活化石"的称号，主要生活在四川、甘肃高山竹林中，以食竹叶竹笋为主，食量很大，每天约吃30斤。匈牙利于1995年为欧洲自然保护年发行动物邮票4连票（图29-11），从左到右分别为湿地的青蛙、天鹅，林中倒木上的松鼠、昆虫，林中树枝上的鸟，草丛中的刺猬、蝴蝶等。票面右上角为欧洲自然保护年徽志——绿叶别针。保护红树沼泽和潮间带小全张（含5票）（图29-12），红树林中禽类及适于湿地生活的动物繁多，小全张中有粉红琵鹭、大食蝇霸鹟及螃蟹等在红树林中栖息。

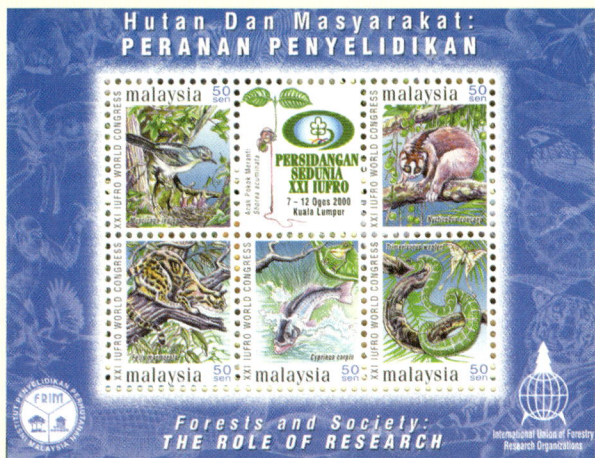

图29-6（马来西亚，2000）

图29-7［联合国（纽约），2004］

图29-8（俄罗斯－朝鲜，2005）

图29-9（中国－泰国，1995）

图29-10（中国－澳大利亚，1995）

图29-11（匈牙利，1995）

图29-12（巴西，2004）

（3）森林中的昆虫和菌类。昆虫在森林生态系统的全体群落中，它与植物密切关联。昆虫有捕食性昆虫、寄生性昆虫，有益虫、有害虫。自古以来，人类就注意利用天敌防治农林害虫。昆虫与树木小全张（图29-13），图中蝎子是常遭人们憎恶和厌弃的，事实上它以小虫为食，直接或间接地消灭许多危害人类的小虫，它的

图29-13（印度尼西亚，2004）

功大于过，而且还可为中药治病。中国于1992年发行昆虫邮票一套，这里选2枚（图29-14），

七星瓢虫，该科中绝大多数种类为益虫，以捕食蚜虫为生；中华大刀螳，该科为肉食性昆虫，捕食农林果树上的害虫，堪称昆虫界的"猛兽"。中国于1993年发行蜜蜂邮票一套，这里选2枚（图29-15），采蜜邮票，展示蜜蜂依靠采蜜为生；授粉邮票，展示蜜蜂采集植物的花蜜的同时，帮助植物完成授粉过程，因此蜜蜂是树木生长繁衍的好帮手。中国于1982年发行益鸟邮票一套，这里选2枚（图29-16），大山雀邮票，展示它营巢在山区或针叶林中，特别喜欢居住在果园中，有果园"卫士"之称；斑啄木鸟邮票，它栖息在森林中，专门啄食藏在树皮里的害虫，是护林能手，素有"森林大夫"之美称。

森林中有微生物生存。森林土壤中能进行"生物固氮"的根瘤菌是人们最常关注的微生物类群之一，根瘤是豆科植物特征之一，而对有些非豆科的树木也在其根系上结根瘤，可增加森林土壤中的氮素肥料，如桦木科的桤木树。真菌小型张（图29-17），该真菌名树舌灵芝，灵芝的化学成分复杂，是对人类健康有益的可食菌种。树生真菌邮票4枚（图29-18）。

图29-14（中国，1992）

图29-15（中国，1993）

图29-16（中国，1982）

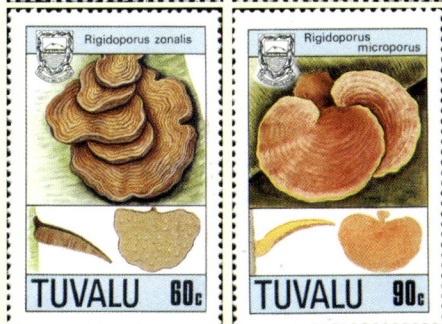

图29-17（朝鲜，2003）

图29-18（图瓦鲁，1988）

29.3 国际社会共同关注森林生态系统

森林生态系统为人类提供木材等众多林产品和各类生物产品，是林业产业体系的基础。森林生态系统还为地球碳循环、水源保护、防风固沙、美化景观环境等提供服务。在这些产品和服务中，有许多是跨国界相互影响、相互共存的，因此受到国际社会的共同关注，需要国家间协调、保护、发展森林生态系统。

防止地球温暖化京都会议邮票2枚（图29-19），京都会议指出森林在气候变化中的主要作用是：它们在皆伐后，碳排放量占全球1/5；它们对气候变化反应敏感；它们可作为矿物燃料的理想替代品；它们有潜力可吸收碳排放。第八次新德里气候变化公约缔约方会议小版张（含4票）（图29-20），会议通过的《德里宣言》，首次在国际文件中明确提出应在可持续发展框架下应对气候变化问题。小版张画面以繁盛的红树林为背景，4票从左到右分

图29-19（日本，1997）

别为：红茄冬、蕈海桑、水柳和木榄，4种不同的红树树种，以告诫人们重视红树林的保护关系到我们生存的地球环境气候变化。第七届国际生物多样化大会邮票3枚（图29-21），画面展现生物多样性是指地球上动物、植物、微生物等生物的所有形式、层次和联合体生命的多样化，包括生态系统、物种和基因多样化。第七届濒危野生动植物国际贸易公约（CITES）保育会议邮票2枚（图29-22）。这些邮品向公众展示了森林生态系统安全的重要性。

图29-20（印度，2002）

图29-22（智利，2002）

图29-21（马来西亚，2004）

30 邮票上的森林生态系统保护

森林生态系统的保护，首当其冲的要预防森林被侵害和被破坏，要以森林生态学原理进行森林经营，防止各种破坏森林行为，政府采取措施保护森林。

30.1 遵循森林生态学原理经营森林

事先预防森林生态系统衰弱，增强森林对环境的适应能力，就必须改变以获得木材的首要目标的传统森林经营方式，遵循森林生态学原理进行森林经营。

保护抢救森林明信片2张（片上贴一邮票）（图30-1）。德国在18世纪末到19世纪的造林运动中，大部分地区的天然林被改变为针叶人工林，致使天然林几乎全部消失。20世纪80年代初发生的森林"新灾害"，使50%以上的森林受损。明信片展示了针叶人工林受损后的林相。德国于20世纪后期，逐步在针叶林中引入阔叶树种，以改变树种结构，改善森林生态环境。对此，各国从中吸取教训，认识到一

图30-1（联邦德国，1985）

味追求人工针叶纯林欲获木材是违背科学的，会给森林带来毁灭性后果的。中国的森林经营于20世纪末开始转变一味追求人工针叶纯林的造林模式，推行遵循森林生态学原理经营森林。

30.2 防止各种侵害和破坏森林生态系统的行为

森林遭直接破坏，主要是过伐、滥伐或遭火灾、病虫害；森林遭遇外界侵害，主要是大气环境污染引起的。森林被侵害和破坏，森林生态系统就荡然无存，甚至还会留有后遗症。

恶劣的环境极限片含4票（图30-2），图像展示森林减少，大片树木被伐后留下伐根，猫头鹰失去了可栖息的树林，孤独地站立在伐根上；电厂污染、工业污染、火山喷发，都在侵害森林，只剩下干枝无叶的树木，土地干裂，只有仙人掌和一些耐旱植物顽强地在被污染的土地上生长；森林遭破坏，猴子和猫头鹰失去了生存环境。恶劣的环境破坏了森林及动物赖以生存的栖息之地。保护自然邮票3枚（图30-3），票面展示：森林遭滥伐留下的高桩伐根，小鹿四处张望，无处栖息；工厂向林内小溪排污，侵害林地，直接侵害森林生态系统；工厂排放浓烟，污染大气环境，树木遭侵害，使树木落叶致死，二只灰兔无奈地张望。环境保护4方连票（图30-4），票面展示水污染和空气污染危及鱼类和植物。右上票为受侵害的树林，枝叶变色、落叶，树木死亡；右下票为农村和土地被侵害，危及农村生活、生产的景象。国际淡水年连票2枚（图30-5），票面展示独木舟划过的痕迹，暗喻水污染场景。被污染的水损害湿地树木和植被，动物无奈地生存。气候变化，生物与气候4连票（图30-6），从左到右的第1、2枚邮票展示在人工搭建的荫棚里种植，以免直接受气候变化影响植物生长；在人工制造的玻璃容器中种植果树，即在隔离室内种植。第3、4枚票展示荒漠化的山地，远处二头骆驼正行走在沙漠中，右边近处荒漠化的山坡上有几排呈现绿色的梯田式种植点，一人手持带土的小树苗准备栽种；右边放有为沙地植树服务的仪器设备，并绘制了一棵棕榈树，以示未来的远景。

图30-2［联合国（维也纳），1993］

图30-3（南非，1992）

图30-4（巴西，1981）

图30-5［联合国（纽约），2003］

图30-6［联合国（纽约），2001］

30.3 国际社会各国政府采取措施保护森林

⑴各国政府针对本国国情颁布保护森林的法令、条例，国内各行各业和民众必须遵照执行。同时一些国家举行森林年、月、周活动，发行相关的邮品，以期动员全民保护森林。欧洲自然资源保护年邮票和森林年小型张（图30-7）。奥地利森林发展经历了完好、破坏、保护、可持续发展4个历史阶段，目前森林覆盖率已达46.2%，有2/3的森林为近自然林，采伐量大大低于生长量。国际森林年最初就是奥地利政府提出的，在世界很多国家的赞同下，联合国粮食及农业组织第86届理事会正式通过关于1985年国际森林年的决议，要求全体成员国在1985年特别突出"森林"，要从国家及全球角度考虑保护各自的森林资源，提高公众对保护森林重要性的认识。小型张中的邮票票面为近自然林，票面外为原先的森林及远处工厂冒浓烟为害森林的情景。土耳其于2006年3月22日世界森林日发行森林邮票一枚（图30-8），土耳其国家提出每

图30-8（土耳其，2006）

图30-7（奥地利，1985；1970）

个土耳其人民有权利也有义务保护土耳其的一草一木，为后代创造了一个干干净净优雅的生活环境是每个人的责任。环境保护小型张（图30-9），小型张中的邮票中心为椴树叶，象征着自然保护。小型张的边纸图案的主图为自然界的要素：水、空气和土地、动物和植物，展开的书页上写的是苏联宪法第67条的一部分。以示用法律形式保护森林。巴西于2002年发行Sivam项目邮票（图30-10），该项目是对亚马孙地区生态环境的监测和保护项目，票面图案以孩子和动物为中心，左边为监测站和雷达，背景为茂密的亚马孙热带雨林。寓意为了人类和动物而监测和保护森林。保加利亚于1957发行保护森林周邮票一套，其中之一（图30-11）。拉脱维亚于1997年发行自然保护邮票2枚（图30-12），图案为森林。博茨瓦纳于1985年发行主题为"保护我们的树"邮票一套4枚（图30-13），票面图案正上方为地方树木，下方圆圈内分别为种树，树木为长颈鹿提供食物，树冠树枝是鸟类的栖息地，树木与蜜蜂相存。寓意树木与动物共存。

（2）多方位多角度保护森林。苏联于1989年发行环境保护（带附票）邮票一套3枚（图30-14），3票分别为：保护森林邮票，图案为杉树和鸟，口号：爱护森林！附票图案是地球上森林分布示意图和宣传文字。保护北极的生态环境邮票，图案为以苏联北极地域的背景和鹿，

图30-9（苏联，1984）

图30-10（巴西，2002）

图30-11（保加利亚，1957）

图30-12（拉脱维亚，1997）

图30-13（博茨瓦纳，1985）

口号：保护北极的大自然！附票为北极地区轮廓图和宣传文字。同陆地沙漠化作斗争邮票，图案为一望无际的沙漠，口号：阻止荒漠的到来！附票为地球上沙漠的分布示意图和宣传文字。基里巴斯于1983年发行1943～1983年40周年邮票一套（图30-15）。基里巴斯位于太平洋中西部，地跨赤道，第二次世界大战中曾被日本占领。这里选其中与森林保护相关的邮票3枚，分别为：战争纪念碑邮票，展示战后竖立的纪念碑和栽植的树木；防卫枪炮邮票，展示树林掩护枪炮；1943～1983年对比场景邮票，票面左边展示战争对树木的破坏，右边为战后森林的恢复。斯威士兰于2001

图30-14（苏联，1989）

图30-15（基里巴斯，1983）

年发行的环境保护邮票一套4枚（图30-16），票面图案分别为：扑打林火，植树，筑堤，土壤保护。票面上角为国王人头像，以示此乃国家行为。摩纳哥于1963年发行邮票一枚（图30-17），票面展示树枝为鸟提供栖息作窝的场所，票下方有联合国徽志。

图30-16（斯威士兰，2001）

图30-17（摩纳哥，1963）

31 邮票上的森林生态系统建设

　　一国的社会经济发展一般都经历了工业化初期大量采伐森林，引起原始森林生态系统破坏，而随着工业化进展，人们对生态需求又上升为社会对林业的第一需求，中国现在正处于这一变革和转折时期，恢复和建设森林生态系统成为林业的首要任务。中国正在进行六大林业生态工程，即天然林资源保护工程，三北和长江中下游地区等重点防护林体系建设工程，退耕还林（草）工程，环京津地区防沙治沙工程，野生动植物保护及自然保护区建设工程，重点地区速生丰产林基地建设工程。这里就森林的水土保持、防沙治沙及绿化环境三方面的生态建设，以相关的邮品展示近现代林业生态系统建设。

31.1 水土保持林的建设

　　众所周知，树木能储存水，防止水土流失。中国是多山地丘陵地貌的国家，需要借助水土保持林以保护、改良和合理利用山区、丘陵和风沙区的水土资源，维护和提高土地生产力，充分发挥水土资源的经济社会效益，颁布了《中华人民共和国水土保持法》，以降低森林在山区工程建设中遭损坏程度，确保工程完工后恢复森林。

　　⑴树木和水。印度于2006年发行雨水收集、蓄水和树木邮票1枚（图31-1），展示树木能蓄水，防止水直接冲到土壤上会引起水土流失。菲律宾于2003年为国际淡水年发行小型张（图31-2），画面展示湖水、绿色山景和树、飞舞的蝴蝶。人所共知，地球上的水处于循环之中，从蒸发到降水再蒸发再降水，如此循环往复。在这一过程中，具有涵养水源功能的森林发挥着至关重要的作用，有一句朴素的语言为证：青山绿水。而如今由于过量采伐树木，使森林的蓄水能力急剧下降，为此联合国将2003年被定为国际淡水年。

　　⑵水库与水土保持林。中国台湾于1984年发行森林资源4方连票（图31-3），其中右上票为水土保持林，属于防护林林种。邮

图31-1（印度，2006）

图31-2（菲律宾，2003）

图31-3（中国台湾，1984）

票展示我国台湾山区修建水库特别要注重上游及其周边山地的水土保持林建设，它是水利工程建设中的重要项目，良好的水土保持林，可防止水土流失，预防库区游泥、缩短水库寿命及预防可能发生的严重灾难。十三陵水库全景邮票（图31-4），图案展示在群山环抱中的水库，库周边山坡有树木覆盖。而这一带原先是连年遭水灾的地区，水库建成后，农业丰收，库周边绿化美化，成为水利风景区。新安江水电站拦河大坝邮票（图31-5），新安江水电站是中国第一座自主设

图31-4（中国，1958）

计、施工的大型水电站。新安江水库有大小岛屿1078个，故名千岛湖。这些岛屿是被水库淹没仅露出的山顶，土层瘠薄立地条件差，一般只生长马尾松。经40多年的封山育林、植树造林，适当调整林相结构，优化了岛上的森林生态系统，使千岛湖成为国家级生态示范区。人工水库邮票（图31-6），画面展示水库周边的大山借树林以保护水库。防止水土流失邮票（图31-7），票面展示水利设施和树木，即工程措施与生物措施相结合的水利工程。

（3）山区水土保持林。长江三峡小型张（图31-8）。长江三峡全长近200km，两岸山峰多高出江底500多米，而且像直立的墙壁一样夹住江水，水流湍急，河道波折滩险。三峡植被恢复工程包括景观绿化和生态绿化，即恢复过去曾有的原生植被美景和有效遏制生态恶化，确保库区经济与社会持续发展。都江堰——飞沙堰邮票（图31-9），图案展现都江堰渠绿化，以树林保护山坡土壤，防止水土流失，维持都江堰长治久安。

图31-5（中国，1964）

图31-6（奥地利，1972）

图31-7（奥地利，1984）

图31-9（中国，1991）

图31-8（中国，1994）

(4)坡地梯田和防护林。山区梯田是亚洲各国传统的山区农业耕作方式，可以防止水土流失，确保农业丰收。元阳梯田邮资片（图31-10）。处于滇南哀牢山密林之中的元阳梯田，是哈尼族人生存的物质基础，是中外梯田景观中罕见的最壮美的湿地。哈尼人有一著名的古歌谣，其中有这样的唱词："有好树就有好水，有好水就开得出好的一块梯田，有好田就养得出好儿孙。"与此同时还得益于分布在元阳县山岭上的原始森林，如同巨大的天然水库，吸收、贮存、涵养着从干热河谷蒸发上来的水分，在高山形成无数小溪、清泉、瀑布和水潭，为元阳人和元阳梯田提供了水源。菲律宾于2000年为中菲建交25周年发行中国的长城·菲律宾的高山梯田小全张（图31-11），画面右侧展示菲律宾的山坡梯田及附近山谷的树林，这些树林起到保持水土的作用，保护了梯田。

(5)山区其他水土保持林。山区公路建设不仅要依山坡等高线盘山而行，而且必须注重水土保持，以防止山体滑坡，轻则会损坏公路，重则造成山体崩塌。康藏公路上的大渡河钢索吊桥邮票（图31-12），康藏公路是连接四川雅安和西

图31-10（中国，1997）

图31-11（菲律宾，2000）

图31-12（中国，1956）

藏拉萨的公路，全长2255km，它贯穿西藏高原东部，翻过14座大山，跨过三条大江激流，全线平均海拔高在3000米以上，1954年12月全线通车。票面展现大江二边高山山坡下边的公路就是康藏公路，山上的森林保护着公路免遭水土冲刷的破坏。阿根廷于1962年发行盘山公路邮票1枚（图31-13）。法国发行高山公路雕刻版邮票1枚（图31-14），票面展示公路下方山坡上的树林保护坡地和公路。对矿区开采后山坡恢复森林以防水土流失，各国对开采矿业有相关的规定，如奥地利于1971年发行"富含铁矿的山，森林"邮票1枚（图31-15）所示。

图31-13（阿根廷，1962） 图31-14（法国） 图31-15（奥地利，1971）

31.2 防沙治沙工程

荒漠化被称为"地球之癌"，是一个严重威胁人类生存的大问题。中国是世界上沙漠面积较大，分布较广，荒漠化危害严重的国家之一。沙漠、戈壁及沙化土地总面积占国土面积的17.6%，每年因荒漠化危害造成的损失高达540亿元，直接受荒漠化危害影响的人口约5000多万人。1992年联合国环境与发展大会对荒漠化定义为："由于气候变化和人类不合理的经济活动等因素使干旱、半干旱和具有半干旱灾害的半湿润地区的土地发生退化"。1994年联合国大会决定从1995年起把每年6月17日定为"世界防治荒漠化和干旱日"。2005年联合国大会把2006年定为"国际荒漠年"，目的是要阻止全球范围内土地荒漠化的速度。

中国于1994年发行沙漠绿化邮票一套4枚，其中2枚（图31-16）为浩瀚沙海和沙洲花开邮票。前一票展示大漠的原始状态，孤零零的一棵绿树，意示绿色所蕴含的顽强生命力。后一票展示沙漠灌木丛繁华盛开的景象。另2枚为胡杨成林和沙漠绿洲邮票贴在2张极限片上（图31-17）。前一片盖有宁夏盐池县高沙窝邮戳，该县地处毛乌素沙漠西南缘，有丰富的荒漠特有的植物资源，高大的胡杨树林，显示沙漠的朝气。后一片盖有宁夏中卫沙坡头邮戳，这里位于腾格里沙漠东南缘，被誉为塞上明珠，是沙漠中有水、草的地方，曾是灌溉农业的文明之地。片中展示沙漠中的一片适于人居住的绿洲。巴丹吉林沙漠邮票1枚（图31-18），这里是世界第四大沙漠，沙漠腹地的喀济纳绿洲（内蒙古）是世界上仅存的三大片胡杨林之一。由该地西南500km处祁连山雪山通过地层深处的断层进入沙漠，沙漠中湖泊众多。但

图31-16（中国，1994）

由于水源不足，20世纪50年代胡杨树由70余万亩减少到现在40余万亩。巴基斯坦于1977年为联合国荒漠大会召开而发行的邮票1枚（图31-19），图案为沙漠，巨型仙人掌植物，右上角为联合国环境与发展大会徽志。在内罗毕举行的联合国荒漠化问题会议上，制定了《防治荒漠化行动计划》，旨在帮助受影响国家解决荒漠化问题，并吸收和协调国际社会提供的援助资金。阿联酋迪拜于2000年发行国际防止沙漠化会议邮票1枚（图31-20），图案为沙漠中的植物和水。巴西于2002年发行保护生态环境——巴西东北部半干旱地区小型张（图31-21），图案下半部展示该地区的位置，那里雨量少、日光强、风沙大，一旦破坏很难恢复；上半部展示人要呵护鸟和仙人掌，防止树林枯死。

图31-17（中国，1994）

埃及于2006年世界环境日发行防止沙漠化、沙漠中的树邮票2枚（图31-22），票左上角有联合国环境规划署徽志。纳米比亚于1993发行沙漠化邮票4枚（图31-23），展示沙漠中有小河、有树，它们可以改变沙漠的生态环境。

图31-18（中国，2004）

图31-19（巴基斯坦，1977）

图31-20（迪拜，2000）

图31-22（埃及，2006）

图31-21（巴西，2002）

图31-23（纳米比亚，1993）

31.3 城市绿化建设

　　城市绿化含城区、周边地区及公路绿化等，一般包括公共绿地、防护绿地、生产绿地、风景绿地，以城区绿化覆盖率和人均公共绿地面积为衡量城市绿化程度。当绿化率达到一定程度之后，城市绿化就从单纯的绿化向彩化、香化、净化、美化升级，这是国际趋势。城市绿化程度，不仅反映城市的绿化水平，还间接反映城市的经济发展水平和社会进步水准。

　　国土美化运动4方连票（图31-24），4票图案分别为：杜鹃花、郁金香及议会大厦；水仙花、河流及华盛顿纪念碑；罂粟花、羽扇豆及高速公路；苹果树及林荫街道。4方连展示美国城市绿化已达到的高水平，实现景观多样性，植物多样性。菲律宾夏都碧瑶的工人公园邮票2枚（图31-25）。罗马尼亚公路二旁行道树邮票（图31-26）。保加利亚河岸林邮票（图31-

27）。日本宫城县的山毛榉行道树邮票（图31-28），画面展现行道树及其旁边的绿草，让人在此行走，有幽静舒适的感觉。波兰于1974年发行的高速公路邮票（图31-29）及中国于1996年发行的上海浦东的通信和交通邮票（图31-30），都展示公路高架桥下的小区绿化。

图31-24（美国，1969）

图31-25（菲律宾）

图31-26（罗马尼亚）　　图31-27（保加利亚，1957）

图31-28（日本，1995）　图31-29（波兰，1974）

图31-30（中国，1996）

32 邮票上的森林景观与自然环境

32.1 森林景观

　　景观是一个美丽而难以说清的概念，地理学家把景观作为一个科学名词，定义为一种地表景象，或是一种类型单位的通称，如森林景观；艺术家把景观作为表现与再现的对象，等同于风景；生态学家把景观定义为生态系统的系统；旅游学家把景观当做资源……而一个更文学和宽泛的划为自然景象。不管怎么定义，景观是人所向往的自然，景观是人类的栖息地，景观是人造的工艺品……。以下仅就邮票上的树木、森林的四季景象来鉴赏森林景观。

　　（1）树木的季节变化丰富，四季景观各异。春天，繁花似锦，争奇斗艳；盛夏，绿荫叠翠，凉爽宜人；金秋，枫红菊黄，野果飘香；严冬，雪拥蓝天，银装素裹。四季森林特种邮票4枚（图32-1），分别为春，深绿色的壳斗科树木；夏，橙红色冷杉；秋，深黄色山毛榉树；冬，蓝绿色的Oberplanken树木。四季树木邮票4枚（图32-2），票面展示春夏秋冬四季树木及所在地的景色变化。邮局系列邮票的其中3枚（图32-3），票面图案为：春天，鲜花盛开的樱树；夏天，盛开油菜花和枝繁叶茂碧绿的树木；冬天，只有橡树挺立在冰雪覆盖的大地上。四季柿树的枝叶和果实4方连票（图32-4），票面展示春天开花，夏季发青的果实，秋天成熟的红色果实，冬季光秃的树枝和摘掉果实后的果柄。

图32-1（列支敦士登，1980）

图32-2（卢森堡，1982）

图32-3（德国，2006）

(2)园区的四季风光。日本茨城县偕乐园风光4连票（图32-5），该园是日本三大名园之一，园内种有3000多棵树，100多种梅花，是该县著名的观光胜地。邮票分别表现了园中春天红梅和白梅盛开的好文亭，夏天松树围绕中门，秋天红叶满地的吐玉泉，冬天从千秋湖眺望好文亭后的山上树和雪景及湖中倒影。我国万里长城邮票4枚（图32-6），邮票展示：长城之春，桃花先于叶生长，古老的长城依山势起伏绵延，层层山坡上盛开的桃花如云；长城之夏，山峦间树木郁茂葱茏，犹如碧波翠浪；长城之秋，枫林红遍，丛林尽染；长城之冬，漫山白雪皑皑，一派北国风光。

(3)中国东北林区的秋冬景观。选白桦映红明信片及兴安秀色、海林雪原邮资片（图32-7），前一片展现秋季长白山白桦林中的白桦树及其共生的一些阔叶林，白色的白桦树皮与共生的红叶相伴的美景；第二片展现秋季兴安岭杨桦树叶脱落，以其灰白色的树干与土地相应的一派黄色景象；第三片展现东北冬天大雪覆盖大地，只有绿色的常绿针叶树仍屹立于大地，显示其顽强的生命力。

(4)中国吉林市雾凇特景。吉林雾凇邮票2枚（图32-8），雪凇俗称"树挂"、"雪柳"。吉林市处于第二松花江南、东、北三面环抱之中，每当隆冬季节，约在60多天里，气候寒冷，雾气大，一些树枝有类似霜一样的乳白色凝结物，这就是雾凇。邮票寒江雪柳和玉树琼花，就是松花江江岸银柳潇洒、苍松玉花盛开的冬季自然奇景。

图32-4（摩纳哥，1981）

图32-6（中国，1999）

图32-5（日本，2001）

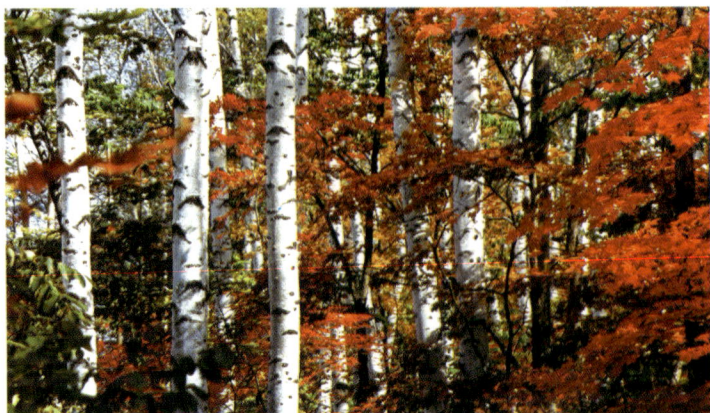

白桦映红
Colored birches red

郎琦 摄影
Photograph: Lang Qi

图32-7（中国，2002）

图32-8（中国，1995）

32.2 区域小环境的森林景观

森林广布于全球不同的经纬度，即使在同一区域，其垂直带谱比较明显；森林生长在山区，与特殊的山地地质构造相对应，形成不同的森林景观，多姿多彩。以下仅选用有代表性的山区小环境邮品展示不同的森林景观。

（1）高山顶上部分的特殊景观。庐山的五老峰和含鄱口邮票（图32-9），庐山位于江西境内，北枕滔滔长江、东临中国第一大淡水湖——鄱阳湖，是一座拔地而起的块垒式孤山。大江、大湖、大山浑然一体，雄奇险秀，刚柔并济，形成世界罕见的壮丽景观。五老峰邮票展现五老峰山顶云雾蒸腾的景象，最盛时称云瀑，山峰全部淹没在万顷云海之中。含鄱口邮票，展现其海拔1211m高山，山势高峻，怪石嶙峋。庐山风光以"奇、秀、险、雄"闻名于世，素有"匡庐奇秀甲天下"的美誉。华山远眺邮票和华山普票（图32-10），华山是中国著名的五岳之一，古称"西岳"，位于陕西省境内，海拔2200m，北瞰黄河，南接秦岭。华山远眺邮票展现高海拔的华山气温较低，与来自渭河平原的暖湿气流相遇凝结成云雾，形成汹涌翻腾的云海景象。玉山邮票2枚（图32-11）。我国台湾是世界上少有的热带"高山之岛"，是中国东部最高峰。票面图案底部一片苍翠碧绿的森林和汹涌的云海，便是玉山西邻阿里山的原始森林，景象雄浑，和银装素裹的玉山天然辉映，十分壮美。

（2）山坡地森林景观。山坡地森林成较大面积的分布，森林生长环境好，可生长成大树、好树，因此也是主要的木材采伐地段。与此同时，在一些地区又是重要的水土保持

图32-9（中国，1981）

图32-10（中国，1989；1981）

图32-11（中国，1979；中国台湾，1983）

林。长白山极限片（图32-12），摄于20世纪80年代的吉林安图，展现坡地森林茂密、蓄积量大，且便于木材采伐、集材，是我国最早开发的林区，重要木材生产基地。鸭绿江邮资片（图32-13），图案展现江岸两旁山坡上生长着多树种的混生林，保护着坡地免遭水土冲刷。靖西鹅泉邮资片（图32-14），图案展现广西靖西县境内喀斯特地貌，峰丛林立，树林密布，溪流潺潺，山下河潭水清，一派田园风光。山区农田要依赖其旁的山坡森林，保持水土，保护水田。

(3)林区的瀑布和湖泊。森林和水有着十分密切的关系，林区由于地理上存在着众多的溪、河、湖泊需要借森林保持，在特定的地形下有的形成瀑布，成为林区的壮丽景观。九寨沟树正瀑布（图32-15），位于树正沟内，海拔2295m，由尾首相接的众多梯湖的飞瀑组成，水大势挡，梯湖堤埂之上，耸立着一株株、一丛丛高原特有的各种灌木，扎根于水底，风姿绰约，形成特殊的植物群落和世间罕见的自然景观。大学池和娃娃谷邮票

图32-12（中国，1987）

图32-13（中国，2000）

图32-14（中国，1988）

（图32-16），大学池，系我国台湾林区内难得的水池，面积约有半公顷，水深约10m，以前是用来浸泡木材的，现为景观池，池水碧绿如镜，四周古木参天，绿意盎然；娃娃谷位于海拔230～800m之间，谷内有森林、瀑布、山峰、溪流等不同的景观；谷旁绿树苍郁繁茂，春夏樱花盛开，冬秋枫叶梅花争开艳；谷内还有栖息各类鸟、蛙。小七孔邮资明信片（图32-17），图案展示的是坐落在贵州山洼里的一个周围有密林包围的小湖，属喀斯特山地，峰峦雄峻、清泉密布，由原始森林、岩溶洞群、鸳鸯湖等组成的绝妙精致。湖面积200亩，水深37m，常年碧波荡漾，碧水恒温在15℃，终年鸳鸯游弋于水面。

⑷湿地景观。湿地是许多珍稀野生动植物赖以生存的基础，同时由于湿地特有的资源优势和环境优势，一直是人类居住的理想场所。浙江杭州西湖茅家埠邮资明信片（图32-18），茅家埠在70多年前就是一个依山傍水的小山村，也是

图32-15（中国，1998）

图32-16（中国台湾）

图32-17（中国，1998）

图32-18（中国）

西湖西边的水陆码头，囿于人口增加，湿地萎缩。进入21世纪，随着杭州市"西湖西进"综合保护工程建设，茅家埠逐渐恢复水面景区。如片图所示，水生植物生长、水鸟在此栖息，湿地重新有了生机。珍禽、榆林、湖畔、草原邮票4枚（图32-19），位于吉林通榆县向海自然保护区，总面积1000多km²，主要保护对象为丹顶鹤、白鹤等珍禽及其栖息生态环境。向海湿地有四大生态景观：湖畔水域、沙丘榆林、芦苇沼泽、羊草草原，由此形成了多样性的自然景观和奇特的生态环境。

图32-19（中国，2005）

33　邮票上的自然保护区和森林公园

　　为保护自然资源和生态环境，维护生态安全，促进人与自然和谐，保障经济社会可持续发展而建立自然保护区，它是近代人类的一大创举，是人类面对生存环境发生巨大变化而做出的明智选择。自1872年世界第一个自然保护区美国黄石国家公园建立以来，世界自然保护事业得到了迅速发展。鉴于国家公园在许多国家普遍存在，1969年，在印度新德里召开了IUCN（世界自然保护联盟）第十届大会对国家公园进行了定义。一般来说，森林公园的主体是森林植被，多为自然状态和半自然状态的森林生态系统，常常拥有比较丰富的生物多样性。在IUCN的保护区分类系统中，国家公园一直是自然保护区的一种类型。我国则尚未在自然保护区的统计中包括森林公园。以下分别就中国的自然保护区和森林公园，以及外国的国家公园的相关邮品展示之。

33.1　中国的自然保护区

　　中国自1956年在广东鼎湖山建立我国第一个自然保护区以来，至今林业系统建设和管理的自然保护区达1740处，约占国土面积的12.6%，有效保护了45%的自然湿地，85%以上的珍稀野生动植物物种。

　　鼎湖山邮票一套4枚（图33-1），鼎湖山位于广东肇庆市东北部，为佛教圣地。保护区以南亚热带常绿季雨林为主要保护对象，还有保护珍稀动植物，保护区面积1133km²。北回归线上的绿洲邮票，票面绘有彩色北回归线，点明鼎湖山的地理位置。在北回归线两侧，除了广大海域外，陆地几乎是沙漠或干草原的北回归线沙漠带。而处于北回归线附近的鼎湖山，由于我国华南位于世界最大的大陆块和两处最大的海洋边缘，从海洋吹来的暖湿热季风带来了丰富的雨量，因而孕育了茂盛的季雨林。沟谷雨林邮票，展示鼎湖山谷底和坡脚，植物组成丰富，外貌终年常绿，票面左下角是一株黑桫椤，右下角有硕大的鱼尾葵和亚热带雨林特有的植物扁藤。季风常绿阔叶林邮票，展示鼎湖山810m以下的丘陵、台地季风常绿阔叶林的景象，票面左下方有格木林，右下方有藤本植物禾雀花。白鹇邮票，画面展现鼎湖山季雨林的特点，古木参天，遮云蔽日，姿态万千的藤本植物纵横交错于林冠之间；广东省省鸟白鹇鸡似慢步林间，林鸡和谐共处。海南·五指山邮资片（图33-2），五指山位于海南岛中部，峰峦起伏成锯齿状，形似五指，故得名。1985年建立自然保护区，主要保护热带原始林生态系统，保护区面积1.3万

图33-1（中国，1995）

km²。五指山中的最高峰为二指，海拔1876m。山区遍布热带原始森林，层层叠叠，逶迤不尽。海南主要的江河皆从此地发源。进入原始森林，落叶厚达50cm以上，空气里充满一种独特的树脂香味。五指山还是珍禽异兽的王国。喀纳斯湖邮票（图33-3），1980年建立喀纳斯自然保护区，票面上的喀纳斯湖是保护区的核心与精华，自然生态环境保持着原始的状态。四周群山环抱、峰峦叠嶂、森林密布、草场繁茂、湖面碧波荡漾，山与湖相互映衬，碧水蓝天、青山白云、雪岭草甸浑然一体，湖水山色美不胜收。湖面海拔1375m，平均水深90m，面积45.73km²，为我国深水湖之一。正如一位联合国官员所说："这里是地球上最后一块未被开发的地方，她的存在证明人类过去有着无比美好的栖息地。"山西庞泉沟邮资片（图33-4），庞泉沟于1986年建设为国家级自然保护区，面积1.04万km²，主要保护珍禽褐马鸡及暖温带亚高山针叶林。保护区地处吕

图33-2（中国，1991）

图33-3（中国，2006）

图33-4（中国，1997）

梁山脉中段，海拔1500～2830m，山势险峻，高差较大，自然植被茂盛，是我国温带残存的天然林中少数保存完整的地区之一和华北落叶松的原产地。也是野生动物良好的栖息地，我国特有的珍禽褐马鸡在此栖息繁殖。长白山针阔混交林邮票（如前图8-11），长白山林区是我国寒温带针阔叶混交林的分布中心，长白山自然保护区于1960年建立，是我国最早建立的保护区之一，它位于吉林省安图县，面积19.4万km²，主要保护森林和野生动物。长白山主峰白头山海拔2749m，它是松花江、图们江和鸭绿江三江之源。是一处保存较好的湿润山地生态系统，

有皑皑雪山，更有茫茫林海，是欧亚大陆北半部山地生态系统的典范。已知植物种类1500多种，有树干高大的长白赤松，有野人参、北五味子。动物有东北虎等50多种。麋鹿保护区邮资明信片（图33-5），麋鹿俗称"四不像"，是我国特产。1986年39头麋鹿从英国伦敦回归故乡，为让麋鹿重返大自然，就特意在江苏大丰建保护区为其栖息地，保护区位于川东港以南的一片黄海冲积平原沼泽地，盐土沼泽星罗棋布，裸地、草地、芦苇、蒲荡、竹园和刺槐树，展现海边的原始风貌。鹤乡邮资片（图33-6），1997年国务院批准黑龙江扎龙为国家级自然保护区。它以鹤乡而著名。保护区属北温带大陆性季风气候，由许多小型浅水湖泊和广阔的草甸、草原组成，是同纬度地区景观最原始、物种最丰富的湿地自然综合体。

图33-5（中国，1997）

图33-6（中国，2002）

是水禽理想的栖息地，国家一级保护鸟类丹顶鹤、白鹤等在那里生息繁衍。保护区已被列入国际重要湿地名录，总面积2100km²。

33.2 中国的森林公园

森林公园是指森林景观特别优美，人文景物比较集中，观赏、科学、文化价值高，地理位置特殊，具有一定的区域代表性，可供人们游览、休息或进行科学、文化教育活动的场所。森林公园还是生态旅游产品的典型类型之一。中国自1982年建立第一森林公园——湖南张家界国家森林公园以来，到2006年年底已建立各级森林公园2067处，2006年全国森林公园旅游人数达到2.13万人次。

张家界夕照山林明信片（图33-7），张家界国家森林公园位于湖南张家界市城西，1982年批准为国家公园面积7.2万亩。1988年它与索溪峪、天子山三县特色风景区组成武陵源风景区，1992年被列入世界遗产名录，1994年林业部命名为"国家示范森林公园"，总面积48.1万km²。张家界以其独特的石英砂岩峰林构成的自然风貌和原始次生林的古野景观著称于世。汇峰谷、壑、林、水为一色。98%的森林覆盖率，成片的原始次生林，古木参天，人迹罕见。树木种类繁多，不乏珙桐、银杏等珍稀树种。森林为野生动物提供了良好的繁

图33-7（中国）

衍、栖息之地。森林公园内空气含尘量较外界减少88%，细菌含量减少97%；太阳可照时数比外界减少40%，日平均气温低于外界6℃；空气相对湿度较外界约增加10%。六盘山高峰邮票（图33-8），六盘山国家森林公园是我国西北重要的水源涵养林基地和著名风景胜区。六盘山是我国最年轻的山脉之一，它绵延百余公里，有4万多平方米天然次生林，是泾河、清水河、葫芦河的发源地。六盘山总面6.78万m²，森林覆盖率70%以上，生物资源丰富多样，形成一座巨大"基因库"。古代盘山六重始达山顶，故名六盘山。是休闲旅游、消夏避暑、森林探险、科考科普的理想场地。泰山邮票2枚（图33-9和图33-10）。泰山位于山东省中部，海拔1545m，气势雄伟磅礴，享有"五岳之首"、"天下第一山"的称号。1985年建泰山国家公园，1987年被列入世界遗产名录。公园总面积18万亩。属暖温带半湿润季风气候，园内动植物资源丰富，森林覆盖率为80%，植物种类多达1037种，有栎、银杏、赤松、华山松、槐树等；野生动物200多种。这些天然资源形成宜人的森林景观，一年四季景致变化无穷。泰山地形地貌富于变化，有山体高大雄壮，有奇、秀、险、奥、幽、旷等特色，有日出、云海、晚霞、雾凇、松涛、水洞等独特风景。竹海公园邮资片（图33-11），位于贵州赤水市的竹海国家公园，以浩瀚的"竹海"风光为主。园内有楠竹17万亩，遍布群山峻岭。赤水市过去不产楠竹，200余年前，由福建

图33-8（中国，2001）

图33-9（中国，1981）

图33-10（中国，1988）

人黎理泰从上杭引母竹后槽村栽种成功，后逐渐发展起来。20年后大片成林，100年后竹林如海，如今是我国23个年产1000根楠竹的县乡之一，也是全国有名的楠竹之乡。

图33-11（中国，1998）

33.3 外国的国家公园

黄石国家公园邮票2枚（图33-12），黄石国家公园位于美国怀俄明州天然森林区内，占地约9000km²，建于1872年。公园的显著特点是地质方面的地热现象，拥有比世界上其他地方都多的间歇泉和温泉、彩色的黄石河大峡谷、化石森林，以及黄石湖。它是世界上最原始最古老的国家公园。美国红杉国家公园极限片（图33-13），画面是该公园极为壮观的红杉树原始林。如第一篇（4.15）所述，该树为杉科巨杉属，俗名红杉树。红杉树高大遮阴，在自然竞争中处于强势，形成了较为单一的植被群落，只是在林间的底部有蕨类植物生长。它生长挺拔，很少疖疤，木纹精细，

图33-12（美国，1972；联合国，2003）

光亮坚硬。19世纪后半叶，这类树被过量采伐，已濒临绝种危险。1968年设红杉国家公园，后再扩大至今公园拥有409.3km²，并于1980年被列入世界遗产名录。巴伐利亚国家公园邮票（图33-14），这是德国第一座国家公园，1970年向公众开放，面积约120km²，海拔750～455m之间，园内保存着欧洲中部最大的一片森林。票面展现公园的自然林，约有25%为过熟林和枯木倒木；有大树云杉，混生其他针阔叶树，地被枯枝落叶层厚，分解缓慢，下部常与藓类一起形成毡状层。取自格兰屏国家公园邮资封上的图（图33-15），这是澳大利亚最大的国家公园之一，4亿年前的一次地壳变动，造成了格兰屏高山崛起、巨岩耸立的奇景，再经历风霜雨水的侵蚀琢刻，使这里的岩壁更加险峻神秘。园内高山嵯峨，景色千万，犹如一个超大型的植物园。图面展现该公园风景，瀑布上方生长着茂密的桉树等树林，瀑布下方右侧生长着种类繁多的野花。

马来西亚马当红树林自然保护区百年邮票4枚（图33-16），保护区位于毗助州靠海的渔村十八丁，占地4万多公顷的泥泞烂地成为大自然宝库，是备受国际社会好评的红树林保护区。红树林在海岸形成丰富生态环境，还有很高的经济价值，红树木材是海岸建筑民居的良好材料，

是制造火柴、木炭的原料，因此马来西亚政府必须确保红树产量足够应付市场需要，而红树只有生长到15～20年时，才可砍伐，马当保护区保护红树林以免非法伐木。邮票为保护区建立百周年而发行的，展示马当红树林景象、红树的枝叶花果、白鹭栖息在红树林及停泊在红树林边上的船。波黑湿地国家公园邮票（图33-17），这是欧洲自然遗产——Hutooc Blato湿地国家公园，票面展现湿地、野鸭、木船、水草等景象。

图33-13（美国，1978）

图33-14（德国，2005）

图33-17（波黑，1994）

图33-15（澳大利亚，2000）

图33-16（马来西亚，2004）

34　邮票上的森林旅游

　　森林旅游是以森林公园为龙头，以自然保护区、野生动物园、风景名胜区、狩猎场等森林旅游区为主体的森林旅游。近20年来，森林旅游在全世界范围内快速发展，已形成了一股热潮，并成为人们休闲娱乐的一种时尚。森林旅游的发展符合全民健身的需要，有利于公众对生态保护的支持。作为一项新兴产业的森林旅游业也是适应林业产业发展的需要，有利于保护森林资源。以下就为森林旅游提供特色自然景观、人们回归自然参与森林旅游及开展森林旅游的交通服务等三个方面相关邮品展示之。

34.1　森林旅游的特色自然景观

　　森林旅游资源是以自然资源为主的、独特的不可替代的景观资源，是经几亿年大自然鬼斧神工所形成的自然遗产，而且是世代不断增值的遗产。我国涌现出的许多具有全国性甚至国际影响的森林公园、风景名胜区，其中有的已被列入世界遗产名录，成为人们进行森林旅游的目的地。人们进行森林旅游回归大自然、感受大自然的和谐和宁静，体验美景，休息放松。

　　普票黄山及迎客松和西海云潮邮票共3枚（图34-1），黄山位于安徽省南部，南北约40km，东西宽约30km，面积1200km²，号称"五百里黄山"。黄山是一座资源丰富、生态完整、具有重要科学和生态价值的国家级风景名胜区和疗养避暑胜地，自然景观与人文景观俱佳。黄山集中国各大名山的美景于一身，尤其以"奇松、怪石、云海、温泉"四绝著称，是大自然造化的奇迹。普票黄山图案展示黄山"梦笔生花"和"笔架峰"的风景。迎客松邮票展示生长在峭壁岩隙间的奇松，设计者以雕刻版展现前景的松林和山峰，以影写版展现背景的天色和山峦，前后景创造出一种清新愉快的气氛，使人感受迎客松特有的那份热情。西海云潮邮票展示云海汹涌翻滚，重重叠叠的峰峦时隐时现，形态变幻万千的自然奇观。张家界松锁奇峰明信片（图34-2），如前33.2所述，张家界是国家森林公园，此片凸现其山峰称奇，以谷显幽，以林见秀，三千座古峰拔地而披，形态各异，峰林间峡谷幽深，溪流潺潺。一年四季气候宜

图34-1（中国，1981；1963）

人，景色各异。春天山花烂漫花香扑鼻；夏天，凉风习习，最宜避暑；秋天红叶遍山，山果挂枝；冬天银装素裹，满山雪白。张家界是人们理想的旅游、度假、休闲的地方。九寨沟·五花海邮票（图34-3）。如前9.2介绍的，九寨沟是国家级自然保护区，票面图案均为五花海，是一处高山平湖，由于海（即湖）底有各种色素的矿物质和枯枝落叶、海藻等沉积物，经过阳光的折射，幻出丰富多彩的色彩，成为名副其实的彩色湖。而在地上绿黄色树林的烘托下，更显得五颜六色，蓝绿分明。湖面蓝绿清晰见底，凸现了大自然美丽色彩。九寨沟已成为国内外游客向往之地。黄龙潭和三叠泉邮票（图34-4）。如前32.2介绍的，庐山是国家风景名胜区，其中瀑布景观是森林旅游资源之一。黄龙潭邮票，展示飞潭从悬崖上倾泻而下，直落碧绿的潭中；潭在二山之间，山崖上青藤覆盖，阳光从绿叶的缝隙间透出，盛暑身临此地，也觉寒气逼人。三叠泉邮票，展示高达300m的瀑布，折成三叠。第一叠如云如絮，喷薄吞吐；第二叠潆洄作态，珠进玉碎；第三叠直下龙潭。高峡平湖邮票（图34-5）。如前8.1所介绍的，天山天池是国家风景名胜区。票面展示天池海拔1980m，湖面呈半月形，面积4.9km^2，是古代冰川泥石流堵塞河道形成的高山湖泊。天池的自然景色，即具有峨眉之秀，又具有华山之雄，还有别具一格的美。人们站在银波粼粼的天池岸边环顾四周，群峰环抱，云杉参天、皓白的雪峰、翠绿的云杉倒映在湖中，构成一幅大自然的美的画卷，是新疆著名的旅游胜地。玉龙雪山邮资片（图

图34-2（中国）

图34-3（中国，1998）

图34-4（中国，1981）

图34-5（中国，1996）

34-6）。如前26.1所述，玉龙雪山是国家风景名胜区。它是北半球最近赤道的山脉，处于青藏高原东南边缘，横断山脉分布地带。位于云南丽江县城北面约15km。整个雪山集亚热带、温带及寒带的各种自然景观于一身，构成独特的"阳春白雪"主体景观。它是动植物的宝库，还是花的海洋，独占花魁的杜鹃，是雪山景观之一。玉龙雪山是纳西族及丽江各族人民心目中的一座神圣之山，纳西族保护神"三朵"，就是玉龙雪山的化身。处于高海拔上的玉龙雪山自然景观独特，下部森林茂密、泉潭众多，上部草地、雪莲花等药用植物，顶部白雪皑皑。会同山下的丽江古镇一起，成为众多国内外旅客的首选之地。青城山门悠远和山中古观2枚邮票

图34-6（中国，1997）

图34-7（中国，2006）

（图34-7）。青城位于四川都江堰市西南，古称丈人山，城外诸峰环绕，山上树林茂密，山路两旁古木参天，浓隐覆地，四季常青，故名青城山。是我国道教发源地之一。青城山—都江堰是国家风景名胜区，这里属中亚热带四川盆地湿润气候区，夏天酷暑，冬少严寒，雨量多，常为云雾笼罩。满山林木葱茏，四季青翠；山上花卉资源丰富，观果、观叶植物繁多，盛产野生药材。在追求质朴、崇尚自然的道教眼中，这样的自然环境无疑是一处洞天福地。如邮票画面所展示的其自然景观和人文景观的幽古清雅，青城山博得"青城天下幽"的美称。

　　黑森林小型张（图34-8），画面展示的是位于德国西部著名的自然风景区，密布着大片的森林，主要树种为冷杉，远远望去一片黑压压的密林，故称"黑色的森林"。人们进入密林，仿佛被笼罩在一片黑色之中，在夏天黑森林的小径上开满野花，自然风光宜人。这里还拥有丰富的地热资源，山中很多小镇是温泉度假胜地。如票面展示，被森林环绕的路旁分布有小村庄，多是德国传统风格的半木结构的民居建筑。还有从黑森林中精选的木材手工雕刻制成的"咕咕钟"，是祖传的手艺，当地的特产。

34.2 参与森林旅游

人们以不同的游憩动机参与森林旅游，如回归自然，感受大自然的和谐与宁静；放松身心，锻炼身体；求知与社会交流，了解自然，学习更多的知识；体验新奇与刺激，逃避喧嚣和拥挤的环境。

森林邮票4枚和采蘑菇的儿童邮票1枚（图34-9）。瑞典森林卷简邮票的票面为白桦林和冷杉林，林内有原木贮场，有公众进林内摘采野果、菌。瑞典是世界闻名的"森林王国"，瑞典人十分重视环

图34-8（德国，2006）

境保护，热爱大自然，喜欢利用闲暇时间到野外，到森林和田野远足，采摘野果和蘑菇，政府也有相关法规支持公众参与式旅游。白俄罗斯采蘑菇邮票，票面展示一儿童利用假日，身背背包去森林采蘑菇的场景。芬兰的自然风景邮票（图34-10），票面图案为森林、湖水、洗蒸气浴的小木屋。该小木屋为原木结构（即木刻楞），紧临湖水，为桑拿房，房内原木表面已被烟熏发黑。屋内有一掬满了卵石的火炉，炉里烧着桦木，发出一股清香味。人们用带叶的白桦树枝沾凉水"清洁"身体，用浸软的树枝轻轻抽打全身，以加快皮下血液循环和体内水分排泄。这是芬兰的传统沐浴方式，森林、木材为沐浴提供燃料、用具，它也是芬兰的一项特色旅游项目。腾冲热海和火山群邮票2枚（图34-11）。如前18.3所述腾冲森林密布，到处青山绿水。腾冲有中国最密集的火山群和地热温泉，位于腾冲风景名胜区内有火山热海国家重点风景名胜区。热海的温泉明澈洁净，温泉泉眼数以万计，泉水温度高低不等，最高有90℃，泉水含对人体有益的多种微量元素。当地各族人在农闲时自带饮食行囊到温泉洗澡，以消除疲劳、治病、

图34-9（瑞典，2000；白俄罗斯，2004）

图34-10（芬兰，1977）

疗养。现已是集观光旅游、休闲度假、康体疗养为一体的旅游目的地。黑龙江林海雪原邮资片（图34-12），画面展示的是黑龙江大兴安岭林区，位于中国的最北边陲，境内重峦叠嶂，林莽苍苍，雄浑八百里的疆域，一片粗犷。进入立冬，到处白雪皑皑，为滑雪爱好者提供了中国最早开放的天然滑雪场。那里气候寒冷，冬季漫长，雪量大。冬季进入林区旅游，可亲身体验古朴、自然、无任何污染的林海雪原美景，还能进行滑雪、雪地自行车、雪上橇板等运动项目。青山湖邮资片（图34-13），青山湖位于浙江省临安市，是一座人造湖，国家级森林公园，面积64.5km²，其中水域面积10km²，湖面四面环山，万木葱茏，山清水秀。自20世纪60年代从美国引进的一批池杉树种，形成了一片水上森林，像一块翡翠镶嵌在碧水之中。如片画面所示，公园开展了游艇旅游项目，有人用四句话来形容：树在水中长，船在林中游，鸟在枝上鸣，人在画中行。这正是游览青山湖的乐趣。天目山—大树王国邮资片（图34-14），位于浙江临安的天目山，距杭州84km，高峰仙人顶海拔1506m，为国家级自然保护区。天目山地质古老，地形复杂，被称为"华东地区古冰川遗址之典型"；峭壁突兀，峡谷众多，谷幽泉清，茂

图34-11（中国，2007）

图34-12（中国，2000）

青山湖

图34-13（中国，2000）

林蔽日，历来是风景旅游名胜地；植物资源异常丰富，形成江南独特的高大茂密的森林景观，被誉为世界不可多得的"物种基因宝库"，素有"天然植物园"和"大树王国"之称。其森林景观的"古、大、高、稀、多、美"称绝。天目山空气中的负离子含量高，其中核心景区80000个/cm^3，2005年浙江林学院旅游学院科研人员测量天目山空气中负离子含量高达13万个/cm^3，刷新了全国纪录。天目山不仅是"天然氧吧"，也是一座真正的"森林医院"。因此，天目山是人们健康、旅游、休闲的理想场所。武夷山4票（图34-15），上面2枚为武夷山国家风景名胜区，下面2枚为武夷山自然保护区。武夷山坐落在江西、福建两省边境，平均海拔1000m，高峰2158m。武夷山为红色

天目山—大树王国

图34-14（中国，2000）

图34-15（中国，1994）

丹霞地貌，碧水萦绕，奇峰错列，飞瀑若带，云雾缥缈，植物葱茏，有49峰、87岩、九曲溪、桃源洞、商周架壑船棺、摩崖石刻等名胜古迹，集奇、险、秀、幽、野于一体，美誉"奇秀甲于东南"。邮票票面分别展现福建境内的武夷山风景，奇峰秀水，游客乘小竹筏，欣赏两岸秀美、特异的风光；体验在山中盘行约10km的"曲曲山水回转，峰峰水抱流"的自然景观；展现武夷山自然保护区挂墩的自然风貌，挂墩是个小山村，它是世界公认的生物模式标本产地，展现武夷山的黄岗山高山草甸，黄岗山植物区系是研究东部森林植物区系成分的理想基地。武夷山是人们回归自然、认识自然的理想旅游胜地。

34.3 森林旅游的交通服务

　　林区道路是人工建筑物，既要便于人们进出旅游点，又要融合于森林环境成为森林中的一景，它是森林旅游业不可缺少的建设，也是森林生态旅游的重要资源。

森林中冒着白烟的一列小火车邮资片（图34-16），乘坐小火车可观赏铁路二旁的森林景观，又能深入林区旅游。森林火车邮票2枚（图34-17），过去曾经是开发森林运木材的小火车，如今转为森林旅游载人的小火车。穿过森林的公路邮票（图34-18），芬兰林区公路网发达，兼运材和人们进出林区旅游的便捷通道。山区的空中索道和缆车邮票（图34-

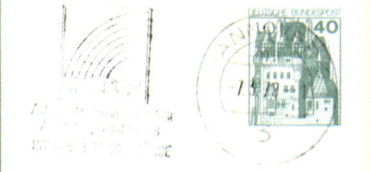

图34-16（联邦德国，1978）

19），票面缆车联系山上山下载货载客，便于旅游者上山下山，还能观看周边自然景观。新加坡于2005年发行树间走道、吊桥、树4连票（图34-20），这是为了保护森林植被，在特定地段建吊桥便于游人行走观赏森林景观。连票下方为被保护的森林植被，上方分别为马来西亚猴、结红果的植物枝条、啄木鸟和蝴蝶。

图34-17（中国台湾，2000）

图34-18（芬兰，1999）

图34-19（奥地利，1975）

图34-20（新加坡，2005）

35 邮票上的园林景观

　　园林是自然与人工的完美结合，即是对自然的模拟，方寸之间显露自然的意趣；也是对自然的加工，一草一木都能显示造园者匠心独运。中国园林已有三千多年的历史，早在商周时期我们的先人就已开始了利用自然的水潭、水泉、树木、鸟兽进行初期的造园活动。魏晋南北朝时期是中国园林发展的转折点，佛教的传入及老庄哲学的流行，使园林转向崇尚自然。私家园林逐渐增加。明清时期出现了以风景为骨干的山水园林，园林艺术进入精深发达阶段，无论是江南的私家园林，还是北方的帝王宫殿苑，在设计和建造上都达到了最高峰。下面展示我国和他国园林经典的相关邮品，侧重鉴赏中国的园林景观。

35.1 中国的江南园林

　　(1)苏州园林。苏州园林堪称中国"园林的标本"，全国各地园林都受到其或多或少的影响。苏州园林的一个鲜明特点，游览者无论从哪个角度进行欣赏，眼前总是一幅完美的图画。苏州园林十分讲究亭台轩榭的布局，假山池沼的配合，花草树木的映衬，近景远景的层次等。就树木而论，高树和矮树俯仰生姿，落叶树与常绿树穿插，花时不同的多种花树相间，一年四季皆繁华。苏州园林——留园邮票一套4枚（图35-1），留园是苏州四大名园之一，始建于明朝中期（约公元1460年），为私家园林。4枚邮票展示四季景观，分别为春到曲溪楼邮票，以曲溪楼后右上方和楼左边的绿叶古树及楼前布满一片粉红色桃花怒放，洋溢着浓浓的春天气息；远翠阁之夏邮票，绿树环抱中的远翠阁，阁前几株繁茂的芭蕉树，点明了炎炎夏日的特点时令；涵碧山房秋色邮票，山房前面荷花池，右侧长廊旁几株树叶发黄的枫树，以示秋季景色；冠云峰晴雪邮票，展示江南最大的湖石冠云峰，即高约9m的假山，冬天雪后晴日的景象。苏州园林——网师园小型张和4连票（图35-2）。网师园始建于宋代，现在的园林为清乾隆时期重建。网师园面积约半公顷，被誉为苏州园林之"小园极则"，堪称中国园林以少胜多的代表作。1997被列入世界文化遗产名录。网师园园林空间小，植物配置在主景区以孤植为主，连票画面可见沿池边点缀数株古柏苍松，造型各异，或高耸亭立，或此枝蟠扎，树根则隐没于山石花台中；小庭园内各有12株姿态出众的观景树木，有罗汉松、玉兰、紫竹、芭蕉、迎春等，高与低、远

图35-1（中国，1980）

与近、点与面、形与色相互配合，构成独具特色的植物景观。小型张以摄影反映园林实景。

　　(2)杭州西湖。西湖在汉代以前是个海湾，由于潮汐泥沙淤泥，形成了杭州陆地和泻湖。经几千年的泥沙淤积，茅草蔓延，湖面逐渐变小，呈椭圆形。西湖以自然山水、文物古迹、寺庙古塔、碑刻造像和新建公园绿地组合而成。"三面环山一面城"是西湖的特点，新建和扩建的园林都用大体量的乔灌木丛组成大小不同、疏落有致的空间，配合艺术，选择色彩丰富的树木花草作为园林的主景。中国于1989年发行杭州西湖邮票一套4枚和小型张（图35-3），邮票展示西湖四季的自然景色，分别为：苏堤春晓邮票，展示春天，春花吐艳，此起彼伏；曲院风荷邮票，展示夏日，荷花映日，湖面新绿一片；三潭印月邮票，展示秋季，三秋桂子，香飘云外；断桥残雪邮票，展示冬季，银装玉琢，寒梅干雪。小型张画面展示西湖的山水景，突出了西湖江南烟雨景色，诗画相映，典朴清雅。

图35-2（中国香港，2003；中国，2003）

图35-3（中国，1989）

（3）扬州园林。江苏扬州瘦西湖为我国湖上园林的代表。清人刘大观言："杭州以湖山胜，苏州以市肆胜，扬州以园亭胜"。瘦西湖——二十四桥邮票（图35-4），十里瘦西湖，湖面时宽时窄，岸上鲜花簇簇，岸边垂柳依依，桃花是粉面，垂柳是青丝，二十四桥是瘦西湖景点之一。扬州园林3连票（图35-5），分别为：何园邮票，何园是扬州晚清最大的私家住宅园林，票面重点刻画"天下第一亭"的水心戏台；个园邮票，个园是扬州明清园林的经典代表，

图35-4（中国-瑞士，1998）

票面以园中最大体量的建筑"抱山楼"居中，造园以竹石为主，点缀亭台楼阁；徐园邮票，位于瘦西湖长堤春柳的北端的徐园，为园中之园。

图35-5（中国，2007）

⑷豫园。邮资片上海豫园（图35-6），位于上海市区南部旧城的豫园是著名的江南古典园林。始建于1559年，占地70余亩，为私家花园，现恢复了30多亩园景。片展示园内湖心亭、九曲桥、荷花池，为豫园的胜景。这是在上海寸金的土地上种有的树木，与石、水、桥融合的园景。砖木结构的建筑，有砖雕、石雕、泥塑、木雕刻，十分精致。

图35-6（中国，1987）

35.2　中国皇家园林

中国皇家园林的特征是：规模浩大、面积广阔、建筑恢宏、金碧辉煌，尽显帝皇气派，建筑风格多姿多彩；功能齐全，集处理政务、受贺、看戏、居住、园游、祝寿以及观赏、狩猎于一体。北京皇家园林是中国古典园林的一个重要类型，是世界园林皇冠上一颗闪亮的宝石。

⑴北京颐和园。位于北京西北郊，原名清漪园，始建于1750年。颐和园集传统造园艺术之大成，借景周围的山水环境，饱含中国皇家园林的恢宏富丽气势，又充满自然之趣，高度体现了"虽由人作，宛自天成"的造园准则。万寿山、昆明湖是颐和园的基本框架，园区占地2.97km^2，水面约占3/4，园中有景点建筑物百余座。辛亥革命后于1914年开放，1924年正式辟为公园。1998年列入世界文化遗产名录。颐和园普票和特票（图35-7），票面图案均展示昆明湖，湖上方的万寿山，山上建有佛香阁。佛

图35-7（中国，1979；1956）

香阁始建时是仿江南杭州六和塔修建，1860年被英法联军烧毁，1891年照原样重建。小型张图案左侧的水上建筑为清晏舫，原称石舫。颐和园谐趣园明信片（图35-8），谐趣园是仿江苏无锡锡惠公园的寄畅园建造的，是一座园中园，也是我国北方地区最具江南园林特色的公园。

⑵北京北海公园。位于北京城中的北海，总面积1063亩，其中水面积占一半以上，是现存历史最悠久、最完整的皇家园林，由辽、金、元、明、清五个朝代逐渐修建而成。全园以琼华岛为主体，以白塔为中心，四周是广阔的水面，视野开阔。1925年辟为北海公园对公众开放。北海普票和特票（图35-9），图案展示琼华岛耸立于太液池南部，岛上为全国标志的藏式白塔，掩映于苍松翠柏之中。特票上的白石桥为永安桥，是连接琼华岛和北海南岸的通道。

图35-8（中国）

图35-9（中国，1979；1956）

（3）承德避暑山庄。位于今河北省承德市北部的避暑山庄，是我国现存最大的古典皇家园林。始建于1703年，前后历时89年才全部竣工，占地564万m²，是清代皇帝夏天避暑和处理政务的场所。它不仅规模宏大，而且在总体规划布局和园林建筑设计上都充分利用了原有的自然山水的景观特点和有利条件，享有"中国地理形貌之缩影"和"中国古典园林的最高范例"的盛誉。1994年列入世界遗产名录，世界遗产委员会在评价中提到"一庞大的建筑群。建筑风格各异的庙宇和皇家园林同周围的湖泊、牧场和森林巧妙地融为一体。……保留着中国封建社会发展末期的罕见的历史遗迹"。承德避暑山庄邮资片和承德避暑山庄—澄湖叠翠·无暑清凉小型张（图35-10），图案展示山庄湖光山色、松轩茅殿的景象，是清凉世界的避暑胜地。

承德避暑山庄 — 澄湖叠翠 无暑清凉

图35-10（中国，1951；1991）

35.3 中国书院园林及其他园林

（1）书院园林是中国传统园林的组成部分。书院是唐宋至明清出现的一种独立的教育机构，是私人或官府所设的聚徒讲授、研究学问的场所。从文化角度探讨书院园林的文化内涵是：书院教育重在陶冶人的品格、寄情山水、崇尚自然，往往都建于山清水秀、景色如画的幽静处。中国古代书院邮票一套4枚（图35-11），展示宋代四大书院，分别为：应天书院，它起源早、规模大、持续久、人才多，居四大书院之首。书院多设于山林胜地，唯应天书院设于繁华闹市，即现河南商丘市。票面可见书院大门两侧有大树遮阴。嵩阳书院，位于河南登封市区北2.5km的嵩山南麓，背靠峻极峰，面对双溪河，是重要的儒学传播圣地。票面可见书院内两侧高大无比的古柏树。岳麓书院，位于湖南省，票面可见院内古木参天，修竹成林。从创建至今的湖南大学，千年以来，瀚墨流香，弦歌不绝办学不已。白鹿洞书院，位于江西省，坐落在贯道溪旁，院内古树浓郁，其中阁前有桂树二株，相传是朱熹手植，也有人说是清代建造"御书阁"时种植的。海南东坡书院邮资片（图35-12），东坡学院是为纪念北宋大文豪、谪臣苏东坡而建于北宋，后重修，明代（1549）更名现名。书院大门轩昂宏阔，院里古林繁茂，群芳竞秀。它是历代儋州最高学府，培养了不少人才，成为海南重要的人文胜迹之一。

（2）大学校园园林绿化。大学校园是青年学子求学、生活、成长的场所，主办者都十分注重校园的园林绿化。广东汕头大学邮资片（图35-13），图案展现汕头大学坐落在背靠绿山的一片广阔平地上，校舍为白色为主的现代西式建筑，镶嵌在绿树、绿地和清水塘之中，学校以"共建绿色家园及共创园林式校园"的理念深入人心。校园绿化覆盖率达75%。校园内有盛开各式花的树，有常绿的阔叶林，有各种灌木、草地、花卉，使翠绿的校园呈现一番美丽的景象。让求学的青年在一派宁静、舒畅的环境中成长壮大。

图35-11（中国，1998）

图35-12（中国，1991）

(3)关帝庙园林。山西运城解州关帝庙邮资片（图35-14）。关帝庙是为了供奉三国时期蜀国大将关羽兴建的，关羽是与"文圣人"孔子齐名，被人们称之为"武圣"关公。人们以一座关帝圣殿，展示一方水土的民俗民风，在全国各地兴建，包括海外华人在居住地建有关帝庙。山西运城解州是关羽的原籍所在，故解州关帝庙为武庙之祖。它创建于隋（公元589年），经重新修建，如片图所示，庙内外古柏苍翠，百花争艳，绿篱花坛，一派园林式布局。

35.4 国外一些国家的园林

伊朗于2005年与西班牙联合发行园林风景2连票（图35-15），右票为伊朗，左票西班牙。伊朗在萨珊王朝时期，各种园林是按几何学修建的，在伊斯兰鼎盛时期，园林中还修建了笔直的水渠，将园林分成若干个矩形。在伊斯兰历的第一世纪，伊朗式的园艺风格传入其他伊斯兰国家和地区，甚至传入西班牙和克什米尔。正如2票所展示的景象。莱芒湖·汐雍城堡邮票（图35-16），莱芒湖也叫日内瓦湖，是阿尔卑斯山地的最大湖泊，终年不涸，湖水绿如翡翠，清透见底。莱芒湖畔的汐雍城堡，是

图35-13（中国，1990）

图35-14（中国，1997）

图35-15（伊朗，2005）

瑞士最大的中世纪古堡。城堡背山面糊，周围环境优美。这里是瑞士著名风景疗养地。德绍—沃尔利茨宫廷花园（图35-17），是欧洲园林建筑的典范之一，建于18世纪，2000年被列为世界文化遗产名录。

图35-16（中国，1998）

图35-17（民主德国，1981）

36 邮票上的人居社区园林绿化

乡村既是人类聚居环境的基本细胞，也是中国大多数人的主要聚居地区。村庄人口密度小，住宅较分散，可供绿化的土地资源较多，村民历来就十分重视村庄的环境绿化、庭院的绿化美化，构成美丽、幽静的乡村绿色景观。随着工业的兴起，城市成为人类另一人口密集的聚居地，因居民住地房屋密集，住宅没有或只有很小的院子，仅可种一些灌木、花草。为此城市都开辟一些公园，街道旁栽行道树、设街心花园等，作为城市公共绿化建设，供市民们共同享受。在第三篇中展示的是城市绿化场景，本篇侧重于乡村社区园林绿化，也展示少量城市居民宅院绿化邮品。

乡村园林绿化是以乡村自然环境，特别是地形、水、土、动植物等为背景展开的，由村庄中与其周边的园圃及树木绿化等形成的，它是中国园林发展的基础和源泉。如第三篇中展示的有的村户内庭院种植花草和几棵观赏树；村中塘边、水渠旁种护岸树，村头有标志性的大树古树一二棵；村庄背靠山坡坡上树木成林，是水土保持林或兼柴山。以此构成乡村园林绿化景观，是最适宜人类居住的良好的风水环境。

36.1 绿树遮阴下的村庄

中国自然村为社区，每一村都种植许多树木，远处望去只见一片树林，少见民宅显露，形成绿色的乡村环境，保护着乡村的安全。本篇（如前图34-6）玉龙雪山邮资片，图案展示雪山脚下平坝上，在一片树林中显露出纳西族聚居的村寨。纳西族约在公元3世纪迁徙到丽江地区定居的，纳西人认为自然与人是相互依存的，自然与人是和谐共处的，人不善待自然是不道德的。处于纳西人的这种信念和民风，家家在宅院三坊照壁（如前图26-2）前种花草小树，房前屋后及村中有柏、核桃、梨等树木，与每户人家门前水系（雪山上的融水）这些景观，构成美丽的田园风光。显示纳西村集山、水、建筑与绿化为一体，家家流水、户户树荫的恬静民居特点。此明信片展现树丛中村寨与玉龙雪山相辉映，村前一片油菜花盛开的农田，正是当地举行油菜花节时摄影的风光片。龙山朝鲜族民俗村明信片（图36-1），龙山村位于长白山脚下、海兰江北岸，离延吉市10公里，1995年延边朝鲜族自治州政府把龙山村命名为龙山朝鲜族民俗村，新建了民俗博物馆和近代土木结构的民居，增设了秋千、跳板等民族传

图36-1（中国，2000）

统体育设施。片上展示一排排土木结构的传统朝鲜族民居，背靠丘陵，山上载有杨树、松树，房前屋旁是一片盛开梨、李树鲜花的果园。一派优美的田园风光。鼓浪屿3连票（图36-2），鼓浪屿是位于厦门市西的小岛，全岛面积1.84km²，岛上花开四季不落，树木葱郁，亭台楼阁，掩映错落，以"海上花园"和"音乐岛"驰名中外。那里原是汇聚了全国最多名人、最多有钱人、最具艺术气质的小岛，中外风格各异的别墅建筑在此汇集、保留，有"万国建筑博物馆"之称。随着社会经济发展，海岛交通不便，使岛上常住人口降至不足1.6万人。而岛上的自然环境依然宁静、优美，绿化覆盖率达41%，既是人们居住的好地方，又是人们旅游的好去处。3连票分别为：八卦楼邮票，位于笔架山上；日光岩邮票，是鼓浪屿的最高峰；菽庄园邮票，原为私人庄园。

36.2 乡村公共场地的园林绿化

这里特指乡村背靠的山坡或周边山坡的树林，民间俗称风水林；村头树俗称风水树；塘边、溪边及街道边等公共场地的树木。乡村园林绿化就是与各村特定的自然地理环境及民族民风相呼应的园林绿化。傣族村寨邮票7枚（图36-3），分别选自中国于1998年发行的傣族村寨的井、亭、塔3枚票，及1980年发行的西双版纳风光的碧水晨曦、傣族村寨、贝叶古刹、凤凰开花4枚票，从不同角度展示地处热带的西双版纳傣族村寨公共场地的园林绿化。傣族村寨邮票展

图36-2（中国，2003）

图36-3（中国，1998）

示傣族民居竹楼，都为单幢建
筑，四周有空地，各有院落，
种植各种花草树木。井和碧水
晨曦邮票，展示爱水的傣族
人，特别爱护水井，不仅在井
上盖有亭子，周边还有古树大
树保护；沿河定居的傣族人，
一早起来就到河边、田边的棕
榈树下，准备下田劳作。塔、
亭、贝叶古刹邮票，展示傣族
村寨寺院，当地人称为缅寺，
傣族男孩一般都要在寺里度过
一段修行的生活，这些公共建
筑周围都有热带树木荫蔽。凤
凰开花邮票，展现傣族人喜爱
的凤凰树景色，它是当地主要
街道绿化树种。海南黎寨风情
邮资片（图36-4），片画面
展示从大陆渡海到海南岛已有
3000多年历史的黎族的村寨，
寨外田园风情，寨边椰树、槟
榔、棕榈等热带树种昂然挺
拔。黎族卧居为传统的船形
屋，以当地竹、树枝、茅草为
建筑材料，房檐很矮，离地面
仅一米左右。杭州天泽庙邮资
片（图36-5），天泽庙始建于
宋代以前，是古人求雨祈福的
灵地。南宋嘉熙年间（1237~
1240），临安知府在此祈雨应
验，赐庙额"孚应"。片画面
展示在树林中的天泽楼，楼名
取自大泽庙，民众在此参与祈
雨仪式。镇国寺万佛殿邮资片
（图36-6）。山西平遥镇国寺
建于五代时北汉天会七年（公
元963年），寺内万佛殿为全国

图36-4（中国，1991）

图36-5（中国，2003）

图36-6（中国，2000）

现存最古老的木结构建筑之一，院内有古树及各类观赏树木相应称。香港于1938年发行的某村庄小广场邮票（图36-7），画面上一棵古老的树木即村头树，周边是民众集聚的场所，它展现了香港的旧日风貌。在我国南方村庄里一般有一棵樟树、榕树等树冠广阔的古树，在树荫下形成一个小广场，便于村民纳凉、进行贸物交换、聚会，俗称村头树。大井村邮票（图36-8），大井村是井冈山一处四面环山，白云缭绕，绿树修竹，清溪流转，风景美丽的传统村落，因1927年工农红军在大井乡设苏维埃政府而成为革命圣地。票面图案上一所凹形楼复合式三合院，院墙后面有一棵大树，即村头树，是村民们倍加爱护的古树，它见证了村落的兴衰。该树虽曾被敌人烧伤，现在仍枝繁叶茂，被称为常青树。

南非于1975年发行的1876～1960年ErichMeyer场景的一套邮票，现取其中3枚（图36-9），票面图案展示在一株大的面包树下聚集了众人，人们赶着马车去参加村里的典礼，众人或赶着马车或步行在街上。有村、有人活动的地方必有树木生长相伴。古欧椴树邮票（图36-10），画面展示的是赫姆尔斯山区居民的绿色景观，这棵椴树在乡村的中心，自先辈以来，人们就在此跳舞、娱乐，称为这个乡村的标志物。古树已有750树龄，树干直径25m，有十分宽阔的树冠。1971年被划为自然遗迹，树下四周搭建框架，以保护古树。

图36-7（中国香港，1938）

图36-8（中国，1965）

图36-9（南非，1975）

图36-10（德国，2001）

36.3 居住地的园林绿化

　　乡村居住地周围有较多的土地资源，自然环境丰富多样，可供居民进行园林绿化，绿化样式多样，可增加绿色层次，加深空间感。竹楼极限片（图36-11），图案为傣族一民居，房屋三面均有热带树林包围，树种不一，高矮错落，呈美丽的园林绿化景观。片上盖有热带树、屋的风景邮戳。图36-12（取自毛泽东同志诞生百年首日封）展现韶山毛主席故居，旧居背倚青山，前有水塘和农田，是我国南方丘陵山区分散而居，选择建民居的代表性地段，优越的环境使居住地的园林绿化呈自然状态。陕北窑洞民居极限片（图36-13），片图展示在各家窑洞前有限的土地上栽种了树木，给黄土地居民带来了绿色的生命。

图36-11（中国，1995）

图36-12（中国，1993）

图36-13（中国，1995）

城市居住地宅院虽小，但也少不了绿化。北京四合院民居极限片（图36-14），片图展现宅院内栽有果树，夏日可遮阴，冬日不挡日光，还可收果实，把有限的空间绿化。上海孙中山故居明信片（图36-15），片图展现故居西式建筑，宅院内栽有树木、绿篱、草坪和花，呈现一派中式园林风格。梅家坞周恩来纪念室邮资片（图36-16），画面展现的是一所清末民初时期的民宅，具有江南小四合院风格，宅前院栽有树、竹、灌木和草坪。整个民宅背倚青山、环境幽静。

图36-14（中国，1998）

图36-15（中国，1960）

梅家坞周恩来纪念室

图36-16（中国，2003）

第六篇

邮票上的森林文化

本篇仅指与森林有关的人文艺术等方面的现象，借助邮品展示一国的国树、祝福纪念的树与木竹相关的传统制品和民俗民风、木雕工艺品和木版画，以及盆景、树画和茶文化。

37　邮票上的国旗及特定场合以树木为国家的象征

邮票上的林业史

树木因其挺拔、坚实、不惧恶劣环境而顽强生长，它为人类提供食物材料并保护人类居住环境，人类依赖树木而生存发展。为此，自古至今，在各国各地都有崇敬树木的传统习俗和风尚。树木是高等植物的总称，树木又是一种含特定意义的象征物，甚至在一国国旗、国徽上有以某特定的树木（或树木的枝、叶、花、果）为国家的象征。

树木是造福人类的天使，树木与一个民族思想感情息息相关。许多国家通过立法程序，确定喜爱的树为国树，有些国家是由人们约定俗成的。现今世界上有100多个国家拥有自己的国树、国花，由于各国的地理环境、历史背景和文化传统不同，被选作国树、国花的植物不同，象征的意义也有差别，有的是国家和民族的精神象征，反映本民族的文化传统、审美观和价值观；有的是反映本国的自然面貌和植被景色，或文化传统与民族习俗。

下面借助相关邮品展示国旗上的树木、象征一国的树或花，及特定场所象征国家的树木。

37.1　含有树木图案的国旗邮票

国旗是一个国家主权的象征，代表着国家的尊严。世界各国的国旗五光十色，图案各不相同。下面仅选用有树木图案的国旗邮票，从一个侧面看世界。其中有的树木是该国的国树。邮票取自联合国发行的各成员国国旗单枚邮票。

加拿大国旗和徽章邮票2枚（图37-1）。加拿大素称"枫树之邦"，枫树是加拿大的国树，枫叶是加拿大民族的象征。国旗邮票展示在白色旗面中央绘有一片有11个角的红色枫叶，代表居住在这片富饶土地上的全体加拿大人民（参见第一篇6.6）。徽章邮票，图案中央是一头金色的狮子，狮子前肢举着一片红色的枫叶，这是加拿大总督的徽章。黎巴嫩国旗邮票2枚（图37-2），一枚由黎巴嫩发行的，另一枚是乌拉圭于2003年为黎巴嫩独立60周年发行的。票面图案中央挺立着一棵绿色雪松树（参见第一篇4.7），雪松是黎巴嫩的国树，古埃及人把黎巴嫩山区称为"雪松高原"；"圣经"中把雪松称为"植物之王"；古代腓尼基人称它为"上帝之树"或"神树"；埃及人称雪松为"死者的生命"。雪松作为黎巴嫩国旗、国徽正中的图案，反映了黎巴嫩人民挺拔强劲的民族精神。海地国旗和多米尼加国旗邮票2枚（图37-3）。海地国旗邮票，旗中央有一棵象征国家主权、高大挺拔的绿色棕榈树，树上插着一根"自由之竿"，竿上是"自由之帽"。海地的国树是长叶刺葵，属棕榈科。多米尼加国旗邮票，图案中央盾徽两旁以月桂和棕榈枝叶装饰。月桂树属樟科，常绿小乔木，月桂树枝环象征功劳、荣誉。由古罗马竞技场和胜利女

图37-1（加拿大）

图37-2（黎巴嫩）

神头戴桂冠坐在战车上的形象可见一斑。
萨尔瓦多国旗邮票（图37-4），国旗中央
为国徽图案，图案由象征胜利的月桂树枝
环抱。墨西哥国旗邮票（图37-5），国旗
中央为墨西哥国徽，国徽图案为一雄鹰停
立在墨西哥的国花仙人掌上，上方为象征
力量、忠诚及和平的橡树和月桂树枝叶。
秘鲁国旗邮票（图37-6），国旗中央图案
为盾徽，盾面左上方是一只南美骆马，右
上方是一棵秘鲁国树金鸡纳树（参见前图
6-29），下半部是羊角，以此代表该国
的自然资源。盾徽上端为一绿枝叶环。玻
利维亚国旗邮票（图37-7），国旗中央
为国徽，椭圆形中的景物由太阳、波托西
山、面包树、驼羊、谷物等组成，边处为
月桂枝和橄榄枝表示玻利维亚人民对民族
自由的自豪及与其他国家人民和睦相处的
愿望。赤道几内亚国旗邮票（图37-8），
国旗中央是国徽，国徽中央绘有一棵高大
粗壮的红树，这是该国人民喜爱而敬仰的
"上帝之树"，这树不仅表现了国家的木
材生产和加工业的发展，同时预示着新兴
的共和国定将坚实、自由、独立地屹立在
这片大地上。斐济国旗邮票（图37-9），
国旗上的盾形国徽中有一棵椰子树、三根
甘蔗和一串香蕉，形象地表明该国的经济
特点是种植这些热带作物。伯利兹国旗邮
票（图37-10），国旗上居中有50片绿色
树叶环绕国徽，其中间有一棵树，两旁有
人和橇杠、斧头、锯等伐木工具。这些图
案展现该国资源丰富，并特产许多贵重木
材，居民以伐木为主要生计。斯里兰卡国
旗邮票（图37-11），图案左侧咖啡色代表
僧伽罗族（占其全国人口的72%），右侧长
方形的四个角落各有一片菩提树叶，表示
对佛教的信仰，而且其形状又和该国国土
轮廓相似。菩提树是该国国树。

图37-3（海地；多米尼加）

图37-4（萨尔瓦多）　　　图37-5（墨西哥）

图37-6（秘鲁）　　　图37-7（玻利维亚）

图37-8（赤道几内亚）　　　图37-9（斐济）

图37-10（伯利兹）　　　图37-11（斯里兰卡）

37.2　象征一个国家的树木、花的邮品

以特定的树木、花为一个国家或一个地方的象征。芬兰于2002年发行首日封（图37-12），封面左上角一票为银桦树的枝叶，邮戳图为芬兰轮廓地图；封图为银桦树。银桦是桦树的一种（参见第一篇5.3），芬兰人对一身是宝的桦树深怀敬意，尊为国树。桦树木料可制传统工具和家具；树皮可铺盖屋顶；树枝可作饲料；树汁还可饮用。新西兰于1999年为APEC会议在新西兰召开发行邮票一枚（图37-13），票面图案为会议徽志、全彩新西兰，即白色是毛利人称新西兰是白云的故乡，银色是国树银蕨树叶象征开始，蓝黑色是骄傲和竞争等。银蕨也叫宽蕨*Ponga fern*。新西兰人认为银蕨能够体现新西兰的民族精神，它成为新西兰的独特标志和荣誉代表。密歇根州150周年邮票（图37-14），图案为白松树。美国西部白松（*Pinus menticola*）通常是木材爱好者的心中最美，它散发出的树脂芳香及其浅淡色调融合，是乡村房舍、古老家具、山间木屋等的重要材料。该州州庆以白松树为州的象征。木槿普票（图37-15），韩国人特别欣赏木槿花（参见第一篇6.9），漫长的花期人称"无穷花"，被选定为国花。韩国人将木槿看成自己民族的骄傲，认为它象征着坚毅不屈的精神。

37.3　特定场所象征国家的树木邮票

巴西·黎巴嫩国旗邮票（图37-16），这是巴西为黎巴嫩移民区发行的两国国旗邮票。巴西国旗中的国树为巴西木，学名香龙血树，常绿乔木，株形整齐，茎干挺拔。该树经历了16世纪初葡萄牙人大量采伐为纺织用染料，后法国人用其为提琴弓而再次掀起巴西木砍伐潮，20世纪为扩种甘蔗而进一步挤压巴西木的生存空间，使巴西木仅存原来的5%。现巴西木为巴西国树而倍加保护。我国为中日邦交正常化10周年发行梅和扶桑邮票2枚（图37-17）。梅花为蔷薇科落叶乔木，是中华民族象征之花，是中国之花，邮票用梅花表示中国人民对日本人民的友好情谊。扶桑属锦葵科灌木，日本自古就有扶桑国之称，邮票用扶桑表示日本人民对中国人民的友好情谊。邮票底边上绘有中国北京天坛祈年殿和日本奈良五重塔。我国为庆祝蒙古人民革命40周年发行中蒙友谊邮票（图37-18），邮票画面展示并排悬挂中蒙两国国旗，下方簇拥着盛开的牡丹花，寓意吉祥，表现着中国人民对蒙古人民的美好祝福。牡丹属毛茛科，多年生落叶小灌木，是中国特产的花卉，是富贵吉祥、繁荣幸福的象征。我国为庆祝古巴解放5周年发行中古友好邮票（图37-19），图案上中古两国国旗紧紧地并列着，在高山和青松的上空迎风飘扬，象征着中古两国人民之间深厚友谊，如高山般牢不可破，似青松万古长青。我国为庆祝越南民主共和国成立15周年发行还剑湖邮票（图37-20），图案以茂密的丛林和挺拔的椰树为背景，象征越南人民保卫祖国的决心。古巴少年和保卫古巴邮票2枚（图37-21），图案均展现象征古巴民族特征的高大挺拔的棕榈树为背景，棕榈树是古巴的国树，古巴的大棕榈树又叫皇家棕榈树，是古巴特有的棕榈树种，树高大耸直。巴西于1949年萨尔瓦多建城400年发行邮票一枚（图37-22），票面图案为印第安人和椰子树。该城建于1549年，是葡萄牙殖民地的贸易、防卫、首都所在地，它是巴西第一座首都，见证了欧洲、非洲和美洲文化的融合，是巴西文化发源地，已被列入世界遗产名录。

图37-12（芬兰，2002）

图37-13（新西兰，1999）

图37-14（美国，1987） 图37-15（韩国，1997） 图37-16（巴西，2005） 图37-18（中国，1961）

图37-19（中国，1964） 图37-20（中国，1960）

图37-17（中国，1982）

图37-21（中国，1964；1963） 图37-22（巴西，1949）

38 邮票上的象征祝福和纪念的树木

树神崇拜是世界性的现象。欧洲自古至今是个多民族、多国家的大陆，树神崇拜统一于圣诞树。中国自古以来，富有树神崇拜的传统。在中国树神崇拜都有一定的树种，夏后氏以松，殷人以柏，周人以栗……，各地少数民族有自己信奉的树。下面展示圣诞节与树木、以树木寄托对古人的怀念以及以树或木象征纪念3方面的相关邮品。

38.1 圣诞节与树木

庆祝圣诞节必须有圣诞树，一般都用杉、柏一类呈塔形的常青树，是生命不息的象征。西方人以红、绿、白三色为圣诞色，圣诞节来临时家家户户都要用圣诞色来装饰。红色的有圣诞花和圣诞蜡烛。绿色的是圣诞树。圣诞树上悬挂着五颜六色的彩灯、礼物和纸花，少不了木制小挂饰，还点燃着圣诞蜡烛。西方人对树神崇拜统一于圣诞树，是宗教力量把树神与耶稣信仰合而为一。工业革命后，圣诞节传遍世界。

美国于1964年发行圣诞节首日封（图38-1），封图为儿童和圣诞树，贴有4枚邮票，图案是用于圣诞节装饰的植物，左下为猩猩木，大戟属，又叫一品红、圣诞红，为常绿灌木；左上为冬青树的枝叶，木犀科女贞属，常绿小乔木或大灌木，其红艳艳的果实、绿油油的叶子，在寒冬腊月确实

图38-1（美国，1964）

使人感到一般春天的气息；右上为槲寄生，是桑寄生科的一种植物；右下为松树枝和果。英国于2002年发行圣诞快乐不干胶自贴票（图38-2），票面图案分别为冬青，象征幸运；云杉为圣诞树；常青藤象征忠诚；槲寄生象征肥沃、丰收；松果为传统圣诞节装饰。圣诞树邮票2枚（图38-3）。南非于2001年发行圣诞节邮票2枚（图38-4），图案为挂彩灯的南非猴面包树和天使的翅膀，呈现南非特有的圣诞节日气氛。

"我的祝福"邮票2枚（图38-5），图案分别为枫叶，美好回忆；竹子，节节高升。展现中国传统以树祝福友人的习俗。苏联于1984年发行的用月桂枝装饰的授予苏联英雄的"金星"奖章

图38-2（英国，2002）

小型张（图38-6），图案为苏维埃历史上的英雄业绩，授予"切抑斯金号航空队的苏联战士在卫国战争和开发宇宙空间中的成就"。展现苏联以象征功劳、荣誉的月桂枝作为对英雄的奖励。

图38-3（乌克兰，2001；俄罗斯，2006）

图38-4（南非，2001）

图38-5（中国香港，2001）

图38-6（苏联，1984）

38.2 以树寄托对故人的怀念

中国传统以松柏等树木寄托对故人的思念。为纪念毛主席逝世一周年发行了"毛主席在雄伟的天安门上向世界庄严宣告中华人民共和国成立"邮票（图38-7）；为纪念朱德逝世一周年发行了"朱德委员长像"邮票（图38-8）；为纪念刘少奇诞生85周年发行了"刘少奇同志像"邮票（图38-9）；为纪念周恩来逝世一周年发行了"周恩来同志像"邮票（图38-10）；为纪念邓小平逝世一周年发行了"邓小平同志像"邮票（图38-11）。以上5枚已故国家领导人的邮票，票面下方在洁白的底衬下依次分别绘有一朵朵蓝色雪梅、一株株生机勃勃的万年青、几棵挺拔的墨绿色劲竹、一丛茂密的青松、几棵挺拔的青松。图案既突出了领袖生平的品德和胸怀，又反映了人民群众的深切怀念之情。为纪念刘伯承诞生一百周年发行了"刘伯承元帅像"邮票（图38-12），为纪念罗荣桓诞生九十周年发行了罗荣桓像邮票（图38-13）。以上2枚已故元帅的邮票，图案背景绘有几棵挺拔的青松，象征元帅高洁的品格和光明无私的精神境界。为纪念辛亥革命70周年发行了"黄花岗七十二烈士墓"邮票（图38-14），图案上陵墓两旁高大

图38-7（中国，1977）　图38-8（中国，1977）　图38-9（中国，1983）　图38-10（中国，1977）　图38-11（中国，1998）

挺拔的椰子树，犹如守护着烈士墓的战士。墓地到处苍松翠柏长青，繁花并茂，是后人敬仰的革命纪念地。中国于1997年发行伟大的领袖和导师毛泽东主席纪念堂邮票（图38-15），邮票图案将金碧宏伟的建筑掩映在苍松翠柏丛中，以表达全国各族人民对毛主席深深的敬仰和怀念之情。

图38-12（中国，1992）

图38-13（中国，1992）

图38-14（中国，1981）

图38-15（中国，1977）

38.3 对森林、树木、伐木工人的敬仰和纪念

　　摩诃菩提树到达斯里兰卡，种植摩诃菩提树典礼邮票一套4枚（图38-16）。斯里兰卡是南传佛教圣地，佛教视菩提树为圣树。菩提树一词在英语里为Peepul、Bo-tree，有宽宏大量、大慈大悲、明辨善恶、觉悟真理之意。在植物分类学中，其拉丁学名为*Ficus religose*，有神圣宗教之意。邮票上展示的菩提树苗取自从释迦牟尼佛悟道时所坐的那棵树上，对圣树苗的到斯里兰卡特意举行迎请安奉仪式。4枚邮票为：菩提树苗到达斯里兰卡场景；国王高举树苗以示敬意；对到达的菩提树苗举行崇敬仪式；植树仪式。阳光下菩提树邮票（图38-17）。比利时于1990年发行的日课经中的插图：伐木者邮片1张（图38-18），左图一页日经含经文、花卉、伐木者。加拿大于2002年发行的伐木工雕塑邮票（图38-19），以纪念伐木工为国家作出的贡献。墨西哥于2003年发行的森林博物馆邮票（图38-20），票面图案为费德里克森林博物馆的一工艺品。奥地利发行一陶制的"森林神"头像邮票（图38-21）。以上为一些国家对森林、树木、伐木工人的敬仰和纪念而发行的邮品。

图38-16（斯里兰卡）

图38-17（尼泊尔，2000）

图38-18（比利时，1990）

图38-19（加拿大，2002）

图38-20（墨西哥，2003）

图38-21（奥地利）

39 邮票上的木竹制品寄寓喜庆及有关的民俗民风

　　自从人类最早的发明开始，木材（含竹）就一直渗入我们的物质生活和精神生活之中。从建筑、家具、日用品、工艺品、乐器等，到文学艺术、宗教伦理，无处不见木材的踪影。木质纹理所特有的原始、自然、细腻、熟软，能给人以温暖、亲切、富有生命力的优美感觉，这正符合了人们追求温情、和睦和人情味的心理。木质材料的发展适应了人们的生活要求，同时也在一定程度上缓解了木材利用与森林资源匮乏之间的矛盾。本节就木竹制品寄寓喜庆开始，以下各节为木竹日用品、木雕和木版画、竹工艺品、木竹玩具和娱乐体育用品、盆景和绘画等方面，借助相关邮品展现木竹文化的精神内涵。

39.1 木竹制品灯笼与喜庆

　　灯笼在亚洲的庙宇中是常见的物品，现在社会中它已变成一种收藏欣赏的传统工艺品，佳节庆典都要挂灯笼。中国的灯笼是世界上最早发明的便携照明工具，后发展成雅俗共赏的工艺品，尤以皇家宫廷灯笼的艺术价值最高，不但有优美的线条和雕刻图案，有的还配以中国的方形文字、山水图案、画像等，使自然和人文观念融为一体，生动地反映了当时社会的高度文明。

　　（1）宫灯，也称宫廷花灯。它是中国彩灯中富有特色的手工艺品之一，以其雍容华贵、充满宫廷气派而闻名于世。宫灯流传到民间，既能照明，又能点缀环境，是很好的建筑装饰。正统的宫灯造型为八角、六角、四角形的，各面画屏图案内容多为龙凤呈祥、福寿延年、吉祥如意等。宫灯用料极为考究，大多为红木、紫檀木、花梨木、楠木等贵重木材，甚至以昂贵的金银装饰。宫灯制作较复杂，除大块木材的处理用机械加工外，其余工序全部是手工完成，尤其是灯架与灯扇之间的榫卯连接是宫灯手工艺价值的所在。中国于1981年元宵节发行宫灯邮票一套，这里展示其中的4枚（图39-1）。全套邮票展示灯笼的骨架为紫檀木所作，镶嵌的玻璃上绘有不同的图案。4枚邮票分别为：花篮灯邮票，竹笼形象为花篮，玻璃上绘有花木图案；龙球灯邮票，宫灯腹部呈现圆形状，颈部向四周探出龙首雕刻，玻璃上绘有仙女形象；龙凤灯邮票，呈一种有珠穗的挂灯，玻璃上绘有山水图画；草花灯邮票，呈一种有珠穗流芳的挂灯，玻璃上绘有"喜鹊登梅"、"松鹤图"等花鸟画。

图39-1（中国，1981）

（2）花灯，又叫彩灯。相传起源于汉代，兴于唐宋，是中华民族优秀的文化遗产。它象征喜庆、吉祥，总与节日联系在一起，尤其是每年农历正月十五元宵节，又被称为"灯节"。花灯用料极为丰富，一般用竹木、金属、绸缎、明珠、丝穗、纸品、玻璃等材料扎制。其独特的艺术形式，是中国民间艺术的一朵奇葩。中国于1985年元宵节前夕发行花灯邮票一套，现展示其中2枚（图39-2）。这套邮票展示花灯作为一种应节灯彩使用竹篾材料做骨架，给人以轻巧质感。左邮票九莲献瑞，寓意吉祥和美好的祝愿；右邮票龙凤呈祥，花灯骨架雕刻为龙凤形象，造型别致，寓意吉祥。

（3）走马灯邮票。密克罗尼西亚发行的中国古代科学文明小版张中的走马灯邮票（图39-3），展示中国于1703年发明的走马灯。走马灯也称转灯，是我国民间彩灯的一种独特形式，宋代已较为盛行，是根据空气上升产生推动力的原理制成的。灯以竹为骨架，外形多为宫灯状，内以剪纸粘一轮，将绘好的图案粘贴其上，燃灯以后热气上熏，纸轮辐转，灯屏上即出现人马追逐、物换景移的影像。

（4）天安门城楼上的宫灯高悬，红旗飘扬，一片红光灿灿，洋溢着节日的喜庆气氛，见中华人民共和国成立10周年（第五组）邮票和庆祝中国共产党成立50周年邮票（图39-4）。寒山寺的除夕夜明信片（图39-5），图案展示除夕之夜寺庙内外高挂各式灯笼，众人有序地簇拥在寺院等候去敲一年一度的除夕钟，以求来年平安吉祥。寒山寺位于苏州枫桥镇，始建于公元6世纪初，唐代诗僧寒山，曾在寺内住持，故名"寒山寺"。寒山寺藏经楼明信片（图39-6），展示木结构的藏经楼门

图39-2（中国，1985）

图39-3（密克罗米西亚，1999）

图39-4（中国，1959；1971）

图39-5（中国）

前挂一对宫灯，宫灯既可照明，又成为建筑装饰。南大街邮资片（图39-7），展现山西平遥古镇节日里沿街各家店门悬挂红灯喜迎客人。

39.2 以木竹为材料的篝火、舞龙、社火等民俗活动

世界各地各民族有许多喜庆活动，需要提供木竹制品为吉祥物，需要借木柴篝火营造欢快气氛。

⑴篝火。篝原意以笼蔽灯，现指在野外或空旷的地方燃烧火堆。如圣诞篝火晚会、圣诞烧烤篝火、鄂伦春民族传统篝火节、一般的群众聚合篝火晚会等。营地的篝火邮票（图39-8），画面展现篝火烧烤晚会场景。欧洲民间舞蹈——约瑟节篝火邮票2枚（图39-9），画面为地上一圈圈的篝火舞会，及天空烟火星光照耀。

图39-6（中国）

图39-8（新西兰，1988）

图39-9（圣马里诺，1981）

图39-7（中国，2000）

(2)舞龙、舞狮。舞龙和舞狮邮票2枚（图39-10），票面图案为中国铜梁舞龙和印度尼西亚传统巴厘岛舞狮，展现龙狮舞动的精彩瞬间，邮票采用装饰手法设计而成。龙身是用竹篾制成，有龙头、龙身和龙尾，节节相连，外面覆罩画有龙鳞的巨幅红布。喜庆日舞龙寓意"风调雨顺，国泰民安"，即欢庆、吉祥和胜利的意思。狮子在中国民间被视为"祥瑞之兽"，人们希望以狮子"百兽之王"威武、勇猛的形象，来驱魔避邪，祈求和平安宁。狮子的制作也少不了木竹材料，有的地方刻木为头丝作尾，有的地方以竹篾、纸为主要制作材料。舞狮邮票（图39-11），展示中国杂技表演的传统节目——舞狮的情景。

(3)赛龙舟。龙舟在古文献中最早的记载是公元前318至公元前296年，流传最广的是源于纪念楚国爱国诗人屈原，每年5月5日划龙舟以示纪念。龙舟制作要求很高，要请专门的木工师傅，择日开工，选用上等大木料，如龙头一般须用整块的桧木来雕刻，以求灵气十足；船体则多采用樟木来做；船尾则用整木雕刻出许多鳞甲。按榫处全用木钉。制成的龙舟再配以各色浓妆，使之更加栩栩如生。赛龙舟邮票（图39-12），图案为龙舟全貌，众人持桨划舟，舟上一面"风调雨顺"的旗帜迎风展现。中国香港与澳大利亚联合发行赛龙舟邮票2枚（图39-13），是为庆贺在中国香港和澳大利亚同时举办的龙舟节而发行的邮票。

图39-10（中国-印度尼西亚，2007）　　图39-11（中国，1974）图39-12（中国，2001）

图39-13（中国香港，2001）

(4)社火。平遥社火邮资片（图39-14）。唐朝兴起的晋中社火已有千年历史。在传统节日里，民间举行的广场表演娱乐活动俗称"社火"，如片图所示，平遥街店铺门前挂红灯笼，街中彩车缓缓前进，人群簇拥，热闹非凡，这些彩车及装饰都离不开木材为制作材料。

图39-14（中国，2000）

(5)韩国于1989年发行提灯邮票。（图39-15）。韩国浴佛节（农历四月初八），佛寺中举行庄重的祭典及仪式，佛教徒要提灯游行庆祝。传统的提灯是用木材制作的。日本于1997年发行秋田竹竿竹龙邮票一枚（图39-16），图案为一人扛着挂有9根横竹的十几米长的竹竿参与别有风格的节庆活动"竹竿节"，这是秋田夏天举办的传统民俗活动之一。

图39-15（韩国）　　　　图39-16（日本，1997）

39.3 奥地利别有风格的民俗活动

奥地利地处中欧，森林资源丰富，森林覆盖率达47.2%，长期以来木材工业一直为奥地利民众提供着重要且稳定的就业岗位。这里展示3枚邮票：克洛斯特新堡滑动木桶雕刻版邮票（图39-17），放木排邮票（图39-18），以及雪地人拉木材邮票（图39-19）。3票展现了奥地利人民别有风格的民俗活动，如放木排或称划筏子，在奥地利内河划筏子最早可追溯到1209年，该邮票是为纪念奥地利的划筏子风俗以及该国举行的国际筏子节而发行的。

图39-17（奥地利，2004）

图39-18（奥地利，2000）

图39-19（奥地利，1993）

40 邮票上的民间日常生活用木竹制品

如前所述木竹材料便于获取，加工制作方便，其制品历来成为人们日常的生活用品。以下展示邮票上的中国民间日常生活用木制品、竹制品，及国外传统木竹制品。

40.1 中国民间日常生活用木制品

这里展示的邮票为中国民间日常生活用木制品，对同一类日用品也含竹、藤制品。

⑴餐食用具。中国台湾发行早期生活用具——食器邮票一套4枚（图40-1）。分别为：饭桶及食桶架，大多为木制，其大小可显示家中人丁规模；蒸笼，有圆形的木、竹、藤材质以及四方形木制两种类型，此票展示为木质方形蒸笼，具有保温效果；饭篮，有竹编与木制两种，如票所示，竹编的饭篮形式类似谢篮，木制的则为四方形篮，用以提拿食物之用，如票面背景图案——农夫挑一对饭篮；食具，为盛放碗盘、筷子的器物，右边为筷笼，又称箸笼，用木头、竹、陶瓷等材料，此票为木制，票面背景图案为端菜和用餐的情景。早期人们餐食用具的主要材料是木材和竹子。中国发行"服务业中的妇女"系列邮票，其中之一为食堂服务员（图40-2），画面展示木制碗柜与服务员手持一把筷子的情景。筷子雅称箸，中国早在春秋战国前就用竹子制作筷子。筷子是人类手指的延伸，手指能做的事，它都能做，且不怕高热、寒冻。筷子最早用竹或木制作，后来发展为象牙、银、塑料等材料制作，并有雕花、印花成为工艺品，而大众筷子仍为木竹筷。新加坡于2006年发行民间行业邮票一套，其中之一为一人头顶蒸屉送货的邮票（图40-3），图案展示圆形的竹编蒸笼。这类木竹传统餐具在中国广大边远农村至今仍普遍沿用，在城市也还有不少餐馆饭店部分使用木竹餐具。

⑵家具。中国台湾发行早期生活用具——家具邮票（图40-4）。邮票共4枚展示4种家具，均为木材制作，基本框架为榫卯结构，选用特定的款式、纹样、打磨和上漆，是中国的传统

图40-1（中国台湾，2007）

图40-2（中国，1966）

图40-3（新加坡，2006）

图40-4（中国台湾，2003）

图40-5（中国，1974）

家具。面盆架邮票，图案为造型华丽的放置脸盆的架子；红眠床邮票，木材材质坚固，雕工精美，因多漆以红色而称为红眠床；太师椅邮票，是我国台湾民宅中重要和尊贵的座椅，如票面背景所示，成对置放，中置茶几；八仙桌邮票，是我国台湾民宅大厅中央放置的供桌，如票面背景所示，方便祭拜。供桌雕饰内容大多以八仙过海来衬托富贵吉祥，故称"八仙桌"。叠椅邮票（图40-5），杂技的道具为一只只木靠椅，是最普通的生活用具，也是榫卯结构构成的。中国清代家具邮票和明信片（图40-6），一票为中

CHINESE FURNITURE OF THE QING DYNASTY

清代家具

紫檀大多宝格一对
清早期

多宝格成对，每个长114厘米，宽44.5厘米，高222厘米，分割成多个矩形陈设格层，抽屉和小柜，布局合理，错落有序。典型的清式风格这是黄胄先生早年所收明清家具的重器，制于康熙时期。

图40-6（中国香港，2007）

国清代夔龙纹紫檀木太师椅邮票，中国香港于2007年发行，该椅造型古朴，纹理细腻，浑厚端正，右侧展示太师椅靠板夔龙纹的细部，充分体现清代家具的庄重风格。一片为清早期紫檀大多宝格一对明信片，可见其精湛的传统工艺。毛泽东在西柏坡邮票（图40-7），画面展示毛泽东坐在木条折叠椅上。这种以木条为骨架，支撑着帆布的椅子，携带方便，至今仍在许多场合使用。廖仲恺与何香凝邮票（图40-8），票面图案展示何香凝坐在一把以竹为骨架的藤椅上。

(3)教学、休闲及其他木制品。水上小学邮票（图40-9），画面为岸边停靠的木船，船板部分有乡村女教师在上课，一块木制小黑板靠在船头，学生席地坐在船头木板上。它展现了20世纪中国南方船上人家渔民子女的受教育场所，以木船当教室。乡土生活邮票一套4枚（图40-10），票面图案分别为：春，下棋，木竹棋盘桌和凳子为下棋的必备条件；夏，吹笛，一人吹笛一人拉二胡，笛、二胡均由竹制成的乐器；秋天听老奶奶讲故事，老奶奶和小女孩都是坐在木板凳上；冬，吃茶，木制凳子、桌子为吃茶人提供必要的场所。一套邮票展示乡土休闲生活离不开木竹制品。中国户县农民画之一老书记邮票（图40-11），画面展示老书记利用劳动间隙时间读书的情景，书中搁放一支铅笔。铅笔是由松紧合适的木片把石墨粉粘合起来而成的，随着社会的进步，这个不起眼的铅笔每年需要消耗大量的木材制造。中国澳门发行传统工具之一算盘邮票（图40-12）。算盘起源可追溯到汉代，唐宋时演变成现在的样子。这种算盘在北宋大画家张泽端的"清明上河图"中就出现过，可见当时算盘十分普及。算盘是用木材框架，竹为串杆，木为珠。中国的中小学都开设珠算课，每年需要生产几百万把算盘，其中一部分供出口。传统工具熨斗邮票（图40-13），画面展示早期铁制熨斗，要靠中间放置燃红的木炭热熨斗，烫衣物。20世纪中国边远乡镇仍在使用这种熨斗。

图40-7（中国，2003）

图40-8（中国，1987）

图40-9（中国，1975）

图40-10（中国台湾，1994）

图40-11（中国，1974）

40.2 民间日常生活用竹制品

在许多国家，特别是产竹的地方，人们日常生活少不了竹制品。

⑴伞。制伞术邮票（图40-14），小版张为邮票注明制伞术是公元14至16世纪中国发明。据查古书《史记·五帝纪》中就有关于伞的记述，可见伞在中国已有三千多年的历史。古人最初把伞叫做"盖"，到南北朝时才有了"伞"的名称。伞骨用竹或檀香木，上面覆以丝帛。汉朝后，随着造纸业的发展，人们开始用廉价的纸代替昂贵的丝帛做雨伞，并涂以桐油一类的油脂，小巧玲珑，经久耐用。到明朝，出现了精工彩绘的花伞。伞除了挡风避雨、遮光外，还被用作馈赠佳品。随着中国对外交流发展，伞逐渐流传国外，英国的第一把雨伞，也源于中国。现在中国的伞已由古老的"华盖"发展成纸伞、布伞、尼龙伞、折叠伞、自动伞等许多品种。孔子周游列国邮票（见图14-3），画面展示其出行的车上有一固定的伞，以避日晒雨淋。毛主席去安源邮票（图40-15），画面展示乌云蔽日，山雨欲来，毛泽东身穿长袍，手拿一把雨伞，踏着绿水青山，到工人中去传播革命火种。油纸伞邮票（图40-16），画面展示手工制作情景，以竹为伞骨架，糊以棉纸，上桐油。这种油纸伞在20世纪中期中国南方民间较为普遍使用。蹬伞邮票（图40-17），杂技演员用脚尖蹬伞，这是一把竹制的花伞。

⑵竹椅、竹篓等。在中国南方产竹地区的乡村家居生活用的竹制品几乎无处不在。认真看书学习邮票（图40-18），展示一名女教师坐在一把低矮的竹制靠椅

图40-12（中国澳门，2001）

图40-13（中国澳门，2001）

图40-14（密克罗尼西亚，1999）

图40-15（中国，1968）

图40-16（中国台湾，1993）

图40-17（中国，1974）

图40-18（中国，1975）

上看书，它方便移动，坐着舒适，是乡村极为普及的凳子。商店售货员、列车员和清洁员3枚邮票（图40-19），分别展示竹编背篓、竹篮（北方为柳条篮）和竹笤帚。徐霞客邮票（图40-20），画面展示明代地理学家、旅行家徐霞客身背斗笠，腰系水壶，一根手杖依在肩上，深入原野山川考察、旅行的场景。斗笠也叫笠帽，系竹篾编制；手杖系木棍或竹竿。

（3）其他国家的竹编等用品。泰国邮展的鸡舍小全张（图40-21），展示斗鸡比赛使用的公鸡及竹编鸡笼、竹板鸡舍。同样家养的鸡，其鸡笼、鸡舍也是用竹子搭建、编制的。比利时发行的竹条编篮子邮票（图40-22），画面展示竹编情景。布基纳法索发行的邮票（图40-23），画面展示一人正在利用当地原料——藤、竹和棕编制筐，包括该人坐的凳子、身后的篮子等日用品，都是利用这些材料编制的。

图40-19（中国，1966）

图40-20（中国，1987）

图40-21（泰国，2001）

图40-22（比利时，1976）

图40-23（布基纳法索，1976）

40.3 国外木制日用品

(1)木制家具。瑞典于1980年发行19世纪艺术木制椅子和摇篮邮票2枚（图40-24），展现精湛的北欧风格的家具雕刻。挪威于2004年发行出土百年的床架邮票（图40-25）。丹麦于1997年发行藤椅邮票（图40-26），画面展示为木骨架的藤编背靠椅子。韩国于2003年发行传统文化系列之四各样桌子八边形票4连（图40-27），展现不同形状的桌面和各不相同的桌腿，特具民族风采。

(2)木鞋。冈比亚于2002年发行荷兰风光小版张（图40-28），图案中下方有一双木鞋，这是荷兰三宝之一（木鞋、风车、郁金香）。荷兰属"低洼之国"，几乎一半的土地浸泡在水中，500多年前，荷兰人发明了木鞋。木鞋是以白杨或桦树木材制作的，它具有不易劈裂、不变形、不渗水、不沾泥、透气等特点，其形状如船形，鞋内填进稻草类可御寒防冻，又舒适耐穿。直至今日许多荷兰农民和渔民仍有穿木鞋的习惯。木鞋是荷兰最具民族民俗文化的缩影，在著名的风车村里有木鞋博物馆，颇具世界知名度。韩国传统文化系列之一鞋子，其中木屐邮票（图40-29）。木屐是故人穿用的一种木底鞋的通称，中国人穿木屐至少已有三千多年历史，穿木屐最多的当属日本人，是唐朝时由日本来中国的留学生带回日本并流传延续至今的，在节日日本人穿和服，木屐在整套的和服中扮演着至关重要的角色。从日本于2002年发行的2枚邮票可见一斑（图40-30）。

图40-24（瑞典，1980）

图40-25（挪威，2004）

图40-26（丹麦，1997）

图40-27（韩国，2003）

图40-28（冈比亚，2002）

图40-29（韩国，2003）　图40-30（日本，2002）

(3)西南非于1977年发行Owambo传统生活方式邮票一套4枚（图40-31），票面展现民居、粮库、凳子和食用具，以及舂粮用的木棍和存粮用具等都是用当地产的木材制成，票面还可见民居生活区周边的树木和木栅栏，木材是当地居民生活用具制作的不可缺少的材料。

图40-31（西南非，1977）

41 邮票上的木雕及木版画（一）

　　木雕就是以各种木材为材料雕刻而成的兼具观赏性和实用性的雕刻品。木雕艺术源于我国古代的木器制作。浙江余姚河姆渡文化遗址出土的木雕鱼是我国木雕史上最早的实物，距今已有上千余年历史。当古代人们在木器上进行雕刻装饰，传递和呈现美的感觉时，木器便有了实用性和艺术性双重内涵，木器雕刻便逐渐地从依附于建筑、家具和生活用品的雕刻装饰中分离出来，从中生发出纯粹供艺术观赏的木雕艺术。木雕一般选用质地细密坚韧、不易变形的树种，如楠木、紫檀、樟木、柏木、银杏、红木、龙眼等。木雕有圆雕、浮雕、镂雕或几种技术并用，有的还涂色施彩以保护木质和美化。木版画则是在木板上刻成图形，欧洲木版画的前身即所谓的织物印花，古代典籍的插图基本上是木刻版画（参见前图17-6）。以下展示建筑木雕、神像木雕、各种木雕工艺品、木版画及中国木版年画相关的邮品，而家具木雕则在第40节已展示。

41.1 建筑木雕

　　中国传统建筑以木构造为主，皆属木雕，可分为大木作与小木作。前者指建筑结构体，如柱梁构架及其构件；后者系指建筑装饰，又分外檐装修与内檐装修（外为露在屋外的门扇等，内为安置在室内的格扇、屏风等）。木雕作为建筑装饰的一部分，一方面有装饰美化建筑的作用，另一方面有寓意、象征和祈愿的意味，以直观的形象表达非物像本身意义的内容，其艺术特色和美学意蕴根植于传统文化和审美习惯之中。

　　承德普宁寺邮票和天目山·大雄宝殿邮资片（图41-1），二者图案均为中国寺庙古建筑的外观，能看到显露在外的檐、柱、门窗等雕饰。（参见图15-3）。成都锦里古街邮资封（图41-2），锦里是西蜀历史上最古老、最具有商业气息的街道之一，早在秦汉、三国时期已闻名全中国。封面图再现清末民初的四川古镇建筑风格，街两旁高挂丝绸灯笼的栈、宅邸客栈、商铺、万年台坐落其间。画面还可见木结构屋层间横梁上的建筑木雕，酒店内八仙桌和背靠木椅上的雕刻花纹，展现四川风格的木雕。第三篇平遥民居建筑的木廊、门窗等木雕（见图26-4），展现中国北方建筑木雕风格。

图41-1（中国，2002；1998）

我国台湾发行多套传统建筑装饰邮票，这里展示木雕装饰部分。传统建筑邮票4枚（图41-3），分别为：斗拱邮票，斗拱构件的功能、结构与艺术的统一，在所有建筑构件中是最突出的，它不仅美化建筑，而且可以减少立柱和横梁之间的切力；雀替邮票，展示像一对翅膀在柱的上部向两边伸

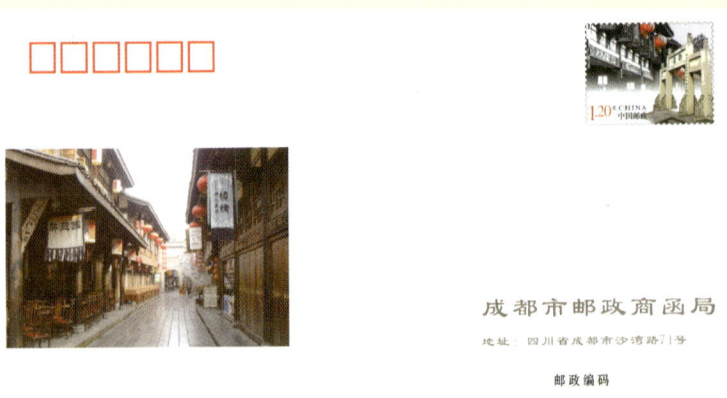

图41-2（中国，2007）

出，使之从力学上的构件发展成为美学的构件；步通邮票；叠斗构架。传统建筑邮票2枚（图41-4），分别为：木雕邮票；吊筒邮票，吊筒是承挑屋身出檐的正拱外缘套上垂花以作为装饰。门扇邮票（图41-5），门窗雕刻是古建筑中雕刻精美之处，除了透气通风的功能，还以丰富多彩的各种立面图式造型来体现主人的审美品位。每隔门窗均讲究整体设计，构图布局对称而别致，追求点、线、面的构成与穿插，注意形式美和装饰感。庙宇建筑邮票（图41-6），这是我国台湾移民时祭拜于地缘关系所形成的庙宇，呈闽南建筑风格。庙宇中"屋顶"一直以来扮演着代表传

图41-3（中国台湾，1985）

图41-4（中国台湾，2000）

图41-5（中国台湾，1986）

图41-6（中国台湾，1982）

统风格文化的符号，3枚邮票展示其木雕装饰的精雕细琢。门饰邮票5枚（图41-7），展示罗马风格雕塑木雕。雕刻花纹的便门邮票（图41-8），展示1848年高尔基川的雕刻品。

图41-7（南斯拉夫，1979）

41.2 神像木雕

释迦牟尼像明信片（图41-9）。这是供奉在杭州灵隐寺大雄宝殿的木雕漆金释迦牟尼坐像，为香樟木雕。佛像高居莲花座之上，妙相庄严，颌首府视，令人敬畏，是我国最高大的木雕坐式佛像之一。这座佛像是在1953年重修寺宇时，由浙江美术学院的雕塑家和民间艺人们采用唐代禅宗佛像为蓝本共同精心设计的。佛像净高9.1m，用24块香樟木雕成，加上莲台，须弥座，共高16.6m。圣母与天使木刻品小型张（图41-10），这是艺术宫殿

图41-8（苏联，1968）　　图41-9（中国）

——法国卢浮宫馆藏木刻品《圣母与天使》，小型张为雕刻版，含二票，分别展示圣母和天使。

41.3 人物和动物木雕工艺品

（1）人物木雕工艺品。非洲木雕邮票6枚（图41-11），含莫桑比克2票和牙买加4票，非洲木雕一般由整块的树干雕刻而成，完成的作品通过烧烤或用木炭着色，色彩来自植物和矿物质。非洲木雕多用未完全干燥的木头雕刻，据说是为了保全它的灵魂。雕像通过夸张变形的方法来表现，没有正常的人体形态，有一种感人至深的纯朴、雅拙、粗犷，并富有纪念性和节奏感。人物木雕像4方连（图41-12），这是美国民间艺术，木雕图形为：左上为苏格兰高地兵团的士兵，右上为船首装饰的雕像，左下为船员，右下一人手持备用的雪茄烟。木偶人邮票4枚（图41-13），这是为泰国遗产保护而发行的木偶人工艺品。木偶戏数百年来已成为泰国文化传统的一部分，至今已有110多年悠久历史，这得益于其木偶的精湛雕刻。4票展示不同形象精致的人物木偶。匈牙利发行的木雕头像邮票2枚（图41-14），这是欧罗巴为发现美洲500年而发行的玛雅文化——木雕人头像。玛雅文化是世界重

图41-10（法国，2005）

图41-11（莫桑比克，1981；牙买加）

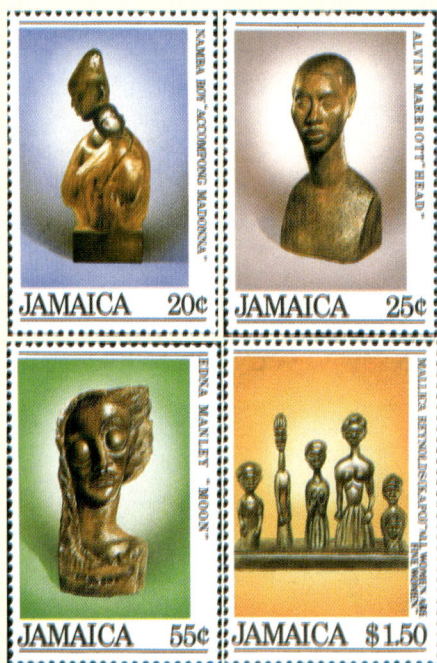

图41-12（美国，1986）

要的古文化之一，更是美洲重大的古典文化，图像栩栩如生，展现远古人的木雕艺术风采。

⑵动物木雕工艺术品。木雕大象邮票（图41-15），这是取自泰国国际手工艺展览的柚木雕大象。大象是泰国的国宝，是泰国和平、吉祥的象征。大象的形象在泰国随处可见，特别是柚木雕刻而成的形象逼真、栩栩如生的大象，是泰国最富有特色的工艺品，以其艺术精湛而闻名于世。木鸭工艺品4连票（图41-16），工艺品取自加拿大博物馆，图案展示野鸭4种姿态。木鸭是加拿大猎人打猎时用的诱鸭，它浮在水面上很像真鸭子，再加上猎人用猎笛模仿鸭鸣，使真的野鸭很容易落入圈套。木鸭的使用起源于古埃及和古希腊。如今，这些手工雕琢彩绘的木鸭已成为流行的收藏品。木雕鸟和鸭邮票（图41-17）系日本的木雕工艺品。

图41-15（泰国，1981）

图41-13（泰国，2002）

图41-16（加拿大，2006）

图41-14（匈牙利，1992）

图41-17（日本）

42 邮票上的木雕及木版画（二）

42.1 盛器及其他木雕工艺品

  芬兰木雕邮票（图42-1），这是用桦木雕的盛器，以简洁有力的坑纹装饰，为传统造型加入现代元素，体现了芬兰特有的简洁洗练的设计风格。6件盛器造型各异，线条粗犷，质朴淳厚。木刻工艺制品邮票6枚（图42-2），票面图案为锭子和纺锤、点心模具、匙、酒桶、勺、水桶，为实用工艺品。红十字附捐邮票2枚（图42-3），这是储粮等木雕邮票。

图42-1（中国香港，2007）

  中国发行的飞跃邮票（图42-4），这是一件黄杨木雕陈设品，展现五个顽皮的孩子驾驭着一条巨龙，昂首腾空，气势非凡。匈牙利发行的木雕工艺品邮票2枚（图42-5），图案为欧罗巴——民族节日，1956年革命及国庆日谷穗等。

  匈牙利于1969年邮票日发行木雕艺术品小全张（图42-6），含4枚邮票，分别为：克苏纳的雕有一对农村夫妻的木版，1879年；奥加尼大啤酒杯，1914年；西里伊圆形有柄水罐，1899年；利格尔托蒂两妇女图案方盒，1880年。印度于2006年发行檀香木雕刻的香味邮票小全张

图42-2（罗马尼亚，1978）

图42-3（法国，1980）

（图42-7），图案为大象和树木檀香树。该邮品"色"、"香"味俱全，不但图案有着檀香木的特征，而且散发檀香的芬芳。历史上檀香木在很大程度上是权力和地位的象征。檀香木在印度被称为"圣树"。印度一直是檀香木的主要出口国。中国传统扇子小型张（图42-8），小型张上的画面突出一名穿旗袍的民初女子，手挚檀香扇坐在竹林中，折扇木片上的孔洞形成优美的图案，当然还会扇出一阵阵香味。檀香扇是"扇子王国"中的佼佼者，由折扇演化而来的，是用檀香木制成，其木质坚硬，有天然香

图42-4（中国，1978）

图42-5（匈牙利，1998）　图42-8（中国澳门，1997）

图42-6（匈牙利，1969）

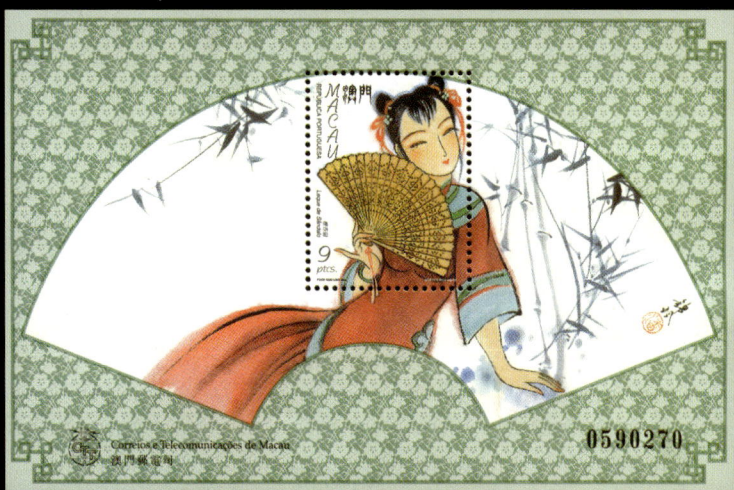

图42-7（印度，2006）

味。品种有雕花、绘画、印花等。经锯片、组装、镂柱、裱画、绘画和上流苏等十多道工序组成，以其独特的技艺，独具风格，富有工艺性，而至今深受人们的喜爱。

42.2 木刻版画

木刻画是版画的一种，指在木板上刻成图形，也可再印在纸上，也叫木版画。

南斯拉夫于1978年发行木版画邮票一套5枚（图42-9），画面展示革命前伐木工人的生活写照，工人身穿棉衣在冬天等候招工，工人手持伐木工具向工作场地走去，工人在林区伐木，工人在露天用餐，以及工人被虐待、上刑之苦的场景。意大利于1962年发行木刻壁画邮票2枚（图42-10），壁画系G.Pascoli 于1912年的作品。斯里兰卡于2004年发行民族艺术——木版漆画小型张（图42-11）。木板漆画是在一块薄薄的木板上，用漆在上面画出或抽象或传统的图案，色彩层次比较丰富。斯里兰卡发行的这木版漆画，色彩鲜艳，雕刻精细，展示民族传统图案，艺术水平高超。中国的木版漆画已有7000多年历史，早于水墨国画，它是古代漆画与漆器的完美结合。这种独特的艺术形式，具有东方特色的造型艺术。

图42-9（南斯拉夫，1978）

图42-10（意大利，1962）　　　图42-11（斯里兰卡，2004）

42.3 中国的木版年画

  中国民间的木版年画是一个大千世界，有着悠久的历史。宋朝，木版印刷术开始用于年画制作，明末到清代达到兴盛，成为民间喜闻乐见的形式。年画色彩鲜明，喜庆热闹，题材多样，还出现了具有鲜明地域特色的多个木版年画的制作中心。这里仅展示中国三大民间木版年画邮品。

  天津杨柳青木版年画邮票4枚（图42-12），票面图案为五子夺莲，钟馗、盗仙草和玉堂富贵。它始于明代后期。因印刷精细，题材丰富，样式多变，画店众多，资力雄厚，在中国木版年画发展史中占有重要地位。苏州桃花坞木版年画小型张（图42-13），含4票，其图案为琵琶有情、麒麟送子、刘海戏金蟾和十美踢球。它始于明朝嘉靖年间，盛于清初。以其丰富的题材、儒雅的画面和清秀的色彩画而受到世人的喜爱，是我国艺术宝库中一颗灿烂的明珠。山东潍坊杨家埠木版年画小型张（图42-14），含4票，其图案为门神、连年有余、喜报三元和天女散花。它始于明代，至清乾隆年间，杨家埠村呈现出"画店百家，画种几千"、"家家会点染、户户善丹青"的鼎盛局面。数百年来，杨家埠年画按照农民的思想要求、审美观点、生活需要而逐步完善，形成了自己古朴雅拙、简明鲜艳的风格。它兼有南北年画之长，又别具一格。

图42-12（中国，2003）

图42-13（中国，2004）

42.4 木质邮票

木质邮票（图42-15），邮票真实展现木材本质，文字、图案均印在松木片上。软木邮票（42-16），这是号称软木王国的葡萄牙用"软木纸"制成的，厚度只有0.35mm，由葡萄牙雕刻师若昂·马沙多设计。软木是栓皮栎的树皮（参见28.2）。

图42-14（中国，2005）

图42-15（瑞士，2004）

图42-16（葡萄牙，2007）

43　邮票上的竹及漆、藤等工艺品

43.1　竹编工艺品

　　中国竹编源远流长。从战国时期，到现代文明社会，竹制工具、竹质建材、竹编生活用品、竹编工艺品，一直是中国人生活中不可或缺的伴侣。本节仅展示竹编工艺品类邮品。中国民间艺术·竹编·双狮卫祥和雄鸡报春2张贺年片（图43-1），这是浙江嵊县（即嵊州）竹编。嵊县是我国竹编之乡，明清时其生产的竹编产品已相当精致，远销杭州、上海、南京等城市，

中国民间艺术·竹编·双狮卫祥

中国民间艺术·竹编·雄鸡报春

图43-1（中国，1996）

其竹编成为国内闻名的民间工艺。这二片下方图展示嵊县工艺竹编以造型精巧、编织细腻、气韵生动而著称，以其独具的艺术魅力，誉满中外。泰国发行的国际手工艺展邮票1枚（图43-2）、国际书写周竹编工艺品邮票4枚（图43-3）以及国际书写周渔具等4枚邮票（图43-4），均为泰国竹编工艺品邮票。泰国竹编器物已有好几个世纪的历史了，最常见的就是竹篮、鱼篓、盛饭的器皿、帽子、饰品等。越南发行的竹灯邮票3枚（图43-5），图

图43-2（泰国，1981）

案展示竹编成各类形状的灯罩，工艺精湛，兼实用与艺术。中国传统鸟笼邮票4枚（图43-6），图案展示中国竹制鸟笼工艺品具有实用和观赏二种功能。鸟笼的制作材料通常是竹料、木料和金属等。竹料常用淡竹、楠竹和水竹；木料多用楠木、樟木和核桃木。竹料制作时，要刮去竹竿表面的蜡质层后，将竹条拉成2~3mm的竹条。笼门和笼圈等处要进行精工细雕。

图43-3（泰国，1995）

图43-4（泰国，1996）

图43-5（泰国，2004）

图43-6（中国澳门，1996）

43.2 风筝工艺品及扇子

　　风筝，古时称为"鹞"，北方谓"鸢"。中国风筝有着悠久的历史。最早是墨子试用木板制成了一只木鸟，但只飞了一天就坏了。后由其学生公输班（也称鲁班）根据墨翟的理想和设计，用竹子劈开削光滑，用火烤弯曲，做成了喜鹊的样子，在空中飞翔了达三天之久。唐朝风筝已发展成一种手工艺品，人们把它裱纸糊绢，并绘上比喻福寿喜庆的图案，风筝成为人们一种游戏玩具。同时风筝上已有用丝条或竹笛做成的响器，风吹而鸣，故而有了"风筝"这个名词。实际上，最早的风筝并非玩具，而是一种通讯、侦察工具。英国学者李约瑟把风筝列为中华民族的重要科学发明之一。在美国宇航博物馆的大厅里，挂着一支中国风筝，在它边上写着：人类最早的飞行器是中国的风筝和火箭。盛产竹的国家都用竹为风筝的骨架，它适合各种自由的结构设计。按照骨架造型和飞起原理，风筝可分硬膀型和软翅型。这里展示中国1980和1987年发行的二套风筝邮票中的4枚（图43-7），它们分别为1980年发行的雏燕邮票，属于硬膀型的北京"沙燕"风筝，模拟自然界的燕子，其色彩图案绚丽多变，形象圆圆胖胖，活像一个雅气顽皮的小娃娃；1987年发行的鹰邮票，为软翅型九头鹰，鹰长着翅膀，而其躯体比较轻；1987年的九头蜈蚣邮票为软翅型立体类风筝；1987年的八卦邮票为软翅型平板类风筝，图案采用《先天八卦图》（也称古太极图）。我国台湾2001年发行风筝邮票4连票（图43-8），图

图43-7（中国，1980；1987）

图43-8（中国台湾，2001）

案分别为龙、凤、虎、鱼。印度尼西亚于2002年发行风筝邮票5连票（图
43-9），图案展现风筝的造型含传统的动物类形象，还有现代滑翔机等
造型。这是在印度尼西亚巴厘岛举办风筝节的景象。

　　扇子，葵扇邮票（图43-10），用蒲葵叶制成的扇子，比一般芭蕉
扇制作较细。蒲葵属棕榈科，常绿乔木，单干直立，茎粗叶大，树冠如
伞，适于热带地区绿化，叶可制作蒲扇。葵扇制作工艺精湛，曾是奉献
皇朝的贡品，1912年巴拿马国际博览会上，新会葵扇夺得金牌奖。纸扇
邮票（图43-11），纸扇也称折扇，扇骨由天然优质竹片制成，扇面以专
用扇纸为材料，是以精湛的手工技艺制成的一种工艺品，备受世人青睐，
集收藏、观赏、装饰于一体。游园惊梦邮票（图43-12），票面图案展现
梅兰芳在戏中饰演杜丽娘时右手举扇的形象，这是一把精美的纸扇。

43.3　竹雕工艺品及漆藤等工艺品

　　竹雕也称竹刻，是在竹制的器物上雕刻多种装饰图案和文字，或用
竹根雕刻成各种陈设摆件。中国竹雕成为一种艺术，自六朝开始，直至
唐代才逐渐为人们所识，并受到喜爱。明清时大盛，精湛的雕刻技艺，
在中国工艺美术史上独树一帜。竹雕形式丰富，除了圆雕、浮雕等形式
外，还引申出留青、贴黄、镶嵌等工艺。古代雕竹器邮票4枚（图43-
13），图案分别为：清·雕竹络纹壶，清·雕竹饕餮纹觚，清·雕竹山
水人物，明·雕竹仕女笔筒。可见古代雕竹的精湛技艺。

　　漆雕是中国传统工艺美术品，也叫剔红，其技艺始于唐代，工艺流
程极其复杂，制漆、制胎、打磨、做里、退光等，是一种在堆起的平面
漆胎上剔刻花纹的技法。古代雕漆器邮票4枚（图43-14），图案分别
为：清·乾隆雕漆器，云龙方盒；清·雕漆器，八吉祥方胜套盒；明·
宣德雕漆器，牡丹花圆盒；明·永乐雕漆器，花卉锥把瓶。漆器工艺品
邮票2枚（图43-15），票面图案为犀牛及荷花圆盘·黑天鹅盒。漆器是
中国民间著名的工艺品之一，主要产品有脱胎漆器。犀牛状造型的漆器，
是仿照战国时期青铜犀尊外形制作而成的。圆盘为工艺陈设品，与此类似
的有文盘、台灯、烟碟、屏风等漆器。

　　印度发行的传统工艺品之一藤制品邮票（图43-16），藤是一种生
长在热带原始林中的蔓生植物，具有一般野生植物坚韧刚强的生命力，
非常适合编成日常生活用品。藤制品系手工完成，藤可以弯曲各种弧
度，产品轻巧，韧性十足。邮票展示印度民族艺术的藤制工艺品。

　　挪威于2001年发行家庭手工艺品系列邮票，现展示其中的2枚，桦树
皮编织的垫子和桦树根制作的盒子（图43-17），这是北欧人精湛的桦树
工艺品。

图43-9（印度尼西亚，2002）

图43-10（中国澳门，1997）　　图43-11（中国澳门，1997）　　图43-12（中国，1962）

图43-13（中国台湾，1983）

图43-14（中国台湾）

图43-15（中国，1978）

图43-16（印度，2002）

图43-17（挪威，2001）

44 邮票上的传统木竹玩具、体育娱乐用品及乐器

44.1 木竹儿童玩具

陀螺。查辞源："陀螺者，木制，如小空钟，中实而无柄，绕以鞭之绳，卓于地，急掣其鞭。一掣，陀螺则转，无声也。视其缓而鞭之，转转无复往。转之疾，正如卓立地上，顶光旋旋，影不动也。"木制陀螺是中国传统玩具，呈钟形，利用坚硬的木材，如番石榴、龙眼等树的树干材成的。现有大型或特大型的木陀螺是用机器加工成的，而竹陀螺是用竹子做的，因为它是空心的，竹管上有小孔，转动时会发出嗡嗡的声音，也有人称它为地龄。由于它是和普通陀螺的形状不同，有一根轴柄，所以又称"有柄响螺"。中国于1963年发行儿童邮票一套，其中全神贯注邮票1枚（图44-1），图案即竹陀螺，又名"打不死"，一儿童用鞭子抽打陀螺，陀螺"嗡嗡"的旋转，他神奇地观望。我国台湾于2006年发行童玩邮票，其中之一为木制陀螺（图44-2）。

图44-1（中国，1963）

竹蜻蜓。它的架构很简单，用二片竹为叶子加上一根竹棍，制成的竹蜻蜓，用双手轻轻一转，就可以飞得又高又远。我国台湾于2006年发行童玩邮票其中之一为竹蜻蜓邮票（图44-3）。竹蜻蜓是直升飞机旋翼的最早雏形，公元300年左右我国古籍中曾有这方面的记载，早于西方关于旋翼的设想一千多年。

风筝，由竹子制成（参见43.2），中国于1963年发行儿童邮票，其中之一春天来了（图44-4），展现一小男孩提着一只展翅欲飞的"燕子"风筝，准备把它送上天空。竹马邮票（图44-5），展示一男孩手持小树枝仿马鞭，骑在竹竿上仿马跳步前进。

联邦德国于1971年发行木制玩具邮票一套4枚（图44-6），图案为用活动木棍冲谷物、木马、胡桃夹子及鸟啄食。挪威于1978年发行木制玩具邮票一套3枚（图44-7），图案为木制洋娃娃、木制村庄模型及木马。民主德国于1982年发行古老玩具小全张（图44-8），含6票，展示1830年活动艺人模型，图案为木匠、鞋匠、女面包师、箍桶匠、鞣皮匠及造车匠。

图44-2（中国台湾，2006）　图44-3（中国台湾，2006）　图44-4（中国，1963）　图44-5（中国台湾）

图44-6（联邦德国，1971）

图44-7（挪威，1978）　图44-8（民主德国，1982）

44.2　木竹体育、娱乐等用品

　　传统的娱乐竞技、体育用品一般都为木质制品，也有竹制品等。

　　中国于1986年发行中国古代体育邮票，现选2枚（图44-9）。其一弓箭邮票，弓箭分为弓和箭两个部分。弓通常使用坚韧而有弹性的木或竹制成，其头用根绳索拴起来，使之程弦术；箭的箭身通常使用坚硬的竹条制成，顶端套上金属头。另一捶丸邮票，图案为古代捶丸爱好者打击球的场面。捶丸即"打球"。捶丸所用的杖（棒），有不同的类型，供人在不同条件下选用，打击不同的球；捶丸的球一般用赘木制成，即用树瘤，其木质牢固，久击不坏。捶球是我国古代球戏之一，最早的记述于公元1282年。其形制、运动规则与后来在苏格兰出现的现代高尔夫球有惊人的相似，而捶球的历史比高尔夫球最初出现还早300年。澳大利亚于1999年发行第27届澳大利亚悉尼奥运会邮票1枚（图44-10），票面上半部分为奥运会会徽，会徽的最下方有飞去来器图案。飞去来器是澳洲人的象征。大约四千多年前，澳洲土著人发明的一种叫"飞去来器"（又名回旋镖、自由器）的神奇武器，

图44-9（中国，1986）

它是由早年土著人传统的打猎工具演变而来的。人用力将飞去来器掷出，使它高速旋转前进，前进一段距离后会自动盘旋返回到人的手中。现在"飞去来器"成为澳大利亚的新宠儿，人们不仅将其看作是一种玩具，更多的是将其作为理想的健身器具。

朝鲜于1983年发行民族传统体育风筝、秋千邮票（图44-11）。荡秋千是朝鲜族传统体育项目，尤其受到妇女的喜爱，右一票图案为二妇女在兴致勃勃地荡秋千的场景，左一票图为小孩们在放风筝。这两项运动器材以木材和竹子为原材料。

马来西亚于2000年发行儿童传统游戏邮票，选其中2枚（图44-12）。一是藤球，这是马来西亚最受欢迎的一种运动，顾名思义它是由藤编织而成的球。另一是陀螺（参见44.1），这是流行于乡间的游戏，除了小孩爱玩外，成人之间也举行严肃的竞赛，所用陀螺可重达5kg。美国于2007年于犹太光明节发行陀螺邮票一枚（图44-13），陀螺上刻有希伯来文，陀螺是犹太儿童喜爱的玩具。

抖空竹邮票（图44-14）。空竹一般由木材或竹材制成，是一种用线绳抖动使其高速旋转而发出响声的玩具，空竹在我国有悠久的历史。抖空竹是我国广泛流传的一种民间游戏，也是杂技表演项目。它是一种文化遗产，具有文化娱乐、健身锻炼和社会民俗价值。

44.3 木竹乐器

以木材为主要材料的乐器演绎出来的作品，人们称木音乐。从西洋乐器中的小提琴、吉他，到中国民族乐器中的琵琶、古筝等，每一件乐器都透露着木材的一种声音。同样，中国的

图44-10（澳大利亚，1999）　图44-11（朝鲜，1983）　　　　　　图44-13（美国，2007）

图44-12（马来西亚，2000）　　　　图44-14（中国，1974）

竹质乐器，古人从当初燃竹时发出的"劈劈啪啪"的声音中得到启发，创作了竹板和竹笛。古代对乐器统称"八音"，是按照乐器制作的材料分为金、石、土、革、丝、木、匏、竹。早在周代，竹制的民族乐器就有筲、管、萧、笙、笛等7类。而后在吹奏乐的基础上，又发展了弹拨、敲打、弓弦拉奏等方面的竹制乐器。目前已多达上百种。在众多的竹制乐器中，最流行的当属"笛"和"萧"。

⑴中国民族乐器。中国民族乐器种类繁多，一般分4类，下面展示相关邮票。①吹管乐器，乐器发音体大多为竹或木制。横笛邮票2枚（图44-15），横笛由一截竹管制成，透过管身左端第一吹孔和第二贴着笛膜的膜孔共振发音。②拉弦乐器，以弓摩擦琴弦而发声，音箱、琴筒大部分为木构。如二胡、萨它尔和马头琴邮票3枚（图44-16）所示。③拨弦乐器（也称弹拨乐器），一般乐器制造共鸣箱时，往往采用二种甚至多种共振木材合成。古琴的琴体用材面"桐"而底"梓"。如琴和古琴邮票2枚（图44-17）所展示。阮、琵琶和三弦邮票3枚（图44-18），分别为不同形状的木制音箱。④打击乐器，我国民族打击乐器种类繁多，技巧丰富。

图44-15（中国，1959；1963）　　　图44-16（中国，2002）

图44-17（中国，1983；2006）

图44-18（中国，1983）

手鼓是一种打击乐器，中国于1962年发行的维吾尔族手鼓舞邮票（图44–19），展示的手鼓系木框，上冒以革，形如手鼓而无柄，木框内壁上钉上许多能活动发声的小铜环，手指击鼓而发出流利多变的鼓点。老挝于1984年发行民族乐器一套邮票，这里展示木桶形鼓和木琴邮票（图44–20），为打击乐器。

图44–19（中国，1962）

⑵西洋乐器。钢琴邮票（图44–21），这是键盘乐器，音板为木质结构，木材要求质地柔软、有弹性、易传导振动，以白松或梧桐为最佳。支架包括铸铁支架和木支架两部分。外壳为漆饰木板结构。小提琴邮票（图44–22），图案为小提琴家及小提琴演奏场景。小提琴是一种擦奏弦鸣乐器，广泛流行于世界各国。小提琴琴身（共鸣箱）是具有弧度的面板、背板和侧板黏合而成，面板常用云杉制作，质地较软；背板和侧板用枫木，质地较硬。琴头、琴颈用整条枫木，指板用乌木。小提琴的音质基本上取决于它的木质和相应的结构，取决于木材的振动频率和它对弦振动的反应。苏联于1989年发行苏联民族乐器邮票，其中的一票展示小提琴和手鼓等乐器（图44–23）。吉他乐器参见图24–8木工正在制作吉他邮票。

图44–20（老挝，1984）

图44–21（中国，2006）

图44–22（印度，2004）

图44–23（苏联，1989）

45 邮票上的茶文化

茶有健身、解渴、疗疾之效，又富欣赏情趣，还可以陶冶情操。茶不仅是一种饮料，还是一种特殊的工艺品。杯茶在手，既可闻香品位，察颜观色，又可在饮茶环境、茶具的诗情画意的氛围中，怡悦情性。茶文化意为以茶为载体，以能体现中国传统思想道德、人文精神为宗旨。茶文化是一种交际文化，是构建和保护人与人之间良好人际关系的手段。本书在第一篇3.6中展示了茶树邮票，第三篇28.7中展示了茶的生产经营方面的邮品，本节以茶经、茶道、茶具及以茶会友四方面展示相关的邮品。

45.1 茶 经

中国是茶的故乡，制茶、饮茶已有几千年历史。茶圣邮资封（图45-1），封面邮票为茶圣陆羽，邮戳湖北天门。天门为陆羽的祖籍。他一生游历天下，遍尝各地所产的茶及水，以改良茶叶，推广茶道。封面图为陆羽所著《茶经》，它是中国也是世界上第一部茶学专著，系统地总结了他以前有文字记载的中国人品饮茶、研究茶的历史和全部知识。《茶经》对后世茶叶生产和茶学的发展起到重大的推动作用。茶器邮票（图45-2），票面图为陕西法门寺出土的镏金银茶碾，是唐朝僖宗皇帝使用过的茶器之一。我国从唐代开始饮茶用具从酒、食器中逐渐分离出来，自成系统，日趋精致和多样。邮戳为茶器出土地陕西扶风。

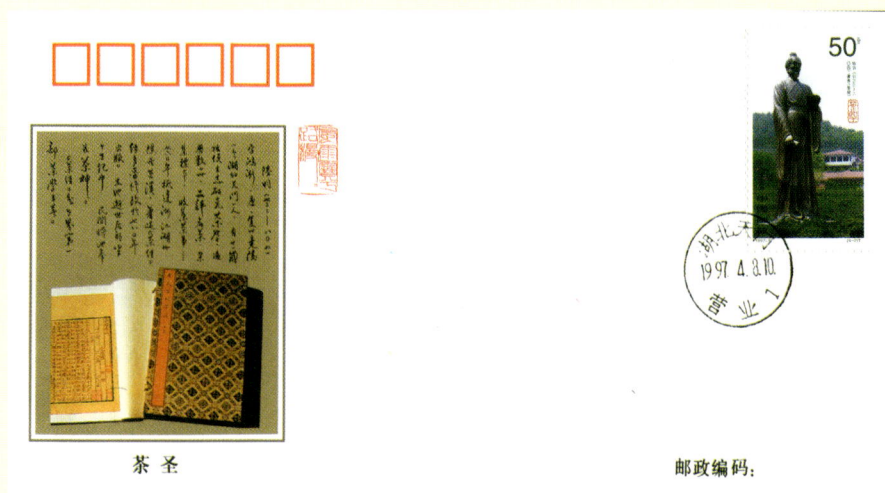

图45-1（中国，1997）

图45-2（中国，1997）

45.2 茶 道

　　茶道是茶文化的核心，是具体的茶事实践过程，即茶人通过品饮而悟道的过程。茶道发源于中国，并在邻国日本得到进一步的发展和完善。茶道是东方文化和人文精神的精粹，它由茶礼、茶规、茶法、茶技、茶艺、茶心这六事构成。我国台湾发行茶艺5连票（图45-3），票面画分别为：茶具·湿壶，置茶·湿润，吃壶·分茶，闻香·品茗。展示了冲泡功夫茶的过程。茶艺·乌龙茶小型张（图45-4），图中展示乌龙茶的冲泡过程。茶道用具邮票（图45-5），这是日本全国日式点心博览会展出的茶道用具。

45.3 茶 具

　　茶壶是茶具的一个重要组成部分，是供泡茶和斟茶用的带嘴器皿。茶壶由壶盖、壶身、壶底、圈足4部分组成。壶把、壶盖、壶底、茶壶形态造型各异，种类繁多。我国台湾故宫名壶邮票5枚（图45-6），票面图分别为明·青花把壶，明·莹白把壶，清·山水把壶，清·灵芝方壶，清·加彩方把壶。这些壶是精美的艺术品，让饮茶人将品茶与艺术欣赏相结合。宜兴紫砂陶邮票4枚（图45-7）。紫砂壶是人们日常生活中用以沏茶和饮茶的一种实用器具。宜兴最负盛品的紫砂陶是茶文化和陶文化结合的产物，其以当地特产紫砂泥为原料，工艺精美、品种繁

图45-3（中国台湾）

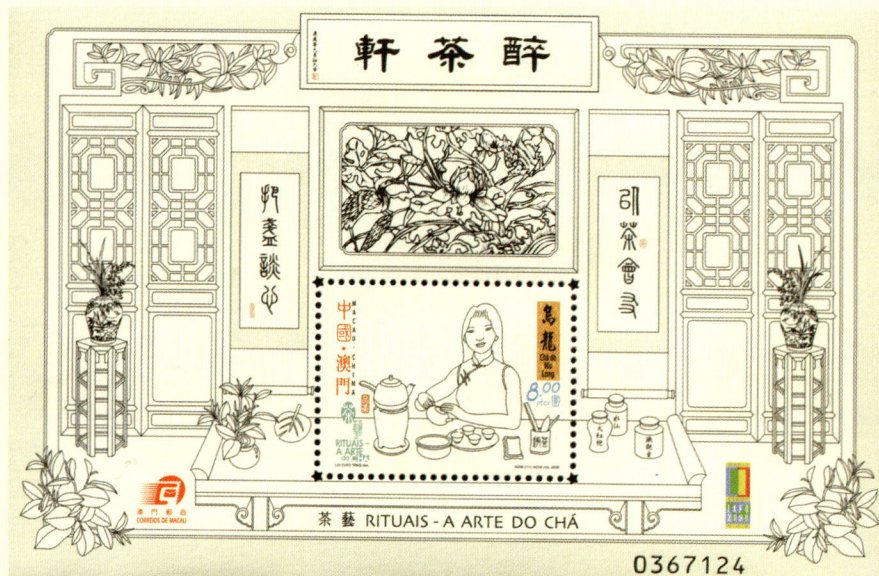

图45-4（中国澳门，2000）

图45-5（日本，1984）

图45-6（中国台湾，1990）

图45-7（中国，1994）

多，沏茶不夺香、贮茶不变色，为历代皇室贵族及平民百姓所喜爱和珍藏。邮票图案分别为：明·三足圆壶，清·四足方壶，清·八卦束竹壶，现代·提壁壶。人们用壶沏茶水，色香味俱全，配以其精美的艺术造型，使品茶达到完美的境界。

　　泰国于2000年发行泰国茶具邮票4枚（图45-8），系现代东方茶具式样。民主德国于1989年发行茶叶罐、壶等4方连（图45-9），票面图案系带有花草图案的茶叶罐、壶瓷器。苏联于1989年发行民族工艺品·茶炊邮票4枚（图45-10）。茶叶系1638年自中国传入，逐渐成为俄罗斯人日常生活的饮料，票面图为俄罗斯特制的煮茶工具，分别为：18世纪下半叶的茶炊，19世纪初桶状茶炊，1830～1840年"细葫芦"茶炊，1840～1850茶炊。蒙古于1974年发行19世纪金银器邮票，其中2枚为茶叶罐和茶壶（图45-11），蒙古茶壶多为铜制。

图45-8（泰国，2000）

图45-10（苏联，1989）

图45-9（民主德国，1989）

45.4 茶的品种及以茶会友

　　茶因制茶工艺不同而有不同的品种，一般有绿茶、白茶、红茶、黑茶、黄茶、花茶。我国澳门于2000年发行茶艺4连票（图45-12），票面注明茶的品种，分别为：龙井，是我国著名的绿茶，为不发酵的茶，产于浙江杭州西湖一带，已有1200多年历史，有"色绿、香郁、味甘、形美"四绝的特色；寿眉，即贡眉，为白茶，主产区在福建建阳县，它色泽翠绿，汤色橙黄或深黄；红茶，是全发酵的茶，主产区安徽祈门，北方人喜饮此茶；普洱茶，为后发酵的茶，是云南特有的地方名茶，属黑茶。乌龙茶（参见图45-4），是中国茶的代表，一种半发酵的茶，透明的琥珀色茶叶是其特色，有"功夫茶"之称，福建、广东二地都偏爱乌龙茶。

　　茶不仅是中国人的"国饮"，而且超越了日常饮用范围，成为一种优雅的生活艺术和精神文化。茶会邮票（图45-13），邮票票面图为著名画家文征明的《惠山茶会图》，描绘他和朋友在无锡惠山饮茶聚会的情景，用惠山的泉水冲泡茶会友，集好景、好水、好茶于一体。随着商业发展逐渐兴起了茶馆，因各地文化背景不同，各地有不同文化特征的茶馆，名称也各异，如四川茶馆、苏杭茶室、广东茶楼。饮茶的称呼也各异，如图45-12所示为喝茶、饮茶、叹茶

图45-11（蒙古，1974）

图45-13（中国，1997）

图45-12（中国澳门，2000）

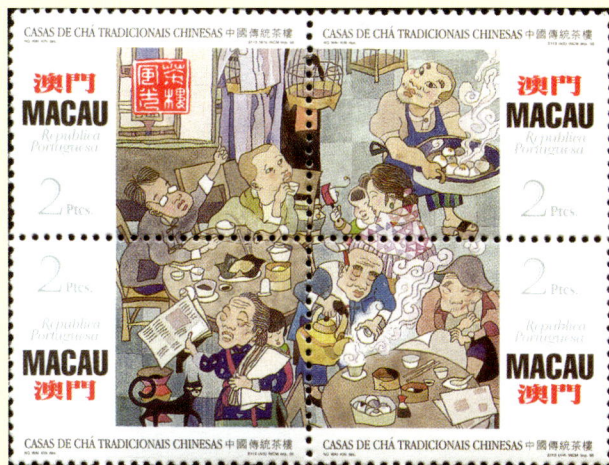

图45-14（中国澳门，1996）

图45-15（坦桑尼亚，1996）

（广州人的俗称"叹"为享受之意）、泡茶4种称呼。图展示或举家喝茶，或约好友饮茶，或进行商务活动的泡茶，或再加各类糕点，茶楼的服务内容越来越丰富。澳门1996年发行的中国传统茶楼4方连（图45-14），展示广东茶楼与"食"相结合，将中国传统文化中的茶同南方精致的小吃结合在一起。

　　上海国际茶文化节小型张（图45-15），图案为手拿茶叶的陆羽像，其上印有陆羽所著《茶经》中的一段文字。

46 邮票上的盆景及以树木为对象的绘画作品

　　人类对树木有着纯朴的崇仰之意，正如文学家所称赞的树木对大地的感情，强过人类百倍，它没有人类的贪婪和欲望，无砍伐和征服之心。树长这么大，一直餐风饮露，靠自己的本领活着。为赞扬树木，艺术家、园林学家及喜爱树木的人，把树浓缩在盆内栽培、在纸上画制，让人们在居室内常年欣赏赞仰，仿佛又把自己融入了大自然之中。下面展示邮票上的盆景、中国画树木、油画树木等方面的邮票。

46.1 盆 景

　　运用咫尺千里，缩龙为寸的艺术手法，在小盆里栽培树木、山石等大自然景色，故得名"盆景"。盆景起源于中国，据文献记载认为它起源于唐代。盆景被称为立体之画，无声之诗，有生命之艺术。中国盆景分为树桩盆景和山水盆景，反映中国造型优美和技艺精湛的盆景艺术。这里主要展示树桩盆景邮票。

　　中国于1981年发行盆景艺术邮票一套，这里选3枚（图46-1），分别为：榔榆盆景邮票，榔榆即小叶榆，落叶乔木；银杏盆景，银杏为落叶乔木；翠柏盆景，翠柏为常绿乔木。盆景中的树木本是生长在深山旷野，由于人类砍伐或自然枯老甚至空心，树木地上部分的茎干不存在了，但茎干部上长期休眠的芽和地下部分仍然活着，人们将这些别具雅姿的树桩连同地下部分采挖回来，加以整枝修剪，用合适的培养土栽好，进行精心培育、修剪，便成了如票图所示的千姿百态，苍劲有力的树木造型。这套邮票的边框统一采用深色，而且上方绘有传统建筑中檐枋下的装饰构件挂落，营造出一种环境气氛，寓意盆景放置在庭院或室内。我国香港于2003年发行盆景邮票一套，现选2枚展示（图46-2），分别为：附石式朴树盆景邮票，展现依附在石旁的朴树景象；大树形雀梅盆景邮票，展示老树桩上生长的雀梅。我国台湾于1990年发行盆景邮票一套，现选2枚展示（图46-3），

图46-1（中国，1981）

图46-2（中国香港，2003）

图46-3（中国台湾，1990）

一枚为老树桩上枝叶茂盛，瓷盆古朴典雅；另一枚犹如在小坡上不同年龄的树木共存形成一片森林。

菲律宾于2004年发行世界邮展示——盆景4方连（图46-4），左上角为柠檬树盆景邮票；左下角和右上角为九重葛盆景邮票，它是一种热带灌木，如图案所示，它开小花，花的四周围绕着红、紫等色的苞叶；右下角为Kalyas盆景邮票，犹如一片树林。

图46-4（菲律宾，2004）

46.2 中国画树木

中国画是我国传统造型艺术之一，在世界美术领域中自成体系。如果说西洋画是写实艺术，而中国画则是写意艺术。中国画中的山水画是中国人特有的一个文化概念，它不是再现自然景观，而是通过自然景观的表现，赋予自然以文化的内涵和审美的观照。天人合一与自然的亲和，是山水画的基础。以下展示中国画树木方面的邮品。

墨竹图摄影极限片（图46-5）。墨竹图为原济（1642~1707）的画作，原济擅画兰竹，画史称他"笔意纵恣，脱尽窠臼"。墨竹图笔墨纵横宕逸，不拘法度，张大千在跋语中谓其以怒气画竹，"槎槎枒枒如在万马军中"。

图46-5（朝鲜，1984）

下面展示五位大师的作品选。

郑板桥（1693～1765），人称其为"扬州八怪"之一，以画竹、石、兰蕙为最。他一生三分之二岁月都在为竹传神写影，他通过观察和艺术创作的实践，提炼出"眼中之竹"、"胸中之竹"、"手中之竹"的理论。赠中国邮票的珍藏者纪念张（图46-6），这是郑板桥的作品。纪念张正是画竹"神似坡公，多不敌，少不疏，脱尽时习，秀劲绝论"。竹中画轴、竹石扇面和兰花册页邮票3枚（图46-7，郑板桥作品选）。竹石画轴邮票，画中竹子在前，瘦硬苍劲；石岩在后，遒劲坚拔。寓意出一种"风雨不能摇，雪霜颇能涉"的顽强性格。竹石扇面邮票，画案表现作者师承自然，以少胜多的艺术造诣，展示"一两三板竹竿，四五六片竹叶，自然疏疏淡淡，何必重重叠叠"。兰花册页邮票，图案展示作者画兰如写字，他将高超的书法技艺融入绘画之中，秀叶疏花皆见姿致。

吴昌硕（1844～1927），中国近代篆刻家、书画家，他的画幅中，绘画、书法、诗话和篆刻熔冶一炉，成为一种综合性的艺术，人们尊称他为"四绝画家"。梅花邮票（图46-8）展示他画梅不说画，而说"扫梅"，恰如其分地烘托出在画时纵笔挥洒、风驰电掣的神态。梅花具有"冰肌铁骨绝世姿，世间桃李安得知"的孤傲冷艳、清逸豪放的气质。生活在旧社会的吴昌硕画梅也是一种"缘物寄情"。

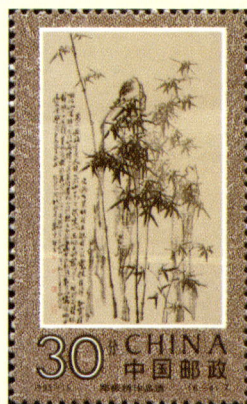

图46-6（中国）　　　　　　　　图46-7（中国，1993）　　　　　图46-8（中国，1994）

潘天寿（1898~1971），中国画艺术大师，他精于写意花鸟和山水。黄山松图邮票（图46-9），展现古松枝干老辣，笔笔柔韧有力，松针似钢针密集，很得奇崛清峻、高华挺拔的形神，亦是潘公内心的写照。

傅抱石（1904~1965），是中国现代画坛的一位艺术大师。虎跑邮票（图46-10）取自他1963年创作的杭州虎跑，画面展现丛林尽染，秋色浓浓，游人漫步林间，仿佛正在寻觅树丛深处的虎跑清泉，远山近树浑然和谐，洋溢着一股自然真趣，有身临其境之感。

李可染（1907~1989），是20世纪杰出的中国画家，他的山水画构建出刚健清新、沉雄壮美、凝重沉邃的现代山水风范。万山红遍（图46-11）原作是根据毛主席"沁园春"中"万山红遍，层林尽染"的句意再造了一个艺术世界，在黑红对比中写南国深秋景色，带有史上罕见的辉煌灿烂之作。

明、清扇面画邮票3枚（图46-12）。在扇面上题字绘画，约出现在西汉成帝时期，扇面画是一种实用工艺美术。这里展示这套邮票的3枚，分别为：明·沈周·秋林独步图邮票，图案展示古树两株，叶已落尽，但岸然挺立；明·唐寅·枯木寒鸦图邮票，图案展示石丛中蟠屈老树，饱经风霜，寒鸦从远处飞来落定在枯树枝上；明·周之冕·竹雀图邮票，图案描绘一群鸟雀栖集竹林间鸣噪嬉戏的情景。

图46-9（中国，1997）　　图46-10（中国，1994）　　图46-11（中国，2007）

图46-12（中国，1982）

松、竹和梅邮票（图46-13）。中国人对梅花有特殊的感情，把它与松、竹誉为"岁寒三友"、与松、竹、菊并称为"四君子"。

韩国文学系列之二《祭妹歌》邮票2枚（图46-14），票面展现中文书法和水墨画。

46.3 油画树木

油画艺术依据现实生活具有更宽广的创造性。

伊·伊·希施金是俄国19世纪著名的风景画家，他的油画作品自然清新、豪放质朴。他一生热爱自然，并长期居住于林区之中，是对森林的熟悉热爱并发现森林秘密之美的人，始终怀着诚挚之情感去作画，被人们称为"森林的歌手"。松树林邮票（图46-15），为画家希施金1872年的作品。橡树邮票（图46-16），为画家希施金诞生150周年发行的1865年的作品。松树邮票（图46-17），为画家希施金1891年的作品，展示在白雪覆盖下，忧郁地站立着一棵松树。松、橡邮票画面展现雄健的松树和婆娑多姿的橡树。苏联于1986年发行的俄国名画邮票，这里展示其中3枚（图46-18），分别为列别节夫1837年的阿里巴诺的林荫道画作，1886年的松林画作，以及萨夫拉索夫1851年的阴雨天的克里米亚景色画作。

图46-13（中国台湾）

图46-14（韩国，1996）

图46-15（苏联，1971）

图46-16（苏联，1982）

图46-17（俄罗斯，2007）

图46-18（苏联，1986）

联邦德国于1972年发行湖畔风光绘画邮票3枚（图46-19），票面展现护岸树林和森林的景象。

46.4 其 他

浙江天目山柳杉林为电影《智取威虎山》中"打虎上山"提供外景拍摄场地，如邮票所示（图46-20）。春邮票（图46-21），这是以树为对象的青田石雕工艺品，画面展现春的主体形象是金黄色的竹笋破土而出，健壮挺立。版画——森林的寂静邮票（图46-22），画面展示一棵孤独的大树，失去了森林的生物多样性，只有一只小鸟在作小栖，给人以警示。

图46-19（联邦德国，1972）

图46-20（中国，1970）　图46-21（中国，1992）　图46-22（联邦德国，1988）

索 引

E

F

G

H

J

K

L

M

N

O

P

Q

T

W

X

Y

Z

主要参考文献：

1.《汉拉英中国木本植物名录》编委会.汉拉英中国木本植物名录.北京：中国林业出版社，2003

2.《中国大百科全书——农业》编辑委员会.中国大百科全书——农业.北京：中国大百科全书
　出版社，1990

3.曹岩.解读森林.沈阳:沈阳出版社，2002

4.艾伦·丁·库姆斯.树——全世界500余种树木的彩色图鉴.北京：中国友谊出版公司，1998

5.干铎.中国林业技术史料初步研究.北京：农业出版社，1964

6.国家林业局.中国树木奇观.北京：中国林业出版社，2003

7.张建国，吴静和.现代林业论（第二版）.北京：中国林业出版社，2002

8.中国21世纪议程——林业行动计划.北京：中国林业出版社，1995

9.任荣荣.中国森林地理景观相貌.北京：中国农业出版社，2002

10. 张互助.中国古代山水绿色文化.长沙：湖南大学出版社，2001

11. 江帆.生态民俗学.哈尔滨：黑龙江人民出版社，2003

12. 耿守忠，杨治梅.中国集邮百科知识（新版）.北京：华夏出版社，1998

后　记

　　邮票反映了一个国家最有代表性、最经典事物的精华。国际上公认，邮票是时代发展的一面镜子，能准确、客观地展现出时代气息和特征。邮票是一个国家和地区之窗，是一个包罗万象的小百科全书，是社会文化、知识艺术、科技自然的精品，是浓缩在方寸天地中的大千世界。

　　集邮是一项世界性的文化活动，主要以收集、整理、鉴赏和研究邮资、邮品为主要内容，丰富多彩，涉及多学科、多门类的知识，有着广泛的社会功能。我是退休后由年轻时的收藏邮票进入专题集邮。我学习了有关集邮学的知识，选择了我的终生专业——林业专题，以邮票为载体收集和研究有关林业的自然、生态、历史、经济、人文方面的问题。我从网上选购世界各国相关的邮品，查询与邮票相关的信息，它让我认识邮票背后的深远而耐人寻味的故事。通过这些活动让我温故知新，更加全面地认识森林、林业在人类社会发展中的作用，在各国、各地区、各民族间的异常表现，切实体会到集邮文化的魅力。邮票虽区区方寸，却折射着大千世界的幽幽之情，它展现了一国国情、民族特色；表现特定的历史事实，体现它所处历史时期；它体现科学性与艺术性的完美结合的独特魅力。在编写此书时，囿于篇幅仅作极少解释，请读者对照邮品画面充实完善。

　　我国从20世纪80年代在一些院校开设了集邮学课，集邮已成为校园文化的一部分，我有幸将此专题集邮写成书，为这一校园文化增砖添瓦而欣幸。

　　在我收集、整理和编写成书的过程中，曾得到浙江农林大学及经济管理学院的领导及同事的大力支持和帮助。感谢王蔚长老师给我提供集邮方面的知识和经验，还借给我一些有历史价值的老邮票。感谢经济管理学院副院长刘德弟教授联系院实验中心褚颖亚、孔娟等老师对书中全部邮品扫描、并请人打印以及联系出版等事宜方面给予的支持。特别要感谢浙江农林大学经济管理学院为本书出版筹措资金并且给予经费资助，感谢"浙江农林大学学术著作出版基金"的资助，以及原浙江林学院校友蒋国良和张道昌的经费资助。经过5年的收集、编写、成图以及编排，终于成书与读者见面，让我们在方寸的天地中传承林业历史和文明。